APENAS UMA MULHER LATINO- AMERICANA

Bruna Ramos da Fonte

APENAS UMA MULHER LATINO-AMERICANA

Em busca da voz revolucionária

ROCCO

Copyright © 2024 *by* Bruna Ramos da Fonte

Direitos desta edição reservados à
EDITORA ROCCO LTDA.
Rua Evaristo da Veiga, 65 – 11º andar
Passeio Corporate – Torre 1
20031-040 – Rio de Janeiro – RJ
Tel.: (21) 3525-2000 – Fax: (21) 3525-2001
rocco@rocco.com.br
www.rocco.com.br

Printed in Brazil/Impresso no Brasil

Preparação de originais
ISIS PINTO

CIP-BRASIL. CATALOGAÇÃO NA PUBLICAÇÃO
SINDICATO NACIONAL DOS EDITORES DE LIVROS, RJ

F764a

Fonte, Bruna Ramos da
  Apenas uma mulher latino-americana : em busca da voz revolucionária / Bruna Ramos da Fonte. - 1. ed. - Rio de Janeiro : Rocco, 2024.

  ISBN 978-65-5532-420-4
  ISBN 978-65-5595-245-2 (recurso eletrônico)

  1. Música - História e crítica - América Latina. I. Título.

24-88244
  CDD: 782.42098
  CDU: 78.011.26(8)

Gabriela Faray Ferreira Lopes - Bibliotecária - CRB-7/6643

O texto deste livro obedece às normas do
Acordo Ortográfico da Língua Portuguesa.

DEDICATÓRIA

Há quem chegue tão de repente quanto o arco-íris que se forma no cinza do céu logo após a tempestade e, assim sem avisar, enche a vida de cor. Para quem chegou semeando girassóis no meu coração enquanto eu escrevia estas páginas.

SUMÁRIO

PALAVRAS DA AUTORA ▪ 9
PREFÁCIO ▪ 15

PRÓLOGO
Uma manhã de domingo em 1964 ▪ 21

ENSAIOS
A história antes da história ▪ 31
O som que vem da guerra ▪ 41
A irrefreável marcha das caravanas ▪ 51
Um adeus à elite "Caco Antibes" ▪ 61
Nações no mundo da Lua ▪ 69
Apenas uma mulher latino-americana ▪ 77
Quando carteiros encontram poetas ▪ 88
Versos a serviço da vida ▪ 100
Mentiras fonográficas e os "surfistas" da censura ▪ 109
Em busca da voz revolucionária ▪ 119
Como sementes nos jardins de Violeta ▪ 130
O revolucionário da canção ▪ 139
Lentes molhadas de lágrimas e sangue ▪ 149
Lembranças de uma noite em Buenos Aires ▪ 159
Pequeno ensaio sobre o tempo ▪ 168

Os verdadeiros guardiões da nossa terra ▪ **178**
Só existe um caminho para o Brasil ▪ **187**
A revolução começa dentro de um livro ▪ **196**
As palavras certas são os alicerces do futuro ▪ **203**
O distanciamento social já existia antes da pandemia ▪ **210**
Não podemos fechar os olhos para as dores do mundo ▪ **219**
O século que não terminou ▪ **229**

EPÍLOGO

Uma manhã de domingo em 2024 ▪ **241**

CADERNO DE POESIAS

Inquietações poéticas aos pés da cordilheira ▪ **251**
Inquietud poética / Inquietação poética ▪ **254**
Hay palabras / Há palavras ▪ **256**
Tormenta / Tempestade ▪ **258**
Piel amarilla / Pele amarela ▪ **260**
Por la revolución / Pela revolução ▪ **263**

AGRADECIMENTOS DA AUTORA ▪ **265**
FONTES CONSULTADAS E REFERÊNCIAS BIBLIOGRÁFICAS ▪ **267**

PALAVRAS DA AUTORA

OU "REALIZARAN LA LABOR DE DESUNIR NUESTRAS MANOS" (REALIZARAM O TRABALHO DE DESUNIR NOSSAS MÃOS)

["Canción por la unidad latinoamericana" (Pablo Milanés), com Pablo Milanés]

Se você, assim como eu, tivesse nascido e crescido no ABC Paulista — um lugar conhecido mundialmente por ter sido o berço das lutas sindicais brasileiras, onde despontou um dos maiores líderes da política mundial e nasceu um dos partidos mais amados e odiados de todos os tempos —, saberia que por aqui é praticamente impossível se manter alheio às questões políticas e sindicais, pois elas estão presentes no ar que se respira neste que já foi um dos maiores celeiros industriais do mundo. Um lugar que se tornou também um grande celeiro cultural a partir do momento em que artistas e intelectuais passaram a frequentar a região na qual crescia uma onda política capaz de renovar a fé e a esperança em um futuro mais justo e democrático. Nesse contexto, o ABC Paulista passou a ser palco de importantes manifestações artísticas e culturais, em um tempo em que o Brasil caminhava, passo a passo, em busca de se libertar de mais um dos tantos períodos de autoritarismo que marcaram sua história.

Por conta da grande concentração de indústrias — e, consequentemente, da oferta de mão de obra naqueles dias de efervescência produtiva —, milhares de latino-americanos escolheram a região para viver, fugindo das perseguições sofridas por seus próprios governos. Se você, assim como eu, tivesse crescido durante esse período no ABC Paulista — e fosse neta de uma avó sindicalista e filha de uma mãe eclética que fazia e vendia artesanato na feira hippie — e estivesse cercada por refugiados latino-americanos assombrados pelos horrores vividos em seus próprios países, com toda a certeza, também teria crescido embalado por canções de grupos como Tarancón e Raíces de América e conheceria mais canções de Violeta Parra, Victor Jara, Atahualpa Yupanqui, Miguel Angel Morelli, Osvaldo Avena, Silvio Rodríguez, Pablo Milanés, Daniel Viglietti e Alfredo Zitarrosa do que canções dos ídolos de sua própria geração.

Esse foi o pano de fundo de minha infância, vivida em um cenário no qual a democracia dava seus primeiros passos, mas as memórias e cicatrizes dos anos de chumbo ainda pairavam no ar e em nossas vidas. No aspecto cultural, o período das ditaduras rendeu uma aproximação entre os povos latino-americanos — que viveram golpes militares e governos autoritários quase que simultaneamente — e enriqueceu nossa produção artística e musical em decorrência do espírito de colaboração e união que se manifestou entre grupos de brasileiros, cubanos, argentinos, uruguaios e chilenos, por exemplo, que partilhavam das mesmas dores e problemáticas decorrentes dos governos aos quais estavam submetidos, em um contexto de polarização devido à Guerra Fria. Contudo, a cada passo dado rumo à democratização, nos afastávamos também de nosso próprio território e de nossa identidade como latino-americanos. E foi assim que, com o fim da "Era das utopias", soltamos as mãos de nossos vizinhos.

A barreira do idioma pode ser considerada um dos maiores desafios do Brasil para promover sua integração a uma América Latina majoritariamente *hispanohablante* — à qual se somam o tamanho de seu território e a autossuficiência. Além, é claro, de uma visão americanizada e eurocentrista que nos faz olhar para nossos vizinhos como se fossem inferiores e que acaba por nos isolar dentro de nosso próprio território. Na contramão do que cantou Pablo Milanés em sua **"CANCIÓN POR LA UNIDAD LATINO-AMERICANA" (Pablo Milanés)**, aquela contribuição e parceria entre artistas latino-americanos que pautou nossa MPB nas décadas de 1970 e 1980 — e que ainda ganhou um certo fôlego com o rock —, se diluiu com o passar dos anos.

Confesso que, desde o momento em que tomei consciência de meu papel como cidadã dessa América Latina — tão castigada pela história, mas culturalmente tão rica e encantadora —, passei a me perguntar onde foi que se perdeu essa preocupação maior não apenas com nosso país, mas com todo o nosso território. Afinal, acredito que, se essa "unidade" tivesse se estabelecido, a América Latina seria hoje uma grande potência econômica e cultural. O que acontece, porém, é que hoje vivemos problemáticas bastante similares, mas, isolados e enfraquecidos que somos, não encontramos saída e seguimos repetindo os mesmos erros do passado.

Como pesquisadora musical, há mais de dez anos passei a estudar a produção musical, literária e artística em geral produzida em toda a América Latina a partir da instauração dos governos autoritários no contexto da Guerra Fria, a fim de observar de que maneira essas vivências políticas similares foram capazes de nos unir em alguns aspectos durante determinado período. No decorrer de minha pesquisa, foram muitas as vezes em que eu me perguntei em qual ponto exatamente nós perdemos esse vínculo com nossa terra e nosso povo: será que ele um dia realmente existiu ou foi apenas uma miragem? Sabendo que não iria encontrar essa resposta na solidão de meus pensamentos, decidi então buscá-la com algumas das figuras mais relevantes desse período em que se ensaiou essa tão sonhada "unidade latino-americana".

E foi assim que iniciei uma peregrinação por diversas cidades e países, a fim de conversar com pessoas que um dia encontraram suas vozes revolucionárias — e foram capazes de promover verdadeiras transformações com sua obra —, para que pudessem me inspirar nesse caminho e me ajudar a encontrar respostas para minhas inquietações. A cada passo que dava, percorrendo sozinha territórios que minhas ancestrais desbravaram para que hoje eu — *apenas uma mulher latino-americana* — conquistasse o direito de percorrer meus próprios caminhos *em busca da voz revolucionária*, refletia também sobre o papel-chave que as minorias têm como porta-vozes de questões e causas capazes de promover transformações profundas e definitivas. Essa voz que é sua, que é minha e que não pode se calar nunca, pois será ela a responsável por sustentar a existência de nossas jovens democracias.

Sendo a música um reflexo e um termômetro de seu tempo, nestas páginas recorro a ela como ponto de partida para percorrer diversos caminhos, refletir e discutir questões urgentes e atuais que fazem parte de nossa rotina como brasileiros e como latino-americanos, influenciando diretamente a relação que construímos — ou deixamos de construir — com nossa própria terra. Afinal, nossas histórias estão diretamente conectadas e todos vivemos diariamente as consequências das heranças inevitáveis que recebemos da colonização, do genocídio dos povos indígenas, da escravidão, da imigração e de todos aqueles acontecimentos que inevitavelmente formaram nossa identidade social e cultural. Ao mesmo tempo, como nossas histórias pessoais e familiares se costuram à história do mundo, nestas páginas resgato também minhas origens e ancestralidade como elementos que guiaram meu processo em busca desse entendimento sobre o impacto que os acontecimentos do mundo exercem na formação de nossa própria voz.

Como um grande mosaico, os ensaios temáticos que compõem este livro — e que podem ser lidos sequencial ou separadamente —, convidam a uma jornada que não se limita à América Latina, mas se estende também pelo contexto histórico de colonização do continente americano e pelos principais acontecimentos mundiais do século XX, quando os avanços tecnológicos permitiram que a música ganhasse um caráter cada vez mais político e social em um cenário marcado por guerras intermináveis e incontáveis violações aos direitos humanos. Como este livro resulta de minha própria jornada — e eu mesma não tenho aptidão para o saudosismo —, nestas páginas reflito sobre o passado com a intenção de compreender o presente, convidando e inspirando você a olhar para frente, vislumbrando o futuro que podemos construir a partir da consciência e do entendimento da nossa história individual e coletiva.

Nesse momento em que estamos prestes a completar seis décadas do Golpe Militar de 1964, *Apenas uma mulher latino-americana: em busca da voz revolucionária* nasce como um manifesto de alguém que acredita na arte e na cultura como as grandes ferramentas da revolução.

Santo André, 7 de janeiro de 2024

PREFÁCIO

POR TITA PARRA, CANTORA E COMPOSITORA

Conhecer Bruna Ramos da Fonte foi uma inspiração para mim: ela irradiava uma energia luminosa e intensa como poucas vezes senti. Ela havia me procurado porque estava pesquisando a música latino-americana, mas imediatamente percebi que aquele não era um encontro comum. Senti essa mensagem velada na hora, quando ela chegou de braços abertos trazendo flores e olhando-me com firmeza e doçura, sorrindo para a vida e para nosso encontro, como se fôssemos velhas amigas.

Estávamos no Rio de Janeiro e saímos quase imediatamente para passear. Aos poucos fui entendendo sua forma incomum de trabalhar e de encarar suas ideias e seus projetos. Comecei a perceber que Bruna está viva, sente, ama e aproveita cada instante, mergulhando tão profundamente em sua viagem investigativa, que, de modo algum, parece estar trabalhando. É porque nesse momento, ela está vivendo seu trabalho — como se ele fosse um imenso copo de água, que ela bebe gole por gole, encharcando-se dele e sentindo-o, uma gota por vez.

Foi assim que eu a conheci, e de repente ela estava em minha casa para ficar um mês escrevendo e pesquisando. Os dias foram leves e passaram rapidamente enquanto fazíamos coisas simples e belas, desfrutando de nossa amizade, compartilhando ideais, passeando, rindo e aproveitando cada momento da vida. Éramos parecidas em muitas coisas e achávamos perfeito tudo o que estávamos fazendo, que era viver e aproveitar aquele mês. E, em meio a tudo isso, quando eu menos esperava, lá estava ela escrevendo e tomando notas.

Bruna é uma mulher que soube inventar a si mesma e criar seus próprios conceitos, fora dos padrões esperados. Ela não caminha por onde todos caminham, e certamente caminha muito mais, pois percorre lugares aos quais ninguém vai, sempre em busca daquilo que procura. Quando encontra, retorna para, então, poder partir outra vez, explorando outras margens e rios.

Dona de uma alma milenar, de uma inteligência sensível e atemporal, sua maturidade por vezes é inocente, por vezes é implacável. É que ela vive no palácio da sabedoria, que não é um palácio luxuoso, onde habitam reis ou princesas; é a casa onde a vida se manifesta e se expressa. A casa de Bruna está nas cidades do mundo, na América Latina, nos mercados, favelas, parques, livrarias, bibliotecas, teatros, estádios, dentro dos ônibus e dos aviões. E digo sabedoria porque sua energia está sempre canalizada para aprender, receber e acolher — tão receptiva quanto uma gestante, paciente e dedicada. Sua intuição, sua emoção e seu coração são sempre seus guias, mas seu cérebro é colorido e resplandecente como um raio, e seus sentidos são aguçados. Tudo isso vem banhado de alegria e de uma vontade inesgotável de viver, amar e celebrar.

Onde foi que minha querida amiga Bruna aprendeu tudo isso? Como é que pode? A resposta está no mistério e em sua chama interior, no espírito que a anima e na escola que ela — mesmo contra a maré — foi capaz de criar. Desse modo, emergem de seu interior todos os talentos: a poesia e a escrita, a arte, a escrita terapêutica, o testemunho cultural, o teatro e o canto, a voz, a comunicação, a fotografia e as infinitas expressões originais que a caracterizam, e que somente ela é capaz de criar.

É uma felicidade indescritível conhecer Bruna, ser sua amiga e amá-la tanto.

Santiago do Chile, 20 de outubro de 2023

PRÓLOGO

PRÓLOGO

UMA MANHÃ DE DOMINGO EM 1964

OU "QUANDO HAVIA GALOS, NOITES E QUINTAIS"

["Galos, noites e quintais" (Antônio Carlos Belchior),
com Belchior]

Assim que os primeiros raios de sol despontaram no horizonte — perfurando mais uma vez as trevas da noite com a inevitável clareza do dia —, como se tivessem ensaiado, todos os galos da vizinhança despertaram nos quintais anunciando em coro o amanhecer de mais um domingo, pois era assim que começavam os dias para aquela gente simples e trabalhadora que tinha no canto da ave seu despertador. E ainda que fosse somente mais um dia na vida de quem trabalhava sem fazer distinção entre os quadrados vazios que preenchiam as folhas do calendário, naquele bairro onde todos eram forasteiros, o domingo, com as peculiaridades que são só dele, sempre chegava trazendo uma brisa invisível de saudade que ao longo do dia brotava aqui e acolá, aquarelando as cores e regando as flores estampadas nos lencinhos de pano.

Pouco a pouco, o domingo se derramava sobre aquele novo bairro que nascia na cidade de Santo André, tingindo de dourado os canteiros onde os pés de verdura orvalhados desabrochavam à espera das verdureiras que logo mais chegariam com seus aventais, galochas e facões. Enquanto os porcos da dona Joaninha se enfileiravam no cocho e as galinhas ciscavam nos quintais, raízes e tubérculos se espreguiçavam debaixo da terra comprada a prestações pela família de batateiros japoneses que, do idioma de sua nova terra, compreendia somente o necessário para negociar sua pequena produção com a vizinhança.

Na distância dos dias em que as pessoas ainda não tinham medo nem grades, janelas e portões se abriam convidando para uma boa prosa. O cheiro do pão assado e do café recém-passado se misturava ao cheiro da terra que pavimentava as ruas e os caminhos que, ao longo dos últimos anos, haviam conduzido tantos migrantes e imigrantes para aquela região que se convertera em um grande celeiro industrial e que, dentro de poucos anos, se tornaria mundialmente conhecida como o berço da luta sindical no Brasil.

Quem havia atravessado mares e terras fugindo das mazelas das crises e das guerras, bem sabia que os vínculos com aqueles que partilhavam de uma mesma realidade eram um passaporte necessário para a sobrevivência naquelas terras onde, cada um a sua maneira, estava sozinho. Não havendo outra opção senão confiar no outro e contar com ele, as relações se sustentavam sem barreiras e constrangimentos sempre que se fazia necessário recorrer a um vizinho — fosse para pleitear um lugar em frente a sua televisão ou para pedir emprestada aquela boa e velha xícara de açúcar. Entre pequenas gentilezas trocadas em forma de pedaços de bolos e potes de sopa, as relações nasciam e se fortaleciam na base do cuidado e da colaboração entre estranhos.

Os rádios sintonizados no *Arquivo musical* da Rádio Bandeirantes faziam a vizinhança cantar em uníssono os sucessos que preenchiam salas, cozinhas e o salão do açougue onde os italianos, com suas portas escancaradas, conquistavam a freguesia com seus bons preços, simpatia e embrulhos limpos de papel, em vez do costumeiro jornal usado pela concorrência. Para eles, domingo era dia de dividir o trabalho com as filhas, que estavam em casa, para ajudar no balcão e na limpeza do piso ensanguentado. Com ajuda extra seria possível baixar as portas antes do horário costumeiro e, se o dia continuasse bonito, seu Vicenzo convidaria a família para dar uma volta na Veraneio que havia acabado de comprar depois de anos trabalhando para não deixar faltar comida na mesa da freguesia.

Enquanto isso, nos bairros e cidades vizinhos, as linhas de montagem e os teares das tecelagens, que não descansavam nunca, esperavam a chegada dos horistas escalados para trabalhar naquele domingo. Do muro de seu quintal, seu Roberto cumprimentava um a um os colegas que passavam em direção ao trabalho — correndo para pegar a condução num tempo em que motoristas e passageiros se conheciam pelo nome —, com o entusiasmo e o alívio de quem, ao menos naquele dia, não precisaria bater ponto na fábrica onde trabalhava produzindo automóveis que sonhava um dia poder comprar. E desejou também um bom dia para seu Zé, que passou pilotando sua carriola de madeira — grande e pesada demais para um homem pequeno como ele —, anunciando sua presença com seu canto longo e afinado: "bananeiruuuuuuuu."

Velho conhecido de todos, ultimamente seu Zé andava feliz como nunca. Para aquele homem que passara a vida inteira dormindo e acordando numa casinha de um único cômodo, depois de tanto pedir a Deus um teto um tanto maior, a sorte finalmente sorriu um sorriso largo e simpático que estampou o rosto de Silvio Santos, que sorteou uma casa nova para o bananeiro no Baú de Felicidade. A notícia se espalhou igual chuchu no muro da vizinhança, renovando as esperanças de quem comprava fielmente o Carnê do Baú, mas já estava cansado de trocar seu dinheiro por panelas e potes nem sempre desejados. E foi assim que, tempos depois, dona Carmen — que anos mais tarde se tornaria *la suegra* de um chileno refugiado e traumatizado depois de três passagens pelos famosos paredões de fuzilamento do Pinochet — ganhou um Fusca branco no sorteio, provando mais uma vez que o Baú premiava de verdade.

Dona Maria, esposa de seu Roberto, se juntou ao marido e não demorou para que as vizinhas que passavam se reunissem para conversar e trocar receitas, mudinhas de roseira e plantas medicinais na companhia daquele casal simpático, que fazia da calçada a extensão de sua sala. Uma ou outra chegava oferecendo frutas frescas para a sobremesa, colhidas direto dos abacateiros, pitangueiras e amoreiras que moravam em seus quintais. Debaixo de um deles, brincavam os filhos da jovem viúva, observados pela menina solitária e triste como sua mãe que, tendo o silêncio da vizinhança como testemunha, diariamente apanhava do marido que, noite após noite, voltava para casa bêbado.

De repente, na salinha do antigo número 594 da rua Rio Preto, a ponta da agulha se deitou sobre a chapa preta que repousava no prato e seu Roberto então sorriu: gostava especialmente dos domingos que passava em casa, pois era o dia em que Peter Keck — o pintor que morava na casinha ao lado com a esposa e a neta — aumentava o volume do toca-discos para toda a vizinhança ouvir sua seleção musical. Ocasião tão esperada por quem desligava o rádio para escutar os discos daquele vizinho que, quando não estava colorindo e desenhando as paredes do bairro, espalhava as melodias e poesias guardadas na sua coleção de 78 rpm.

Os violinos suplicantes e a voz potente do tenor italiano Beniamino Gigli em **"TORNA A SURRIENTO" (Ernesto de Curtis/Giambattista de Curtis)** inundavam cada canto da salinha onde a enorme vitrola ocupava um espaço desproporcional para o tamanho do cômodo. A pequena Marisa observava o avô, que escolhia seus discos com a atenção de quem escolhe conchas na areia da praia. Na poltrona, dona Emma repousava as pernas cansadas de quem trabalhava desde os 7 anos, mesma idade que a neta havia acabado de completar. Como acontecia com quase todos os seus vizinhos, Emma e Peter pareciam ter muito mais idade do que constava nos seus documentos. Aos semblantes endurecidos pelo peso da vida e pelo cansaço da lida, se somavam olhares resignados que denunciavam as dores das guerras do mundo e da alma.

Como um ritual que se repetia todos os domingos, naquele toca-discos — onde as valsas de Strauss e o lamento sertanejo de Cascatinha & Inhana tinham exatamente o mesmo valor —, durante as primeiras horas do dia, diferentes ritmos, línguas e vozes se encontravam enquanto Peter contava histórias de cada uma daquelas canções para a neta que, entre uma música e outra, ele tirava para dançar — apesar da falta de jeito e do corpinho um pouco duro demais. Uma consequência, quem sabe, de crescer e viver naquela casa onde, vez ou outra, tristeza e saudade pareciam fazer parte da decoração. Mas quem visitasse aquela pequena família em uma manhã de domingo perceberia que, apesar da aparente rigidez de suas expressões, por trás daquelas máscaras existiam pessoas extremamente sensíveis e que se comoviam com uma facilidade digna de nota.

Como imigrantes que deixaram suas terras por falta de opção, Peter e Emma carregavam suas aldeias em seus corações. Para eles, preservar seus costumes, receitas, piadas e expressões era tão importante quanto se alimentar ou respirar, pois era a forma que encontravam de manter seus cordões umbilicais para sempre ligados à terra onde nasceram e para onde jamais teriam a chance de retornar. E era por isso também que Peter não passava um domingo sequer sem colocar o **"DANÚBIO AZUL" (Richard Strauss II)** para tocar ou sem repetir as histórias que sabia sobre aquela valsa que, apesar de não ser uma composição diretamente relacionada à guerra, nasceu no contexto da Guerra Austro-Prussiana (1866). Encomendada pela Associação Masculina de Canto Coral Vienense com a intenção de levantar os ânimos dos austríacos durante o baile de Carnaval de 1867, há quem diga que o atraso na entrega da obra aconteceu porque Strauss — abalado pela guerra — não se sentia em condições de compor. Entregue a tempo do evento, a peça originalmente escrita para coral e orquestra estreou acompanhada de um texto tolo e zombeteiro de autoria de um dos membros do coral. Ao que parece, não foi bem recebido pelos austríacos, que — ainda que fosse Carnaval — não estavam para piada logo após terem sido derrotados pelos prussianos. Abolida a letra indesejada, a belíssima versão orquestral se tornou praticamente um segundo hino austríaco, apesar de o Danúbio não ser exclusividade do país.

Sem fazer distinção entre religiões, cores ou bandeiras, o mesmo Danúbio que banhava o Império da Áustria de Strauss também banhava o Reino da Sérvia de Peter e passava a poucos quilômetros de sua aldeia. Enquanto violinos e sopros valsavam no toca-discos, com os olhos molhados, ele procurava nas fotografias de sua memória a lembrança do Danúbio que conhecera um dia — e que pouco importava se era azul, verde ou cinza, como tantos insistiam em discutir. Ao enxergá-lo, Peter sentia como se tivesse encontrado o caminho de volta para a casa de sua infância, incrustada nas lembranças de um reino distante que havia muito fora riscado do mapa. De frente para a casa de onde a família um dia partiu, deixando seus velhos e uma vida inteira para trás, cruzou a soleira da porta e ouviu mais uma vez a voz do avô que chamava por seu "Ciganinho". E a voz pareceu tão clara e tão próxima, que por um instante Peter voltou a ser o menino que cabia no abraço de seu avô. Porque todos os avôs um dia também foram netos que se refugiaram no colo dos próprios avôs. Porque não existe refúgio melhor para quem tem medo — seja da guerra, da vida ou do bicho-papão.

Peter abriu os olhos, e seu avô — que ele contava ter morrido de "paixão e saudade" logo após ver a família partir naquele navio sem volta em direção ao Brasil — se desfez diante de seus olhos. Se não fosse o rastro de crise e pobreza deixado pelas guerras que haviam feito trincheiras em seu quintal, eles não precisariam ter abandonado sua casa, sua roça e seus animais. Ao pensar nisso, Peter lembrou que, apesar da aparente paz que pairava no ar, lá fora o mundo seguia em guerra e as trincheiras continuavam brotando como os tomates que a todo o tempo brotavam em seu canteirinho. Que mundo Marisa encontraria quando crescesse? Quando ele mesmo tinha a idade da neta, já havia passado por duas guerras [Guerra dos Balcãs (1912-1913) e a Primeira Guerra Mundial (1914-1918)] e conhecido aquelas dores do mundo que criança nenhuma deveria conhecer.

Ele se recordava de ter chegado ao Brasil com a esperança de encontrar a paz que faltava em sua terra, mas para quem já havia presenciado o Golpe de 1930 que deu início à Era Vargas e agora presenciara o Golpe Militar que acabava de pôr fim à Quarta República, era quase impossível alimentar as esperanças de um futuro melhor. Enxugando os olhos cansados de quem bem sabe que a guerra nunca tem fim, Peter desligou o toca-discos, guardou cuidadosamente o disco de Strauss e sintonizou o rádio de ondas curtas e médias, onde Roberto Carlos olhava para o lado, com cara de malvado enquanto buzinava seu calhambeque. [**"O CALHAMBEQUE (ROAD HOG)"** (Gwen/John D. Loudermilk/Erasmo Carlos), com Roberto Carlos]

Ao ver o avô chorar mais uma vez aquele choro tão sentido e falar de uma vida que, apesar de tão distante, parecia se materializar diante de seus olhos, naquele domingo Marisa entendeu que, como uma grande colcha de retalhos, as músicas que fazem parte de nossas vidas se costuram a nossas próprias histórias e se tornam portais capazes de nos conduzir de volta para casas e lugares distantes, para a infância perdida ou para dentro do abraço daqueles que já não estão. Mas, nos anos seguintes, Marisa descobriria também que a música não tem o poder apenas de nos conduzir de volta para o passado: ela também tem o poder de realizar sonhos, promover revoluções e construir um futuro melhor.

Décadas depois, quando eu mesma cheguei à vida de Marisa — minha mãe —, ela já sabia disso e de tantas outras coisas que a vida se encarregara de ensinar para ela, enquanto as casas e os personagens da vizinhança de sua infância também se tornavam uma lembrança cada vez mais distante em sua memória, assim como o extinto reino de meu bisavô. Guardiã dos discos que herdou daqueles que, na época em que eu era criança, já não faziam parte de nossas vidas, nas manhãs de domingo ela me levava para ver as ondas do Danúbio Azul da infância de meu bisavô e para dar um passeio no calhambeque da própria infância. E foi assim, ouvindo minha mãe contar histórias para mim, como seu avô um dia contou para ela, que eu formei minha própria vizinhança literária nas páginas das histórias que aprendi a contar, embalada pelas músicas que estão costuradas a minha própria história.

ALGUNS DOS PRINCIPAIS CONFLITOS E GUERRAS QUE ESTAVAM ACONTECENDO NO MUNDO NAQUELA MANHÃ DE DOMINGO EM 1964:

**GUERRA DO VIETNÃ
(1955-1975)**

**GUERRA CIVIL DA GUATEMALA
(1960-1996)**

**GUERRA COLONIAL PORTUGUESA
(1961-1974)**

**GUERRA DA INDEPENDÊNCIA DE ANGOLA
(1961-1974)**

GUERRA DA INDEPENDÊNCIA DA ERITREIA
(1961-1991)

GUERRA DA INDEPENDÊNCIA DE MOÇAMBIQUE
(1964-1974)

CONFLITO ARMADO NA COLÔMBIA
(1964-PRESENTE)

ENSAIOS

A HISTÓRIA ANTES DA HISTÓRIA

OU "NÃO TEM DIFERENÇA DO HOMEM MODERNO PRO HOMEM DE NEANDERTAL"

["Bola de cristal" (Marcelo Seko/Roberto Barreto/Russo Passapusso/Ubiratan Marques), com Baiana System]

O passado da humanidade é um grande quebra-cabeça que a gente nunca acaba de montar: basta um pequeno fragmento de osso, de lança ou de barro para bagunçar a aparente monotonia guardada dentro dos livros de história e das silenciosas salas dos museus. E as descobertas arqueológicas são assim como as descobertas psicanalíticas: basta um breve insight para desorganizar toda a percepção que passamos uma vida inteira construindo sobre nós mesmos. Há quem diga que é impossível mudar o passado, mas eu discordo: todas as vezes que olhamos para ele através de um novo prisma, ele já se transformou, porque a história — seja a própria ou a do mundo inteiro — não é uma narrativa congelada nas geleiras do tempo.

Graças à Revolução Industrial — que desconectou saberes, enfileirou alunos e tornou a educação extremamente desinteressante com suas tarefas mecânicas e repetitivas —, pode ser que você não tenha dado muita importância para as tantas aulas de história que foi obrigado a assistir durante sua passagem pela Educação Básica. Eu lembro que, em minhas próprias aulas de história — enquanto colegas bombardeavam ou eram bombardeados por frotas de aviõezinhos de papel —, geralmente havia a nossa frente um professor frustrado por não conseguir atrair a atenção da classe ou indignado por ter que embasar suas aulas nas tantas mentiras e lacunas da história oficial que, ao longo dos últimos anos, pouco a pouco têm sido recontada nos livros e apostilas.

Eu era uma das poucas alunas que não perdia uma palavra dos professores e, sempre que chegava a semana de provas, tinha tanto a dizer que era comum que me deixassem horas na biblioteca após o tempo final da prova, preenchendo pilhas de papel almaço com minhas respostas, que já eram esboços dos ensaios que mais tarde passaria a escrever. E isso se repetiu praticamente em todas as escolas onde estudei — e que não foram poucas, já que a criança anarquista e questionadora que fui não durava mais de dois anos no mesmo colégio: o tempo inteiro eu levantava bandeiras, fosse pelo direito de estudar em uma classe em que as mesas não estivessem enfileiradas ou militando ecologicamente pela necessidade de preservação e catalogação das plantas no jardim do colégio. Uma idealista incansável, eu estava sempre a postos para incomodar com minhas causas e meus argumentos tão bem embasados — para desespero dos diretores, que não aguentavam mais me receber em suas salas, e de minha mãe, que era semanalmente chamada para ouvir que, mais uma vez, eu estava perturbando a ordem com meus pensamentos e reivindicações.

Uma das categorias mais perseguidas pelos governos autoritários, os historiadores guardam nas gavetas de sua memória os saberes do mundo e, se eles não têm as respostas para todas as perguntas possíveis, têm para quase todas um pensamento pertinente. Historiadores são contadores de histórias, são perigosos e subversivos. E podem ser também apaixonantes: eu mesma que, entre livros e poemas demorei tanto para sentir as tais "borboletas no estômago" pela primeira vez, a poucos meses de minha ida para a faculdade me apaixonei secretamente por meu professor de história. Um amor platônico que surgiu quando eu saía de minha própria "Caverna" em direção aos primeiros passos da vida adulta, enquanto começava a me envolver com a vida política de minha cidade e, pouco a pouco, comprovava, com os próprios olhos, que as histórias o tempo inteiro se repetem: só mudam as datas e os personagens, porque, no final das contas, não perdemos esse hábito incorrigível de repetir os mesmos erros.

Filha de uma humanidade que, não importa quanto tempo passe, continua sendo extremamente desumana ["**QUANDO O SOL BATER NA JANELA DO TEU QUARTO**" (Dado Villa-Lobos/Marcelo Bonfá/Renato Russo), com Legião Urbana], desconfio que o último momento em que o mundo esteve em paz foi antes do surgimento do *Homo sapiens* — que de sábio, por vezes, parece ter muito pouco ou quase nada, mas certamente carrega em seu DNA uma aptidão nata para a violência, para a (auto)destruição e para a exploração do outro. Muitos estudiosos acreditam que até mesmo a extinção dos neandertais — nossos parentes mais próximos — aconteceu em decorrência de um genocídio promovido pelo *Homo sapiens* há mais de quarenta mil anos. Portanto, enquanto não surgirem novos rastros, fósseis ou pegadas que coloquem essa possibilidade em xeque, vou seguir acreditando que nem mesmo quando nossos antepassados viviam uma vida nômade de caçadores e coletores — na qual ninguém era dono de nada — o mundo parece ter sido um grande reduto de paz, amor e alegria.

Por falar em ser dono de algo — ou seja, em propriedade privada —, a partir do momento em que o domínio das técnicas de cultivo da terra e de domesticação e criação de animais permitiu que nossos ancestrais finalmente se estabelecessem em seus próprios pedaços de chão — adotando, a partir de então, uma vida sedentária —, não demorou até que diferentes clãs começassem a disputar entre si o controle das áreas mais férteis e das melhores pastagens. Da necessidade de produzir utensílios eficientes para as atividades de agricultura e pecuária se desenvolveram as técnicas de fundição de metais; junto a essas ferramentas de trabalho, surgiram também as primeiras armas de metal que protagonizariam batalhas cada vez maiores e mais sanguinárias em prol da conquista de novos territórios e que nos levariam, inevitavelmente, ao prelúdio das primeiras guerras do mundo.

No entanto, como nem tudo é escuridão, é claro que nesse processo também surgiram as grandes maravilhas que a mente humana é capaz de criar. Quando se tem fome crônica — e é preciso lutar pela sobrevivência minuto a minuto —, dificilmente se encontra espaço para extravasar a criatividade;

no entanto, quando deixou de ser necessário se deslocar incansavelmente em busca de alimento, o ser humano passou a preencher seu tempo ocioso com atividades das mais variadas espécies e, com o aperfeiçoamento das habilidades criativas, sua evolução passou a acontecer de maneira cada vez mais acelerada. Não demorou para que o surgimento da escrita inaugurasse um novo tempo, construído sobre as bases de uma estrutura social cada vez mais complexa.

Com o domínio da metalurgia, surgiu uma nova gama de produtos, e um novo significado foi conferido aos elementos que compunham a vida humana, dando origem à produção e ao consumo de itens que já não mais visavam atender somente as necessidades básicas, mas também preencher as mais diversas demandas que criamos sempre que rompemos aquela fronteira que garante o suprimento do essencial: da necessidade de buscar abrigo se desenvolveria o conceito de arquitetura; da necessidade de proteger o corpo das intempéries se originaria o conceito de moda; da necessidade de ocupar o tempo ocioso se estabeleceria o cenário ideal para o surgimento das artes e dos esportes; da observação dos ciclos da natureza nasceriam as ciências e, com elas, as bases do conceito de educação.

Gradativamente, o consumo passou a ocupar um novo espaço na vida do ser humano como uma forma de representação de poder e status, expressão da personalidade e divisor de classes. O desejo de consumir itens de moda, decoração, culinária e tantos outros que não eram produzidos no próprio território — mas em outras partes de um mundo ainda tão pouco explorado naquele momento — expandiu o comércio para além das fronteiras, dando origem ao mercantilismo e às bases do comércio internacional.

Se, no início dos tempos, a dinâmica de trocas era realizada por meio do escambo, a necessidade de organizar esse processo fez nascer a moeda — categorizando e precificando produtos e serviços de acordo com os respectivos níveis de oferta e procura —, e o desenvolvimento desse sistema mercantilista já na Idade Moderna foi apenas uma consequência inevitável desse processo, que nasceu da necessidade de atender às demandas de consumo em larga escala. Datam dessa época também as diretrizes do sistema de importação e exportação que seguem vigentes ainda nos dias de hoje.

A busca por novos territórios, com a intenção de criar colônias de exploração que pudessem suprir o fornecimento de matéria-prima para a produção dos mais variados artigos, além de gerar outros tipos de riqueza para o colonizador, deu início ao processo de expansão marítima — também conhecido como a "Era dos Descobrimentos" (XV-XVII) —, fazendo com que novos territórios até então desconhecidos pelos europeus fossem alcançados. Foi assim que, em 1492, sob as ordens dos Reis Católicos da Espanha — Fernando II de Aragão e Isabel I de Castela —, o recém-nascido capitalismo desembarcou na América com a tripulação das três caravelas lideradas por Cristóvão Colombo que "Trazia, em vão, Cristo no nome/E em nome dele um canhão" [**"1992 (QUINHENTOS ANOS DE QUÊ?)" (Antônio Carlos Belchior/Eduardo Larbanois), com Belchior**], extinguindo quase que imediatamente maias, incas e astecas e reduzindo a pó toda a grandiosidade que essas civilizações ergueram ao longo dos séculos.

É claro que a chegada dos espanhóis à América causaria um grande desconforto nos portugueses, que disputavam com os vizinhos a conquista do Novo Mundo, naqueles tempos em que Espanha e Portugal competiam e desempenhavam papéis que poderíamos comparar àqueles que a União Soviética e os Estados Unidos desempenhariam durante a Guerra Fria (1947-1991): enquanto os primeiros travaram uma corrida marítima em busca de novos territórios além de suas águas, os segundos travaram uma corrida espacial em busca de terras além das barreiras da estratosfera. Se os primeiros tinham o Tratado de Tordesilhas (1494) — que dividia a América Portuguesa da América Espanhola —, os segundos tinham o grande Muro de Berlim (1961-1989) para dividir as ideologias que cada um representava. Qualquer outra semelhança não é mera coincidência; afinal, polarização e megalomania definitivamente não são criações de nossos tempos.

Oito anos depois da chegada dos espanhóis, seria a vez dos portugueses enfim cravarem sua bandeira nesta terra e, apesar dos tantos livros de história que ainda insistem em repetir essa ideia equivocada, precisamos lembrar que "Quem descobriu o Brasil/Não foi Cabral" [**"NÃO FOI CABRAL" (Carolina de Oliveira Lourenço/Leo Justi), com MC Carol**]: afinal, não se pode "descobrir" algo que já tem dono. Quando Cabral aportou por aqui com suas caravelas, estas terras já eram o berço de civilizações milenares, e não um território intocado, à disposição de quem quisesse dele se apoderar. A partir de então, os colonizadores se incumbiram de lançar aos nativos um olhar genérico e superficial que, embasado por uma narrativa completamente desumanizada, abriria caminhos para que fossem cometidos todos os crimes e atrocidades que se tornariam uma rotina por aqui a partir daquele longínquo ano de 1500. Afinal, todo opressor sabe de cor e salteado que, ao desumanizar o outro, abre-se instantaneamente a brecha necessária para que os atos mais brutais e desumanos possam acontecer. Basta lembrar que todos os atos genocidas — seja contra indígenas, armênios ou judeus — se embasaram nessa narrativa que faz com que deixemos de enxergar nosso semelhante como tal e, a partir daí, passemos a considerar que sua vida vale menos do que a de uma galinha à espera do abate.

Enquanto a colonização da América dava seus primeiros passos e fazia incontáveis vítimas, do outro lado do oceano, a Igreja Católica tentava conter a expansão da Reforma Protestante (1517). Liderada por Martinho Lutero, que escreveu suas 95 teses contestando uma série de dogmas da Igreja — entre elas a venda de indulgências, que nada mais era do que o comércio do perdão de Deus —, a Reforma abalava as estruturas da instituição milenar que, durante tanto tempo, havia exercido domínio político e econômico por meio do discurso da fé. Foi nesse mesmo discurso que a Igreja se apoiou para justificar os banhos de sangue promovidos durante as Cruzadas (XI-XIII) e a Inquisição, que entrava agora em sua segunda temporada. Essa Inquisição Moderna (XV-XIX), que se concentraria principalmente na Espanha e em Portugal, faria vítimas também no Brasil Colônia.

Como se sabe, o Tribunal do Santo Ofício foi uma instituição altamente condenável, criada pela Igreja Católica com a única finalidade de perseguir quaisquer pessoas que contrariassem seus dogmas. Ao longo do tempo, cientistas, filósofos, mulheres, judeus, homossexuais e protestantes foram vítimas dessa atividade cruel e lucrativa, já que, além de torturar, prender e queimar pessoas — vivas ou mortas — ela também confiscava os bens dos condenados. Apesar de não ter existido oficialmente no Brasil uma filial do

Tribunal, as autoridades eclesiásticas locais eram encarregadas de observar os costumes de seus fiéis e estavam sempre prontas para denunciar aqueles que desobedecessem a fé católica; os casos mais graves eram levados para Lisboa, onde muitos foram condenados e arderam em fogueiras lusitanas enquanto o povo festejava noite adentro a morte dos hereges. Essa era a realidade de um tempo em que religião e Estado eram indissociáveis, e a vida era vivida em constante clima de ameaça e delação.

Depois de tantas maldades promovidas em nome da fé, quando em 1821 as Cortes Constituintes de Portugal decretaram por unanimidade o fim do Tribunal do Santo Ofício (1536-1821), em seu discurso, o deputado Serpa Machado fez um apelo sobre as possíveis novas "Inquisições" que poderiam surgir, fazendo tantas vítimas e submetendo-as a tantos horrores quanto o Tribunal havia feito durante quase três séculos de uma existência sustentada em nome de Deus. O deputado finalizou seu discurso pedindo que "se não substitua a Inquisição Religiosa por Inquisição Política". Essa era uma preocupação realista de quem bem sabia que política e religião sempre tiveram na palavra as armas necessárias para manipular, convencer e dominar multidões e, mediante ameaças capazes de despertar nossos medos mais profundos, colocar até mesmo irmãos contra irmãos.

O século XX chegou e, como uma premonição que se cumprisse, Portugal passaria mais de quatro décadas sob a censura e a repressão salazarista do Estado Novo (1933-1974). Enquanto isso, tendo a Guerra Fria (1947-1991) como estopim, num grande efeito dominó, a América Latina começaria a ver suas jovens e frágeis democracias serem dominadas e violentadas pelos tantos golpes militares apoiados e financiados pelos Estados Unidos, que buscavam conter a expansão do comunismo no mundo — o que se intensificaria consideravelmente com o triunfo da Revolução Cubana (1959). No Brasil, o pavor da "ameaça comunista" fez com que o discurso progressista do então presidente João Goulart — que naquele momento estava comprometido com as reformas de base, que incluíam, dentre outras coisas, a tão temida reforma agrária — levasse milhares de pessoas às ruas durante a famosa Marcha da Família com Deus pela Liberdade (1964). Esse ato comprovaria que religião e política seguiam caminhando de mãos dadas, ainda que o Brasil já fosse um país laico desde a promulgação da Constituição Brasileira de 1891 — documento responsável por separar Igreja e Estado, pelo menos no papel.

Com o golpe militar de 1964, nos porões da ditadura, técnicas de tortura usadas na Inquisição Católica foram resgatadas e aplicadas sem moderação contra aqueles que ousaram se opor ao novo regime. O fogo também continuava presente, por vezes em pontas de cigarro que queimavam a pele dos presos políticos durante intermináveis sessões de tortura, outras tantas, eliminando livros e discos considerados subversivos. Porque, se tem uma coisa da qual inquisidores, torturadores e genocidas nunca deixaram de gostar é uma boa fogueira: seja para queimar gente ou para queimar suas ideias.

Castigadas pelas mesmas dores e perseguições, durante algum tempo a América Portuguesa e a América Espanhola — sempre tão distantes e divididas —, ensaiaram certa aproximação, que se deu por meio das pontes criadas por aqueles que, sofrendo algum tipo de perseguição política, se viram obrigados a buscar asilo em países vizinhos. Esse foi um período extremamente fértil e marcado por um intenso intercâmbio, principalmente no campo das artes e da cultura, e que não passou desapercebido pelos governos ditatoriais do Cone Sul, que também passaram a criar pontes entre si: em uma aliança maligna entre estados apoiada pelos Estados Unidos, a Operação Condor perseguiu, torturou e assassinou milhares de opositores políticos exilados em outros países da região, levando o terrorismo de Estado praticado por cada uma dessas ditaduras a alçar voos cada vez mais longos e ameaçadores.

Conforme os países latino-americanos caminhavam rumo à redemocratização, as mesmas alianças que sustentaram a Operação Condor se enfraqueceram até a completa dissolução. Ao mesmo tempo, as pontes que políticos, artistas e cidadãos haviam construído ao longo das décadas anteriores aos poucos se converteram em muros, e aquele intercâmbio de outrora se tornou cada vez menor. Os frágeis laços que por um breve período nos aproximaram se desfizeram com facilidade, e o Brasil mais uma vez deu as costas para a América Latina, comprovando que os colonizadores há muito tempo se foram, mas que a desunião deixada como herança seguia inabalável porque foi cirurgicamente desenhada ainda no prólogo de nossas histórias.

Desde o momento em que as primeiras caravelas espanholas, portuguesas, holandesas, inglesas e francesas aportaram na América, nossos destinos estavam selados: enquanto as Américas Portuguesa e Espanhola foram ocupadas para ser colônias de exploração — fornecendo riquezas naturais e cultivando produtos tropicais para consumo da metrópole —, a América Anglo-Saxônica foi colonizada exclusivamente com finalidade de povoamento, e então as riquezas produzidas no território ali permaneciam em prol de seu desenvolvimento. Essa dinâmica de colonização determinou nosso subdesenvolvimento e a relação que temos hoje com nosso território — e explica também por que tantos brasileiros têm essa ânsia de abandonar o país com uma pasta de dólares, em vez de construir um país ["**BURGUESIA" (Cazuza/Ezequiel Neves/George Israel), com Cazuza**]. Continuamos agindo "à la colonizador", esgotando os recursos naturais da terra, tirando dela tudo o que se pode tirar, para então abandoná-la na primeira oportunidade.

Como bem observou Paulo Freire, "Quando a educação não é libertadora, o sonho do oprimido é ser opressor". Como não fomos educados para a liberdade, quando deixamos de ser oprimidos, imediatamente nos tornamos opressores de nós mesmos: ainda presos às lentes do colonizador — e guiados por uma bússola eurocentrista e norte-americanizada —, direcionamos nosso olhar preconceituoso e com ares de superioridade a nossos vizinhos latino-americanos, lançamos nosso olhar desumanizado para as populações mais pobres, para o norte e para o nordeste. Aparentemente, hoje não temos uma Inquisição, ditadura ou guerra acontecendo em nosso território, mas temos crime organizado, tráfico, intolerância religiosa, racismo, misoginia, desigualdade, xenofobia, abuso de poder e preconceito. A sua maneira, as "filiais" contemporâneas do Tribunal do Santo Ofício continuam existindo e fazendo suas vítimas, enquanto supostos "cidadãos de bem" jogam lenha na fogueira para ver seu semelhante arder em chamas.

Vivemos em um país supostamente laico e democrático, mas nem sempre vivenciamos a democracia e a laicidade em nosso dia a dia. O Brasil é um país sem memória, que frequentemente passa com um trator por cima de sua própria história e da história de sua gente, e essa falta de consciência do passado faz com que sigamos flertando constantemente com o autoritarismo. Tem lições que nós já deveríamos ter aprendido há muito tempo e, certamente, muitos professores tentaram ensiná-las a seus alunos, mas eles estavam ocupados demais, bombardeando seus colegas com aviõezinhos de papel.

O SOM QUE VEM DA GUERRA

OU "UM INSTRUMENTO QUE SEMPRE DÁ A MESMA NOTA: RA-TA-TA-TÁ"

["Era um garoto que como eu amava os Beatles e os Rolling Stones" (C'era un ragazzo che come me amava i Beatles e i Rolling Stones) (Migliacci/Lusini/versão de Os Incríveis), com Os Incríveis]

Antonieta Rosa tinha os cabelos vermelhos e uma voz carregada da potência que têm as teclas mais graves de um piano. Quando falava, ninguém ousava interromper aquela mulher imponente, que, em sua expressão e em seus gestos, transparecia todo o temperamento forte e exigente que, de imediato, causava certo temor em quem desconhecesse o tamanho do coração amoroso e sensível que batia em seu peito. Na última vez em que nos encontramos, ela estava radiante e orgulhosa por ter lido, na edição dominical do *Diário do Grande ABC*, que sua ex-aluna do conservatório estava biografando Sidney Magal. Ela, que, assim como a cigana, carregava uma rosa em seu nome, conhecia bem os espinhosos caminhos que a vida de um povo percorre até desabrochar em canções. Nas tantas tardes de segunda-feira que compartilhamos no período em que fui sua aluna, ouvi incontáveis histórias da Itália fascista, onde cresceram seus pais, e da importância fundamental da música popular nos movimentos de luta e resistência antifascista. É o caso de canções como **"BELLA CIAO"** (Tradicional), com The Red Army Choir — inspirada em um canto camponês do século XIX que se tornou hino dos *partisans*, os membros da resistência italiana, durante a Segunda Guerra —, que resistiria ao tempo e se tornaria um dos grandes hinos da esquerda no mundo, cantado até hoje sempre que a sombra do fascismo se apresenta (o que acontece com frequência).

Na primeira aula de cada novo semestre, era certo que, ao chegar ao conservatório, encontraria Antonieta vasculhando os antigos arquivos em busca de partituras para nosso repertório do período. Sempre preocupada em equilibrar suas escolhas entre quantidades iguais de peças eruditas e populares, entre compositores brasileiros e estrangeiros, ela tinha um olhar bastante apurado para os contextos históricos e biográficos das obras que escolhia. Antes de iniciarmos o estudo da partitura, ela contava histórias e propunha uma série de reflexões que me instigavam a pensar sobre os sentimentos e intenções de cada compositor ao preencher suas pautas. Antonieta só me deixava chegar perto do piano quando estava certa de que eu havia captado o espírito de cada composição; adepta de uma linha de estudo e interpretação bastante antropológica, ela me ensinou que era preciso, em primeiro lugar, respeitar os valores, sentimentos e ideologias do compositor. Afinal, como interpretar uma *Polonaise*, de Chopin, sem buscar compreender a saudade que o compositor sentia de sua terra? Ou uma cantata de Bach sem antes passar pelos valores religiosos e espirituais que ele cultivava?

Como essa premissa era válida para todos os alunos e compositores, sem exceções, me lembro do mal-estar que pairou no ar quando ela pediu a uma aluna que, ao interpretar determinada composição que tinha influências de religiões afro-brasileiras, tocasse como alguém que recebe uma entidade no terreiro; acho que não preciso nem dizer que seu pai — que era pastor evangélico — não ficou nem um pouco satisfeito com a ideia. Mas com ela não tinha choro nem vela: o respeito ao compositor estava sempre em primeiro lugar e, se você não tivesse disposição para calçar os sapatos dele, não podia nem chegar perto da partitura. Uma formação que extrapolava a técnica pianística, foram esses seus exercícios de empatia e compreensão que me fizeram não apenas conhecer a obra de Chiquinha Gonzaga, mas, principalmente, admirar a grande revolucionária que ela foi.

Chiquinha era filha de um militar; sua mãe, por sua vez, era filha de uma escrava alforriada. Nascida no longínquo ano de 1847 — quando o Brasil ainda estava longe de libertar seus escravos (1888) e de se tornar uma República (1889) —, suas raízes fizeram com que desde cedo ela frequentasse rodas de ritmos africanos, como a umbigada e o lundu, que mais tarde seriam incorporados a suas composições e afrontariam sensivelmente a sociedade conservadora e escravagista de sua época. Primeira mulher a reger uma orquestra no Brasil, ainda no fim do século XIX, ela ousou frequentar a vida pública em um tempo em que esse espaço era exclusividade masculina, militando em prol da proteção ao direito autoral, do movimento abolicionista e da participação da mulher na política e na sociedade. Não era preciso dizer uma única palavra de protesto em suas composições: sua existência já era uma forma de protesto, bem como os ritmos que dançavam em seu piano. E foi essa sua ousadia o que abriu alas [**"Ô ABRE ALAS" (Chiquinha Gonzaga), com Antonio Adolfo**] para que a mulher e a música popular pudessem passar e finalmente ocupar seu lugar de direito no país.

Em novembro de 1914, enquanto o mundo presenciava a destruição causada pelos capítulos iniciais da Primeira Guerra Mundial, o Brasil se despedia do presidente Hermes da Fonseca (1910-1914), que chegava às últimas semanas de seu mandato. Haveria uma recepção oficial da presidência no palácio do Catete, e a então primeira-dama, Nair de Teffé — que, assim como Chiquinha, transpirava protesto pelos poros —, decidiu interpretar em seu violão a composição [**"O GAÚCHO", também conhecida como "O CORTA-JACA" (Chiquinha Gonzaga), com Altamiro Carrilho**] para os convidados. Naqueles tempos em que o violão era um instrumento desprezado pelas elites, por ser o representante maior da música popular que tanto rechaçavam, o episódio causou um grande escândalo político naqueles salões frequentados por uma parcela hipócrita, preconceituosa e racista da sociedade, que via na música de Chiquinha a combinação de tudo aquilo que mais desprezava: influências africanas e populares. Indignado ao ver a música popular entrar no palácio presidencial pela porta da frente — e pelas mãos da primeira-dama —, sobre aquela noite o então senador Rui

Barbosa declarou: "A mais baixa, a mais chula, a mais grosseira de todas as danças selvagens, a irmã gêmea do batuque, do cateretê e do samba. Mas nas recepções presidenciais, o corta-jaca é executado com todas as honras da música de [Richard] Wagner."

A corajosa Nair de Teffé era de Petrópolis, mesma cidade onde, poucos anos após essa recepção histórica, o mineiro Alberto Santos Dumont construiria "A Encantada" (1918) — sua residência de verão. Uma casa bastante peculiar que me encanta desde a infância — quando passávamos férias na região serrana, onde meu pai viveu os primeiros anos de sua vida —, ela foi toda construída e adaptada à estatura de seu morador, que tinha pouco mais de um metro e meio de altura, e a seu estilo de vida bastante singular: vanguardista que era, naquela era pré-delivery, Santos Dumont já era adepto das entregas de refeição e preferiu não se dar ao trabalho de incluir uma cozinha no projeto. Mas, naquele ano em que sua curiosa casa ficou pronta, a Primeira Guerra chegava ao final, e entre mortos e feridos, o inventor andava deprimido após ter presenciado o uso de sua invenção em combate.

Dizem que Alberto era um menino sonhador que desejava pegar carona nas asas dos pássaros ou nos balões coloridos de papel que dançavam ao redor das fogueiras juninas, acesas no chão da fazenda onde cresceu, em Minas Gerais. Sem perder de vista seu sonho de criança no formato de balão **["CAI, CAI, BALÃO" (Assis Valente), com Francisco Alves e Aurora Miranda]**, não descansou enquanto não fez o ser humano voar. Mas dizem também que foi a crescente decepção de ver o uso bélico de sua invenção o que fez com que ele tirasse a própria vida naquela tarde de inverno no Guarujá (1932). Passados 13 anos de sua morte, um avião com bandeira norte-americana inauguraria a era dos bombardeiros nucleares, lançando suas rosas radioativas **["ROSA DE HIROSHIMA" (Vinicius de Moraes/ Gerson Conrad), com Secos e Molhados]** sobre Hiroshima e Nagasaki, deixando um saldo de mais de 265 mil mortos — em sua maioria civis inocentes. E, até hoje, "Graças ao avião cidades são destruídas com o aperto de um botão/Quem vence a guerra já não suja mais a mão!" **["SANTOS DUMONT" (Bruno Danton/Tomás Rosati), com El Efecto]**. Afinal, invenções, assim como canções, no instante em que saem das mãos de seus criadores, ganham vida própria — seja para o bem, seja para o mal.

Por falar no assunto, foram as invenções que pipocaram de todos os lados entre o final do século XIX e início do século XX as responsáveis por levar canções para públicos cada vez maiores, escrevendo uma nova história para a música do século XX. Com isso, era chegado o fim do reinado absoluto da música erudita: com a invenção dos equipamentos de gravação e reprodução de som, a música popular de Chiquinha Gonzaga e de outros tantos compositores que davam voz e valor ao povo e a suas minorias passou a se propagar na velocidade da luz, penetrando em todas as frestas e espaços aonde nunca antes havia chegado. Afinal, foi durante esse período que aconteceu a invenção do gramofone (Emil Berliner, 1887) — que, por sua vez, era "filho" do fonógrafo (1877) de Thomas Edison. Berliner inventaria também o disco de 78 rpm, o "pai" do LP, que chegaria ao mercado apenas em 1948. Data dessa época a invenção do rádio, uma tecnologia que seria aprimorada durante a Primeira Guerra Mundial, tornando-se o principal meio de comunicação usado durante as batalhas e que, nos anos seguintes, conquistaria seu espaço nos lares do mundo inteiro.

Naquele efervescente início de século em que Santos Dumont voou pela primeira vez com seu 14-bis (1906), o clima de guerra passava a exercer uma influência cada vez maior sobre os compositores. A música começava a adquirir a função política e social que faria dela a voz basilar de resistência, protesto, difusão política e ideológica que marcaria a produção musical do século passado. Nessa época, um nome da música mundial que não teve apenas seu trabalho influenciado pelo conflito, mas também sua própria vida, foi o famoso compositor francês Maurice Ravel — então com 39 anos, idade-limite para alistamento nas juntas militares. Ravel decidiu se alistar e passou os primeiros anos da guerra dirigindo caminhões. Hospitalizado em 1917 após sofrer complicações de saúde, ao deixar o hospital militar e voltar para a rotina de compositor, retomou a composição de **"LE TOMBEAU DE COUPERIN"**, que havia iniciado em 1914, dedicando cada um de seus seis movimentos aos amigos caídos na guerra. Claude Debussy — conterrâneo e contemporâneo de Ravel —, também teria sua obra influenciada, como se pode ver em **"EN BLANC ET NOIR"**, uma suíte para dois pianos composta em 1915 que retrata todo o caos em que a Europa estava mergulhada naqueles tempos obscuros.

Nesse contexto, as histórias, os sonhos e as frustrações dos soldados também passam a se tornar tema recorrente da produção musical que, ao longo de todo o século, determinaria o surgimento de canções como: **"'O SURDATO 'NNAMMURATO"** (Aniello Califano/Enrico Cannio) — um clássico da canção napolitana de 1915 que conta a história de um soldado perdidamente apaixonado; **"C'ERA UN RAGAZZO CHE COME ME AMAVA I BEATLES E I ROLLING STONES"** (Franco Migliacci/Mauro Luisini) — um grande sucesso italiano lançado em 1966 na voz de Gianni Morandi, com arranjo do maestro Ennio Morricone, que conta a história de um soldado recrutado para a Guerra do Vietnã (no Brasil, a versão em português seria gravada pelo conjunto Os Incríveis, em 1967, e pela banda de rock Engenheiros do Hawaii, em 1990); ou **"BORN IN THE USA"** (Bruce Springsteen) — lançada no disco homônimo de Springsteen, em 1984, a música fala sobre o sentimento dos veteranos de guerra ao voltarem para casa traumatizados e desnorteados, depois de terem sido enviados para uma terra estrangeira para matar o "homem amarelo" na Guerra do Vietnã.

Não importa quanto tempo passe, essa falta de rumo sentida pelos veteranos ao voltarem para suas casas nunca deixou de ser uma realidade. O tema também influenciaria a obra do compositor russo Igor Stravinsky, que, em 1917, quando a guerra estava em seus acordes finais — mas já dava indícios da cruel herança que deixaria para a sociedade —, começou a escrever o espetáculo teatral **"L'HISTOIRE DU SOLDAT"** em parceria com o escritor suíço Charles-Ferdinand Ramuz. Na obra, ao ser ludibriado pelo Diabo, um soldado perde três anos de sua vida a serviço dele e, ao voltar para casa após esse período, encontra sua noiva casada com outro homem e se vê incapaz de encontrar seu próprio espaço dentro daquela nova realidade. Uma reflexão sobre a capacidade que a guerra tem de ceifar a alma das pessoas, a obra foi adaptada e narrada em 2018 por Roger Waters no álbum *The Soldier's Tale (Narrated by Roger Waters)* (Sony Classical Masterworks, 2018).

Um dos maiores e mais representativos artistas dessa safra influenciada pelas dores da guerra, Waters — que era um bebê quando seu pai foi morto em combate durante a Segunda Guerra Mundial —, construiu sua voz artística sobre os sólidos tijolos dos direitos humanos, na produção de uma obra politicamente engajada, sempre pronta a denunciar a opressão e o autoritarismo. Uma obra na qual a presença de seu pai é constante, seja numa breve citação em **"FREE FOUR" (Roger Waters), com Pink Floyd** — "But you are the angel of death/And I am the dead man's son" ("Mas você é o anjo da morte/E eu sou o filho do homem morto"); na narrativa de **"WHEN THE TIGERS BROKE FREE" (Roger Waters), com Pink Floyd** — em que ele descreve a forma como sua família foi notificada sobre a morte acontecida na Batalha de Anzio, durante a Campanha Italiana em 1944; ou na inspiração para **"CORPORAL CLEGG" (Roger Waters), com Pink Floyd** — na qual Waters fala sobre o sacrifício de seu pai na guerra. Isso sem falar na opera-rock *The Wall* (Harvest Records, 1979), um álbum totalmente autobiográfico que retrata a vida de Pink — personagem inspirado em Roger —, que vive as consequências da perda do pai na Segunda Guerra Mundial e que seria adaptada também para o cinema [*Pink Floyd — The Wall* (Dir. Alan Parker, 1982)].

Passado tanto tempo, a música de Roger Waters ainda ecoa o som da guerra que matou seu pai e que continua matando tantos outros pais, filhos e amigos ao redor do mundo. Para aqueles que preferem assistir a tudo de cima do muro [**"IDEOLOGIA" (Frejat/Cazuza), com Cazuza**] e se sentem desagradados por sua militância política, Waters deixou o seguinte recado nos telões de sua turnê de despedida: "Se você é um daqueles que diz 'Eu amo Pink Floyd, mas não suporto a política do Roger', você pode muito bem se retirar para o bar agora." Um aviso necessário para quem ainda não compreendeu que ele não faz música para entreter, mas sim para denunciar e protestar, para não deixar que abusos, injustiças e genocídios caiam no esquecimento. Injustiças como a execução do brasileiro Jean Charles de Menezes — um trabalhador inocente que foi brutalmente assassinado pela polícia londrina após ser confundido com um terrorista —, a quem ele homenageou na canção **"THE BALLAD OF JEAN CHARLES DE MENEZES" (Roger Waters), com Roger Waters**.

Voltando ao período entreguerras, no qual Stravinsky estreou **"L'HISTOIRE DU SOLDAT"** — um contexto onde música e teatro haviam se tornado extremamente políticos e engajados —, alguns eventos comporiam o cenário que levaria à ascensão dos personagens e Estados que conduziriam o mundo a uma Segunda Guerra Mundial e, posteriormente, à Guerra Fria. Entre os mais importantes, precisamos lembrar que foi nesse mesmo período que aconteceu a Revolução Russa (1917-1923), a qual culminaria com o fim do czarismo (1547-1917) — regime absolutista comandado pelos czares que governaram durante séculos —, que daria lugar a um governo socialista que constituiria a União das Repúblicas Socialistas Soviéticas (1922-1991).

A combinação entre a crise gerada pelos anos de guerra e a Grande Depressão de 1929 fez com que o discurso ultranacionalista dos fascistas arrebanhasse as pessoas que andavam tão sem rumo e sem perspectivas quanto o soldado da história. Foi assim que, com o descontentamento arando o solo, aquela onda fascista que nasceu na Itália com Benito Mussolini encontrou espaço para germinar, inspirando o surgimento do salazarismo (1933-1974), em Portugal — um governo ditatorial liderado por António de Oliveira Salazar, que sobreviveria à sua morte, ocorrida em julho de 1970 e só acabaria verdadeiramente em abril de 1974, com a Revolução dos Cravos; do nazismo (1933-1945), na Alemanha — liderado por Adolf Hitler, um genocida que dispensa apresentações; e do franquismo (1939-1975), na Espanha — liderado por Francisco Franco, que derrubaria o governo republicano e tomaria o poder, pondo fim à Guerra Civil Espanhola (1936-1939).

Uma guerra sobre a qual tão pouco se fala na educação básica, a Guerra Civil Espanhola tem um cancioneiro interessantíssimo, formado por canções que não abordam apenas os conflitos, mas também suas problemáticas. Um repertório bastante significativo e relevante foi gravado pelo Coro Popular Jabalón, em 1976, e relançado no álbum *Himnos y canciones de la Guerra Civil Española (1936-1939)* (Warner Music, 2016). No repertório estão: **"EL PASO DEL EBRO (¡AY, CARMELA!)"**, uma canção datada originalmente da época da Guerra da Independência Espanhola (1808-1814) que foi resgatada pelos soldados durante a guerra civil e se tornou o hino dos republicanos; e **"SIN PAN"**, uma canção popular que fala sobre a escassez de comida que afetava soldados e civis e que, infelizmente, se estenderia até os anos pós-Segunda Guerra.

Ao longo do tempo, essa guerra também inspiraria o surgimento de muitas outras obras, tanto na música, quanto na literatura e nas artes visuais. A canção **"SPANISH BOMBS" (Strummer/Jones), com The Clash**, por exemplo, é uma homenagem aos republicanos derrotados pelos fascistas que menciona também acontecimentos do período, como o assassinato do poeta antifascista Federico García Lorca, em 1936. Outra obra inspirada pela guerra é um dos quadros mais famosos de Picasso, *Guernica* (1937), que retrata o bombardeio que destruiu a cidade espanhola. Um dos livros mais celebrados da literatura mundial, *Por quem os sinos dobram* (1940), foi escrito por Ernest Hemingway após cobrir a guerra como jornalista. O livro de Hemingway, por sua vez, seria a inspiração para a composição de canções homônimas lançadas por artistas como Metallica [**"FOR WHOM THE BELL TOLLS" (Hetfield/Ulrich/Burton)**] e Raul Seixas [**"POR QUEM OS SINOS DOBRAM" (Raul Santos Seixas/Oscar Eduardo Rasmussen)**].

Mas é claro que, nesse período, não surgiriam apenas músicas de protesto e resistência: cientes da força e do poder da mensagem que poderia ser transmitida pela arte, os governos se utilizaram dela para fazer propaganda e semear seus ideais doentios. Na Alemanha, a música erudita já era um instrumento de propaganda usado pelos governantes desde a época do Império (1871-1918), utilizando obras de Beethoven, Wagner e Brahms para essa finalidade. O regime nazista — representado por seu ministro da propaganda e censor maior, Joseph Goebbels — daria sequência a esse costume, e a tradicional Orquestra Filarmônica de Berlim se tornaria então a "Orquestra do Reich", viajando pelo mundo fazendo propaganda do regime por meio da música erudita alemã.

Importante lembrar que, desde 1928, a União Soviética também tinha seu próprio instrumento oficial de propaganda, que existe até hoje: o Coro do Exército Vermelho (Ensemble Alexandrov) que, apesar da finalidade política de sua criação, resistiu ao tempo, ao colapso da União Soviética e a um acidente aéreo que matou 64 de seus artistas em 2016. Formado por orquestra, coro masculino e ensemble de dança, o Coro segue viajando pelo mundo, apresentando um repertório bastante variado, formado por canções militares, clássicos do folclore russo — como **"KALINKA" (Ivan Larionov)** — e música popular, além de fazer constantes participações e gravações com artistas de renome mundial, incluindo um belíssimo dueto póstumo e potente de **"ET SI TU N'EXISTAIS PAS" (Pallavicini/Cutugno/Losito/P. Delanoë/C. Lemesle)** com o cantor Joe Dassin.

Quando olhamos para o saldo das guerras e conflitos do século XX, privilegiados pela distância do tempo, comprovamos que deles não herdamos apenas os sons dos tiros que fizeram sobreviventes terem pesadelos durante uma vida inteira: nasceu também um grande cancioneiro escrito com o sangue de milhões de inocentes, e é por meio de letras e melodias que os espíritos daqueles que caíram permanecem vivos, nos lembrando o tempo inteiro das mazelas que continuam assolando nosso mundo. Quando olho para as grandes invenções que nasceram nas trincheiras — como os computadores, a internet e o GPS, que hoje fazem parte de nossas rotinas —, me pergunto quanto sangue foi derramado para que eu estivesse agora escrevendo estas linhas em meu computador.

Infelizmente, é muito comum ouvir pessoas celebrando a importância das guerras para a produção musical ou para os avanços tecnológicos, defendendo que "vez ou outra precisamos de uma guerra em nome do progresso". Afinal, quando a finalidade é destruir o outro, não são medidos esforços ou recursos para desenvolver qualquer tipo de aparato tecnológico que facilite essa missão. Entra ano, sai ano, eu frequentemente me pergunto: será que não poderíamos nos inspirar em Santos Dumont, que criava para realizar sonhos, e não para destruí-los?

A IRREFREÁVEL MARCHA DAS CARAVANAS

OU "NÃO HÁ BARREIRA QUE RETENHA ESSES ESTRANHOS"

["As caravanas" (Chico Buarque), com Chico Buarque e Rafael Mike]

Eu era pequena quando minha mãe foi nomeada tradutora pública do Estado de São Paulo pelo então governador Mário Covas, em uma cerimônia belíssima no palácio dos Bandeirantes, que parecia um lugar quase encantado aos meus olhos curiosos de criança. E é claro que, naquele momento, eu não tinha ideia do quanto aquele evento influenciaria meu caminho pessoal e profissional, contribuindo diretamente para a formação de minha própria visão de mundo. Como ela sempre trabalhou em casa, passamos a conviver com pilhas de documentos e com as histórias que cada um deles carregava; com o tempo aprendi que, em cada uma daquelas páginas, morava um sonho, uma necessidade, uma dor ou um problema completamente distinto. Inevitavelmente, quando chegou o momento de iniciar minha vida profissional, foi com ela que comecei a trabalhar. Cuidando do atendimento ao cliente para que ela pudesse se dedicar exclusivamente às traduções, esse contato direto com as histórias de pessoas de todas as partes do planeta me apresentou um mundo muito interessante e diverso, ao qual eu dificilmente teria acesso de outra maneira.

Em diversas esferas, nosso país continua sendo extremamente desorganizado em termos documentais, uma realidade que vem melhorando em marcha lenta. Esse cenário pode ser ainda pior quando se trata de documentos estrangeiros. A falta de conhecimento e de acesso à informação correta por parte dos próprios profissionais e órgãos competentes frequentemente deixa à deriva aqueles que dependem dessa orientação para dar andamento a seus processos, que envolvem outros países e nacionalidades. Quando surgem essas dúvidas, é muito comum que não apenas o próprio cliente, mas também cartórios e varas cíveis, recorram ao tradutor público em busca de um direcionamento sobre temas relacionados com submissão e aceitação de documentos estrangeiros, na expectativa de que ele possa fornecer algum tipo de orientação. Porém, frequentemente, o tradutor tampouco tem essa informação: apesar de lidar diariamente com documentos estrangeiros, esse profissional não recebe qualquer tipo de treinamento ou formação que o prepare para lidar com os diversos processos e burocracias que fazem parte de sua rotina. Como o único requisito para ser aprovado no concurso é a comprovação de seu pleno domínio nos idiomas com os quais irá trabalhar, sua função é única e exclusivamente traduzir e, quando necessita de alguma informação que transcenda seu ofício, cabe a ele buscar por conta própria um conhecimento que normalmente não tem.

Ao longo do tempo, vi diversos processos serem interrompidos por conta de exigências fundamentadas na total falta de conhecimento dos órgãos competentes e de seus funcionários. Objeto de estudo que deu origem ao trabalho que defendi na conclusão de minha especialização em Direito Internacional e Direitos Humanos, a exigência de tradução para documentos emitidos em países de língua portuguesa, por exemplo, ainda é um dos equívocos mais cometidos por aqui. Ainda que não seja possível traduzir um documento que já se encontra redigido em nosso idioma, a falta de conhecimento sobre o tema faz com que cartórios e tribunais frequentemente exijam esse tipo de tradução, atrasando o andamento dos processos e travando as vidas das pessoas que deles dependem. Cansada de atender clientes, juízes e tabeliões aflitos, sem saber o que fazer com os documentos que tinham em mãos, ao me dar conta dessa lacuna, passei a me aprofundar cada vez mais nas legislações nacionais e internacionais relacionadas aos mais diversos tipos de processos. Foi assim que passei a atuar como consultora na área de Processos Internacionais, Migração e Direitos Humanos, uma carreira à qual me dedico desde o ano de 2007 e que se desenvolveu em paralelo com minha trajetória jornalística, fotográfica e literária. E é claro que todas essas vivências também influenciariam meus textos, pesquisas e fotografias.

Inquilina de um mundo em constante transformação — onde fronteiras dançam ao sabor dos ventos, e o poder de modificar os acontecimentos que nos afetam nem sempre está em nossas mãos —, estou sempre atenta à formação das ondas migratórias que surgem de tempos em tempos. Gosto de observar o modo como as pessoas se movimentam sobre a Terra e as razões que motivam suas mudanças. Por que migramos? São muitas as respostas possíveis para essa pergunta: porque nos apaixonamos por um estrangeiro, porque buscamos uma vida melhor, porque estamos fugindo de algo ou de alguém, ou porque já não temos mais nada a perder. Quando nos vemos nessa situação de migrantes ou refugiados, é que nos damos conta da importância que tem um documento em nossas vidas; uma importância que geralmente não é percebida em nossa rotina. Quantas vezes a vida de alguém depende de um único papel? Com que frequência esse desespero faz com que pessoas comuns cometam o crime de estelionato — seja por medo, desespero ou ignorância — ou se tornem clandestinas pela simples ausência de um papel? ["CLANDESTINO" (Manu Chao), com Manu Chao] Assim como não temos dimensão da importância de um papel em nossas vidas, tampouco temos ideia do que é ser uma presença indesejada em um país — até o momento em que nós mesmos nos tornamos os estrangeiros na terra de alguém.

Pense comigo: nos últimos anos, quantas crises socioeconômicas, políticas e humanitárias criaram ondas migratórias que tiveram o Brasil como destino? Somente para citar alguns exemplos, o país se tornaria o lar dos haitianos após o sismo no Haiti de 2010, que devastou o país, e, no ano seguinte, o início da guerra civil síria (2011-presente) também faria com que a chegada de sírios se tornasse uma rotina por aqui. Isso sem falar no agravamento da crise na Venezuela, que já se estende por mais de uma década e vem trazendo milhares de venezuelanos para o Brasil, em um fluxo que se reduziu com o fechamento das fronteiras durante a pandemia, mas que voltou a crescer em 2023. Um país tão conhecido por tratar bem os turistas que chegam dispostos a gastar seus euros ou dólares, o Brasil frequentemente se mostra extremamente hostil e intolerante à presença de refugiados.

O que justifica esse comportamento completamente isento de solidariedade, se somos resultado de uma história construída sobre as bases do multiculturalismo que nasceu da mescla de colonização, escravidão e imigração? Se a xenofobia já é por si só é um comportamento altamente condenável, no Brasil ela deveria ser um pouco mais, em nome da pluralidade que dá cor às raízes de nosso povo. Isso porque nestas linhas eu vou me limitar a falar sobre preconceito contra o estrangeiro, já que, se falássemos também a respeito do preconceito do brasileiro contra o próprio brasileiro — que envolve questões separatistas que emergem de tempos em tempos e o preconceito direcionado a determinados grupos e destilado por quem se acha no direito de querer ditar quem tem direito de pisar no mesmo pedaço de chão —, teríamos aqui assunto para mais de metro.

Frequentemente escuto pessoas reclamando da presença de venezuelanos pedindo auxílio nas ruas, mas se nos despíssemos de qualquer tipo de preconceito e escutássemos brevemente o que aquele pai de família com uma criança no colo e um cartaz nas mãos tem a dizer, correríamos o risco de descobrir que, até ser obrigado a deixar seu país em nome da sobrevivência, ele era um cidadão assim como você e eu, que trabalhava dignamente para sustentar a família. São milhares de médicos, faxineiros, engenheiros, enfermeiros, operários, advogados ou cozinheiros que frequentemente deixaram seu país às pressas, perdendo suas casas, cargos e diplomas ao atravessar a fronteira. Se alguns chegam sem trazer nenhum tipo de documento escolar ou acadêmico, outros percebem que, mesmo tendo seus documentos e habilitações profissionais em mãos, estão impossibilitados de exercer suas profissões no novo país.

Como a legislação que rege o exercício de cada profissão — bem como a revalidação de diplomas — é bastante variável, o processo que concede a um profissional estrangeiro a licença de trabalho pode ser extremamente caro e moroso, quando não impossível. Dependendo da área, pode ser necessário realizar uma série de exames, estágios ou até mesmo a complementação de estudos. Assim, muitos estrangeiros que aqui estão se veem obrigados a desistir de suas profissões; sem qualificação e vítimas de preconceito, suas chances de recolocação profissional se reduzem. E é assim que pessoas com diferentes níveis de qualificação e oriundas das mais variadas classes sociais são levadas a situações de extrema vulnerabilidade que presenciamos todos os dias nas ruas das grandes cidades. Se "Filha do medo, a raiva é mãe da covardia" [**"AS CARAVANAS" (Chico Buarque), com Chico Buarque e Rafael Mike**], talvez uma das tantas raízes da xenofobia resida exatamente no medo que sentimos ao deixar que a fragilidade do outro revele que aquilo que somos — ou pensamos ser — pode deixar de existir em questão de segundos.

Paralelamente, quantos brasileiros são detidos por atravessarem ilegalmente a fronteira do México com os Estados Unidos ou são alvo de preconceito e xenofobia em diversos países pelo simples fato de serem latino-americanos? Foram muitas as vezes em que acompanhei brasileiros passando dificuldades extremas ao se mudarem para um país estrangeiro: conheci pessoas extremamente bem-sucedidas em suas áreas que, enquanto esperavam a revalidação de seus diplomas, precisaram buscar meios de sobrevivência em outras atividades, contra as quais tinham preconceito quando viviam por aqui. Em um verdadeiro exercício de humildade e um choque intenso de realidade, foi assim que vi o economista se tornar chapeiro em uma lanchonete, a professora universitária se tornar camareira em um hotel e o médico remover neve nas ruas. Ao mesmo tempo em que muitos alcançaram o sucesso depois de passar por tantos obstáculos e dificuldades, vi outros tantos voltarem — alguns frustrados, outros deportados.

É claro que lidar diariamente com processos migratórios também fez despertar em mim o desejo de saber mais sobre minhas próprias origens, a fim de compreender como meus ancestrais se movimentaram pelo mundo para que eu mesma chegasse até aqui. Nessa busca, a família de minha avó materna, em especial, sempre me chamou a atenção; por terem morrido quando eu ainda era pequena, seus documentos e fotografias eram os únicos caminhos que me conduziam a essa família registrada nas páginas dos passaportes vermelhos emitidos por um reino que hoje não existe em mapa algum. Com as tantas mudanças que aconteceram no mapa dos Balcãs e do Leste Europeu ao longo do século XX, até mesmo para eles era difícil explicar ou compreender suas nacionalidades. Escritos em um alfabeto desconhecido e indecifrável, seus documentos traduziam em tinta e papel a incógnita que eles mesmos representavam para mim, e eu precisaria recorrer a alguns amigos e tradutores para encontrar as pistas que me levariam a descobrir os nomes das cidades ou regiões onde eles nasceram, pois, para pesquisar, era imprescindível saber quais eram os Estados modernos onde estavam localizadas suas antigas aldeias.

Até aquele momento, a única coisa que eu realmente sabia era que tinham nascido em algum lugar da antiga Iugoslávia — um lugar tenso por natureza devido às seculares disputas travadas em seu território. Palco de tantos eventos históricos e sanguinários, seria na cidade de Sarajevo — capital da Bósnia e Herzegovina — que aconteceria um dos eventos que, combinado com o cenário de tensão em que a Europa já se encontrava, seria o estopim para que fosse declarada a Primeira Guerra Mundial: o assassinato do arquiduque Franz Ferdinand e de sua esposa Sofia, em 1914. Herdeiro do Império Austro-Húngaro, ele seria assassinado por Gavrilo Princip, um estudante e militante sérvio-bósnio que fazia parte do Jovem Bósnia, um grupo que buscava libertar o país do domínio austro-húngaro.

Quando morreu Franz Ferdinand — que muita gente só conhece como nome de banda de rock —, meus bisavós eram crianças que viviam naquela região e que, inevitavelmente, sofreram as consequências do conflito que anos depois faria com que suas famílias decidissem partir para o Brasil em busca de uma vida melhor. Enquanto Peter, meu bisavô, nasceu no Reino da Sérvia (1882-1918), Emma, minha bisavó, nasceu no Reino da Hungria (1867-1918); com o fim da Primeira Guerra Mundial, as cidades de ambos seriam anexadas ao Reino dos Sérvios, Croatas e Eslovenos (1918-1929), o qual anos depois seria rebatizado como Reino da Iugoslávia (1929-1941) e seguiria sendo governado pela Dinastia Karađorđević até o fim da Segunda Guerra Mundial (1939-1945).

Com o fim do período monárquico, o reino se converteria na República Socialista Federativa da Iugoslávia (1945-1992) — que, ao contrário do que muitos pensam, nunca fez parte da União Soviética. Durante boa parte de sua existência, o país seria governado por Josip Broz Tito (1953-1980), um líder sobre o qual as opiniões se dividem entre aqueles que o enxergam como ditador/tirano e aqueles que o veem como unificador/pacificador. Independentemente da visão que se tenha sobre ele, o fato é que, a partir de sua morte, os movimentos separatistas se fortaleceriam até desaguar nas chamadas Guerras Civis Iugoslavas (1991-2001). Nesse período, aconteceriam diversos conflitos — incluindo a Guerra da Independência da Eslovênia (1991), a Guerra da Independência da Croácia (1991-1995), a Guerra da Bósnia (1992-1995) e a Guerra do Kosovo (1998-1999) —, que fragmentariam a Iugoslávia em sete países distintos: Croácia, Bósnia e Herzegovina, Eslovênia, Macedônia do Norte, Montenegro, Sérvia e Kosovo — este último um país de reconhecimento limitado até os dias de hoje.

Um dos conflitos mais marcantes do século XX, a Guerra da Bósnia inspiraria a composição de **"MISS SARAJEVO" (Brian Eno/Adam Clayton/ Larry Mullen/Bono/The Edge), com Passengers e Luciano Pavarotti**, logo após a realização de um concurso de beleza que aconteceu durante a guerra. Organizado com a intenção de chamar a atenção do mundo para a situação do país com a divulgação da vencedora — a jovem Inela Nogić, que se tornaria um símbolo de resistência e inspiração para a composição da banda irlandesa —, as meninas que participaram do concurso posaram segurando uma faixa na qual estava escrito "Não deixe que eles nos matem", um ato que ganhou as manchetes do mundo inteiro.

Em um conflito envolvendo três grupos étnicos e religiosos — os bósnios muçulmanos, os croatas católicos romanos e os sérvios cristãos ortodoxos —, a intolerância religiosa disseminada no período da Guerra da Bósnia transformou os vizinhos de outrora em inimigos mortais. Conhecidos como Romeu e Julieta de Sarajevo, a jovem bósnia muçulmana Admira Ismić e o sérvio cristão Boško Brkić viram seu amor ser proibido pelo ódio que nasceu entre aqueles que até então conviviam sem maiores problemas. Assassinados por um atirador enquanto fugiam, a fotografia de seus corpos caídos juntos até hoje faz o mundo lembrar que o amor transcende fronteiras, bandeiras e religiões. Essa triste história foi contada na canção **"BOŠKO I ADMIRA" (Anton Lović/Davor Sučić/Mario Vestić), com Zabranjeno Pušenje**, composta em homenagem a eles.

Apesar de ser sua pluralidade étnica e religiosa a causa dos conflitos que há tanto tempo assolam a região dos Balcãs e do Leste Europeu, é justamente esse caldeirão de influências e sonoridades o que torna a cultura da região tão rica e especial, capaz de influenciar profundamente a produção artística e musical ao redor do mundo. É o caso do Grand Bazaar, um grupo brasileiro que tem em seu repertório canções tradicionais do Leste Europeu e do cancioneiro cigano — como **"OPA CUPA" (Tradicional), com Grand Bazaar** —, mas que também se inspira em suas pesquisas e viagens para compor um repertório autoral que inclui as canções **"BONDAPEST" (André Vac), com Grand Bazaar**, e **"PALINKA" (André Vac), com Grand Bazaar**. É o caso também de Barcelona Gipsy balKan Orchestra, um grupo formado na Espanha por músicos de diferentes nacionalidades, que combina música romani, jazz manouche e música klezmer em reinterpretações modernas e encantadoras de canções tradicionais, como **"SARAIMAN" (Tradicional), com Barcelona Gipsy balKan Orchestra**.

Por falar em músicas com influência cigana, ainda hoje nos Balcãs e no Leste Europeu se concentra uma parcela significativa da população desse povo sobre quem há muito mais lendas e especulações do que fatos. O povo do qual descendia Peter, meu bisavô.

A cor de sua pele e a similaridade de seu idioma com o sânscrito nos levam a acreditar que tenham vindo do norte da Índia, mas não existe um consenso sobre quando a diáspora cigana teria se iniciado: seria entre os séculos VIII e X d.C. ou no século XI, quando o norte da Índia foi invadido pelo sultão persa Mahmoud Ghazni? Quando as caravanas ciganas começaram a chegar à Europa, dizem que, ao serem confundidos com os egípcios, passaram a ser chamados de "gipsy", derivação de "Egypt". E, apesar de ser frequentemente considerado um termo pejorativo, acaba sendo pelo nome "cigano" que as pessoas conhecem esse povo complexo, formado por uma diversidade étnica que compreende principalmente os rom, sinti e calon.

Sendo um povo que não registra sua história por meio da escrita e até hoje transmite sua cultura e seu idioma de forma oral, sua falta de apego ao passado também dificulta os estudos sobre essa cultura ancestral: quando um membro da comunidade morre, seus pertences normalmente são queimados junto com seu vardo — a tradicional carroça que há séculos serve de moradia e transporte para esse povo nômade —, para que não reste nenhum rastro material da pessoa que partiu. Esse é um costume que revela a relação dos ciganos com o conceito de propriedade, algo praticamente inexistente em sua cultura: comprometidos com a liberdade, eles bem sabem que o apego à propriedade e aos bens materiais não combina com a vida do viajante. E, assim, há séculos os ciganos percorrem o planeta com suas tendas, suas cores e sua arte, sem criar raízes em um mundo que praticamente nos obriga a fazê-lo. Como raramente têm documentos, não conseguem registrar seus filhos, que tampouco chegam a frequentar escolas. Por isso, trata-se de população que sofre com os altos índices de analfabetismo: estima-se que três entre quatro mulheres ciganas sejam analfabetas.

Cansados das dificuldades da vida nômade e do preconceito sofrido ao longo de séculos, no final do século XIX muitos ciganos já haviam se estabelecido em diversos países do continente europeu, na tentativa de se mesclar à população e viver uma vida comum, adotando costumes, idiomas e religiões das novas comunidades. Ainda que muitos já estivessem devidamente incorporados à vida dos países, com a chegada dos nazistas ao poder em 1933, a política eugenista que se estabeleceria na Alemanha nazista de Adolf Hitler a partir daquele momento promoveria um verdadeiro genocídio do povo cigano. Mais uma das tantas etnias consideradas por eles como impura e inferior — de acordo com critérios infundados e estabelecidos por eles, é claro —, as populações ciganas que viviam na Alemanha foram submetidas a esterilizações forçadas, e os nômades foram levados com seus vardos para campos de concentração específicos. Muitos outros acabaram sendo mortos a tiros durante as invasões alemãs pela Europa, principalmente na Polônia, Sérvia e União Soviética. Em um genocídio sobre o qual pouco se fala quando o assunto entra no campo das atrocidades cometidas pelos nazistas, estima-se que o número de ciganos mortos no período seja entre 250 mil e 500 mil indivíduos.

A rejeição aos ciganos, um povo que há séculos vem sendo escravizado e massacrado, talvez esteja enraizada naquilo que eles representam e que toca as profundezas daquele que é um dos maiores conflitos do ser humano desde que se tornou sedentário: todos nós somos essencialmente nômades que diariamente se forçam a viver dentro de gaiolas. Enquanto estamos presos à sensação ilusória da propriedade, que o tempo inteiro chega em forma de boletos e faturas de cartão de crédito, os ciganos ainda hoje ousam viver uma vida regida pela liberdade que todo aquele que dá entrada no processo migratório gostaria de experimentar — ainda que essa vida siga, diariamente, cobrando um alto preço para esse povo que até hoje não tem um instante de paz.

PARA CONHECER "DJELEM DJELEM" — A CANÇÃO FOLCLÓRICA QUE SE TORNOU O HINO DO POVO CIGANO — EM CINCO GRAVAÇÕES E SONORIDADES DISTINTAS:

COM ŠABAN BAJRAMOVIĆ,
do álbum *A Gipsy Legend* (World Connection, 2001)

COM ESMA REDŽEPOVA,
do álbum *Tu Me Duj Dzene* (Mister Company, 2009)

COM ZINA VISHNEVSKAYA E GUEORGUI PARTHOGH,
do álbum *Djelem Djelem* (Disques DOM, 2010)

COM BARCELONA GIPSY KLEZMER ORCHESTRA,
do álbum *Imbarca* (Satélite K, 2014)

COM MARKO LOUIS E LAYTH SIDI,
do álbum *Beskraj* (Lampshade Media, 2017)

UM ADEUS À ELITE "CACO ANTIBES"

OU "TODO MUNDO É IGUAL QUANDO O TOMBO TERMINA, COM TERRA EM CIMA E NA HORIZONTAL"

["A banca do distinto" (Billy Blanco), com Elza Soares]

O ano era 1958. Minha mãe, Marisa — batizada em homenagem à cantora Marisa Gata Mansa, de quem minha avó, Anna Maria, era fã —, tinha um ano de idade e vivia no Rio de Janeiro com os pais. Meu avô era pernambucano e vinha de uma família de origem negra e indígena, enquanto minha avó era filha de imigrantes sérvios de ascendência alemã e cigana. Ambas as famílias não lidaram bem com aquela mistura de raças, cores e origens e, desde o primeiro momento, o casal teve que conviver com o preconceito dentro dos próprios núcleos familiares e sociais. Os efeitos dessa rejeição rapidamente criaram um abismo dentro da relação deles e não demoraria para que a separação acontecesse. Uma separação construída nas bases do ressentimento entre duas famílias de origens tão distintas faria com que minha mãe acabasse sendo criada pelos avós maternos em Santo André, longe da convivência diária com seus pais. Da mãe — que precisou trabalhar e viver em outra cidade para subsistir —, ela recebia visitas aos domingos e, do pai — que seguia vivendo no Rio de Janeiro —, a pensão e uma carta ou outra; as visitas dele eram raras, e pai e filha se encontrariam não mais do que uma dúzia de vezes na vida. Meus avós morreram ainda em minha infância — ela de câncer e ele da combinação fatal de enfisema e depressão. Feliz mesmo nenhum dos dois parece ter sido, e, sempre que penso na história deles, me pergunto quantos lares se desestruturaram em decorrência do racismo e do preconceito.

O ano era 1958. No mês de julho, a cantora Elizeth Cardoso lançaria um disco que mudaria para sempre a história da música mundial: com *Canção do amor demais* (Festa, 1958) essa mulher negra e de origem humilde seria responsável pelo disco considerado o marco inicial de um dos movimentos mais importantes de todos os tempos.

Uma mulher que vencera as barreiras dos preconceitos sociais, de raça e de gênero para chegar aonde chegou, na época Elizeth já era uma cantora consagrada que, naquele disco em especial, dividia espaço com três figuras que ainda não haviam se tornado as estrelas que se tornariam nos anos seguintes: João Gilberto — que vinha tentando a sorte no Rio de Janeiro fazia alguns anos —, Tom Jobim — que ainda era um músico da noite que vivia "apostando corrida com o aluguel", como ele mesmo dizia — e o poeta Vinicius de Moraes — que, na época, ainda era diplomata no Itamaraty. Até hoje, quando se fala no disco, exalta-se sua importância por ter reunido essa tríade masculina, deixando a importância da cantora em segundo plano. É preciso lembrar que, naquele momento, a mulher era frequentemente reduzida à figura limitada de "musa inspiradora" dos homens, alguém que raramente tinha a chance de ocupar seu lugar como protagonista ou receber os devidos créditos por seu trabalho.

E foi assim que figuras importantíssimas como Elizeth — que lançou o movimento com seu disco — e Nara Leão — que, por sua inteligência e seu talento contribuiu não só com a Bossa Nova, mas com a MPB como um todo — acabaram tendo sua relevância fatalmente reduzida e desvalorizada. Em muitos textos, ainda hoje Nara é citada apenas como alguém que "emprestava o apartamento" para as famosas reuniões da Bossa Nova, sendo que ela foi a mulher que, no auge da ditadura militar, lançou *Manhã de liberdade* (Philips, 1966), um disco provocativo — a começar pelo título —, munido de um repertório contundente e corajoso que trazia canções encharcadas de crítica política e social, como **"FAVELA" (Padeirinho/Jorginho), "FUNERAL DE UM LAVRADOR" (João Cabral de Melo Neto/ Chico Buarque de Hollanda), "MENINA DE HIROSHIMA" (Francisco de Assis/Luiz Carlos Sá)** e a própria canção que dá nome ao disco, **"MANHÃ DE LIBERDADE" (Nelson Lins de Barros/Marco Antonio)**. Lembrando que, anos antes, em seu disco *Nara* (Elenco, 1963), ela havia gravado **"MARCHA DA QUARTA-FEIRA DE CINZAS" (Carlos Lyra/Vinicius de Moraes)**, considerada uma canção de protesto premonitória, já que antecipava a nova realidade de cinzas e desilusões que se estabeleceria a partir do golpe no ano seguinte. Como é que pode então uma mulher corajosa como Nara — que desafiou centenas de homens fardados com sua música e precisou partir para o exílio com o marido, o cineasta Cacá Diegues — ter sido reduzida ao simples papel de musa inspiradora, como ainda é vista por tantos? A resposta está no comportamento dessa nossa sociedade machista que, durante tanto tempo, ofuscou o protagonismo da mulher e das minorias em geral — isso quando não roubou a autoria de suas obras.

O ano era 1958. E, quando falamos em "marco inicial da Bossa Nova", fundamental é mesmo fazer um adendo nesse ponto da história: naquele ano de 1958 — antes mesmo de receber este nome ou de o disco da Elizeth ser gravado —, a Bossa Nova já existia. Três anos antes do lançamento do disco *Canção do amor demais*, o pianista e compositor Johnny Alf — negro, homossexual e filho de uma empregada doméstica — já havia iniciado o que viria a ser a Bossa Nova com o lançamento de um disco 78 rpm que trazia duas composições de sua autoria: de um lado, **"O TEMPO E O VENTO" (Johnny Alf)**, do outro, **"RAPAZ DE BEM" (Johnny Alf)** — esta segunda, inspiração de Tom Jobim para compor **"DESAFINADO" (Tom Jobim/Newton Mendonça)**.

Assim, quando a Bossa Nova foi oficialmente lançada, já fazia praticamente uma década que Johnny tocava na noite carioca uma música que — por conta de sua sonoridade tão diferente da música que se fazia na época — despertava o interesse e a curiosidade dos tantos compositores e instrumentistas que iam até o bar do Hotel Plaza, em Copacabana, somente para ouvir aquelas composições com melodias e harmonias revolucionárias. Noite após noite, muitos daqueles que entrariam para a história como "pais da Bossa Nova" se reuniam para ouvir e se alimentar da música daquele a quem Tom Jobim apelidou "Genialf". Sem o reconhecimento que lhe seria devido como pai biológico do movimento, Johnny Alf levou uma vida discreta e, sem herdeiros ou familiares próximos, nos últimos anos de vida — em decorrência do tratamento para um câncer de próstata — viveu em uma casa de repouso em Santo André. Ele passaria seus derradeiros dias tocando para acompanhar o coral do Hospital Estadual Mario Covas — aqui pertinho de casa —, onde se tratou até seu falecimento, em 2010.

O ano era 1958. Treze anos haviam se passado desde o final da Segunda Guerra Mundial e, consequentemente, da fundação da ONU. A Declaração Universal dos Direitos Humanos — documento responsável por começar a fazer o mundo atentar para a necessidade inegociável de proteção aos direitos humanos e que pavimentaria o caminho das mudanças fundamentais que começariam a acontecer na vida de mulheres, homossexuais, negros e demais minorias a partir de então — completava dez anos de existência. Mesmo assim, em muitos lugares a segregação racial ainda era amparada por lei — ou pela ausência dela — e, em outros tantos, a homossexualidade era legalmente proibida, assim como às mulheres era vetado exercer uma série de atividades e direitos. Ainda levaria seis anos para que fosse assinada a Lei de Direitos Civis, que proibiria a discriminação racial nos Estados Unidos (1964), nove anos para que a Inglaterra deixasse de considerar a homossexualidade um crime (1967) e uma década inteira para que a semente do feminismo eclodisse e ganhasse as ruas em um movimento pelos direitos da mulher, que começou em Paris e ganhou o mundo, mudando para sempre os rumos de nossa história (1968). O mundo era palco de um intenso processo de transformação, mas ainda seria necessário que mais algumas décadas se passassem para que começássemos a vislumbrar os resultados dessas lutas e, principalmente, para que os direitos pudessem começar a ser exercidos com certa igualdade — não por todos, mas por um número significativo e crescente de pessoas.

Entender a realidade específica daquela época é, também, compreender por que Johnny Alf não teve o merecido reconhecimento quando a Bossa

Nova se espalhou pelos quatro cantos do mundo. Com o rock nos Estados Unidos ocorreu algo bastante similar, pois aquela música que por tanto tempo foi creditada como se tivesse sido lançada por artistas como Elvis Presley na década de 1950, na verdade já vinha sendo feita desde a década de 1930 pela Sister Rosetta Tharpe — mulher, negra e mãe biológica do rock and roll. Inclusive, Sister Rosetta seria homenageada pela compositora Sam Phillips na canção **"SISTER ROSETTA GOES BEFORE US" (Sam Phillips)**, nos lembrando de que todas as vezes que uma mulher alcança uma posição de destaque como Sam, ela deve assumir o compromisso de resgatar histórias e prestar homenagens às figuras que pavimentaram os caminhos que hoje trilhamos. Essa canção foi gravada por Robert Plant (ex-vocalista da banda Led Zeppelin) e Alison Krauss no álbum *Raising Sand* (Rounder Records, 2007) — ganhador do Grammy Awards em 2009 —, e, por meio dessa gravação, muitos ouviram o nome dessa artista tão relevante para a história da música mundial pela primeira vez na vida.

Portanto, no contexto em que o rock e a Bossa Nova surgiram, o espaço ocupado pelas minorias era extremamente limitado. Precisamos nos lembrar de que, nessa mesma época, o próprio cantor Nat King Cole — apesar de todo o sucesso que fazia — foi boicotado no bairro onde morava, pois seus vizinhos não queriam viver na mesma vizinhança de uma família negra. Ao tocar em grandes hotéis e cassinos, o cantor era proibido de transitar, jantar ou se hospedar no lugar onde ele mesmo era a atração principal. A entrada era feita pela cozinha ou área de serviço e, ao final do show, ele se dirigia obrigatoriamente a um hotel específico para negros — como retratado no aclamado longa-metragem *Green Book: O guia* (Dir. Peter Farrelly, 2018) —, uma imposição que seria abandonada somente em 1965.

E foi assim que a Bossa Nova de Johnny Alf, Elizeth Cardoso, Alaíde Costa e Agostinho dos Santos — uma música com tanta influência negra quanto o rock and roll de Sister Rosetta ou quanto o blues e o jazz, já que tem também sua raiz no samba, que é essencialmente negro — foi embranquecida pela indústria fonográfica da época, que canalizou toda a propaganda para o público consumidor branco de classe média-alta, fazendo com que a imagem do movimento ficasse gravada em nosso imaginário como um retrato daquela juventude branca e elitizada tocando violão nas areias da Zona Sul, com seus homens compondo para suas musas, embalados pela brisa salgada de uma cidade que, desde o princípio, é tão maravilhosa quanto desigual. Nessa Cidade Maravilhosa — onde os extremos sempre conviveram lado a lado, onde favelas se formaram a partir dos quilombos do período pré-abolição —, até hoje vemos que tantos insistem em jogar a desigualdade para debaixo do tapete, exportando-se a ideia de um lugar que não existe, numa tentativa de perpetuar aquela imagem da cidade alienada e estereotipada pintada pela Disney nos desenhos do Zé Carioca.

O ano era 2021. Anitta lança **"GIRL FROM RIO" (Antônio Carlos Jobim/Vinicius de Moraes/Stargate)**, uma versão repaginada da tradicional **"GAROTA DE IPANEMA" (Antônio Carlos Jobim/Vinicius de Moraes)**, evidenciando outro lado menos exaltado dessa "Cidade Maravilhosa" e de suas mulheres: aquelas que não se parecem com modelos, que vivem uma realidade completamente diferente daquela das praias da Zona Sul, que têm vários irmãos, filhos de um mesmo pai com diferentes mães, e que não foram criadas nas areias da praia, mas sim no alto dos morros. Utilizando sua popularidade mundial, com essa música a cantora convida o mundo a olhar para a mulher que ela é — e que tantas outras também são —, convida o mundo inteiro a olhar para esse Brasil real e desigual, onde existem milhões de pessoas que precisam e merecem ser ouvidas, independentemente de suas origens ou da cor de sua pele. Em **"GIRL FROM RIO"**, Anitta reescreve a história da mulher — e, consequentemente, da música brasileira — deslocando-a do papel de musa para o papel de protagonista de sua própria história, assim como ela mesma é protagonista de sua vida e de uma carreira muito bem-sucedida.

Muitas pessoas se ofenderam com a versão de Anitta para essa que é uma das canções mais gravadas e executadas de todos os tempos no mundo. Certamente, são aquelas mesmas pessoas conservadoras e saudosistas que exaltam exclusivamente um ou outro gênero produzido no passado e que não conseguem valorizar absolutamente nada do que é feito nos dias de hoje. Frequentemente munida de pouco ou nenhum conhecimento de causa, essa elite "Caco Antibes" — que tem um verdadeiro horror a tudo aquilo que associa às camadas mais pobres de nossa população — se apropriou de determinadas músicas e gêneros como forma de alimentar sua necessidade de superiorização em relação ao outro. São pessoas que frequentam salas de concerto e escutam Mozart não porque necessariamente tenham interesse pela música erudita, mas porque, ao fazerem isso, acreditam estar se afastando de tudo aquilo que é popular. Frequentemente, encontro pessoas que têm esse tipo de pensamento e que imaginam que, por eu ter formação erudita, ter passado anos no conservatório de música e ser autora de livros sobre Mozart e Bossa Nova, compactuo com esse tipo de discurso.

Quando isso acontece, tenho o maior prazer de esclarecer que aquele mesmo Mozart que condensou virtudes e valores espirituais tão elevados em suas composições também tinha uma fixação por conteúdos escatológicos e pervertidos, os quais deram origem a obras que muitos estudiosos e críticos preferem manter escondidas, pois causam um constrangimento enorme naqueles que se embasam na música erudita para desmerecer a produção musical contemporânea. A título de curiosidade, existe um LP de Norman Luboff e Igor Kipnis chamado *Wolfgang Amadeus Mozart Is a Dirty Old Man (The Scatological Canons and Songs Sung in English)* [Wolfgang Amadeus Mozart é um velho sacana (os cânones e canções escatológicos cantados em inglês] (Epic, 1967) que reúne algumas pérolas da obra Mozartiana, como "Lamba meu traseiro" — em tradução livre —, e um repertório poeticamente equivalente a qualquer "funk proibidão" capaz de arrepiar até o último fio de cabelo dos conservadores. Portanto, é preciso deixar a hipocrisia de lado e começar a olhar para as coisas como elas são, e não como gostaríamos que elas fossem.

Nos dias de hoje, a grande missão do escritor, biógrafo, jornalista, artista e do comunicador em geral é promover o debate por meio da informação fidedigna, convidando as pessoas a se conscientizarem cada vez mais sobre seus papéis como agentes transformadores de nossa realidade social, política e cultural. Nesse processo, é importante reescrever histórias mal contadas, dando o lugar de pertencimento a quem um dia foi excluído, dando a chance para que as minorias — no que se refere a direitos, mas não necessariamente a número de pessoas — ocupem o lugar do protagonismo que lhes é devido.

Somos herdeiros de uma história que foi escrita excluindo mulheres, negros, pobres e homossexuais, reduzindo e invalidando a importância de suas contribuições ao longo do tempo. Nesse contexto, esse Rio da Anitta — que valoriza e evidencia uma grande parcela da população acostumada a ser discriminada, violentada e esquecida — faz crescer em mim a esperança em uma realidade cada vez mais justa e igualitária. O mesmo Rio de **"JOSÉ CAMELÔ" (André Ramiro)**, do rapper André Ramiro — um artista admirável que o Brasil conheceu como o famoso personagem André Matias, do filme *Tropa de Elite* (Dir. José Padilha, 2007) e que, ao ter sua voz amplificada pela fama, não se esqueceu de sua gente nem de suas origens —, que denuncia a desigualdade e as injustiças vividas pelo ambulante invisível que, dia após dia, tenta sobreviver de seu trabalho digno e honesto enquanto é "roubado, esculachado por guarda municipal".

Nesse Rio — onde camelôs, mulheres reais e minorias começam a ser ouvidos —, deposito minha esperança de que, quando novas bossas surgirem, os Johnny Alfs do futuro possam ser grandes estrelas e receber o devido reconhecimento e que as Elizeths sejam grandes símbolos de empoderamento e emancipação. Nesse Rio, deposito também minha esperança de que os casais de diferentes origens e cores — como foram meus avós — possam viver as mais lindas histórias de amor e caminhar de mãos dadas pelas calçadas do mundo sem que sejam perseguidos pelos fantasmas do racismo e do preconceito.

NAÇÕES NO MUNDO DA LUA

OU "GUERRAS DE ASTRONAUTAS NOS ESPAÇOS SIDERAIS"

["Lunik 9" (Gilberto Gil), com Gilberto Gil]

Sete anos haviam se passado desde a viagem do cosmonauta soviético Iuri Gagarin pelo espaço a bordo da *Vostok 1*, naquela que seria a primeira missão espacial tripulada da história. Enquanto isso, o mundo inteiro testemunhava a pressa dos Estados Unidos em lançar os próprios foguetes ao espaço também, já que o país estava alguns passos atrás do seu arqui-inimigo naquela corrida maluca e megalomaníaca que marcou a Guerra Fria, a fim de provar quem era capaz de dominar não somente o planeta Terra, mas quem sabe o próprio Sistema Solar. Uma corrida nonsense empreendida por pessoas que até hoje não conseguiram administrar com sucesso nem seus próprios condomínios — quem dirá a galáxia —, a corrida espacial nunca teve fim e, para piorar a situação, hoje envolve startups e bilionários ocupados em se desocupar das questões fundamentais e urgentes desse nosso mundo ainda tão injusto e desamparado.

Naquela manhã do dia 24 de dezembro de 1968, pela primeira vez um voo espacial tripulado viajou pela órbita lunar na Missão Apollo 8 da NASA. E foi também quando conhecemos a Terra: *Earthrise* (ou *Nascer da Terra*) foi a primeira fotografia tirada de nosso planeta, pelo astronauta

William Anders, na qual se vê em primeiro plano a superfície lunar com a Terra ao fundo. Lindamente redonda, azul e coberta de nuvens, ela parece nascer atrás dessa Lua que já testemunhou e iluminou incontáveis amores e mortes na superfície de nosso planeta (infelizmente, nem mesmo essa fotografia conseguiu colocar fim à questão do terraplanismo — um assunto que deveria ter sido arquivado lá em Pitágoras, séculos antes de Cristo). No ano seguinte, o astronauta Neil Armstrong pisaria na superfície lunar pela primeira vez, cravando a bandeira norte-americana numa cena cinematográfica que meus bisavós sérvios morreram defendendo que tinha sido gravada lá nos estúdios de Hollywood — o que certamente teria custado muito menos para os cofres norte-americanos — e que comunicava ao mundo uma mensagem de supremacia do primeiro país capaz de conquistar territórios fora dos limites terrestres, o que é um feito bastante discutível tratando-se de um território onde vida terrestre alguma seria capaz de sobreviver fora de uma Unidade Móvel Extraveicular (EMU).

Enquanto isso, no Brasil, Gil e Caetano estavam presos no Rio de Janeiro em decorrência do Ato Institucional nº 5, um instrumento de repressão e censura extremamente violento e castrador que, apesar de ter entrado em vigor apenas 11 dias antes do voo lunar, já estava perseguindo artistas, jornalistas e oposição na velocidade da luz. E foi justamente nesse período em que se "encontrava preso, na cela de uma cadeia" [**"TERRA" (Caetano Veloso), com Caetano Veloso**], que Caetano viu as fotografias do planeta Terra tiradas pelos astronautas da NASA em uma revista levada por Dedé, sua esposa na época. Anos depois, o baiano transformaria esse momento em canção, como uma memória do tempo em que ele se tornou vítima da mesma polarização que serviu de combustível tanto para a corrida espacial quanto para o financiamento dos tantos golpes militares que conduziriam Caetano, Gil e outros muitos artistas para a prisão e para o exílio.

Antes de partir para o exílio — um período triste, mas que renderia lindas canções como **"LONDON, LONDON" (Caetano Veloso), com Caetano Veloso**, e **"DEBAIXO DOS CARACÓIS DOS SEUS CABELOS" (Erasmo Carlos/Roberto Carlos), com Roberto Carlos**, que a dupla Roberto e Erasmo comporia em homenagem a Caetano —, Gil imediatamente compôs um desabafo em forma de samba, exaltando a cidade do Rio de Janeiro, que continuava linda quando eles deixaram a prisão [**"AQUELE ABRAÇO" (Gilberto Gil), com Gilberto Gil**]. Ao relembrar aqueles momentos no documentário *Narciso em férias* (Dir. Ricardo Calil/Renato Terra, 2020), Caetano contou que, durante os dias de encarceramento, sempre que **"HEY JUDE" (Lennon/McCartney), com Beatles**, tocava no rádio dos soldados, ele sentia sua esperança se renovar, ajudando o compositor a sustentar o otimismo necessário para atravessar aqueles dias difíceis.

Uma banda que revolucionou a história da música, influenciou gerações que tiveram as próprias histórias de vida costuradas às notas de suas canções e que até hoje não se cansa de inspirar artistas nos quatro cantos do mundo, se os Beatles são influência para uns, para outros são uma ameaça. Para Emma, minha bisavó, ver a neta gostando de qualquer cabeludo que cantasse "esse tal de Roque Enrow" [**"ESSE TAL DE ROQUE ENROW" (Rita Lee/Paulo Coelho), com Rita Lee e Tutti Frutti**] era motivo de desespero, mas a coisa ficou séria mesmo quando a jovem chegou em casa dizendo que queria aprender inglês para entender as letras das músicas de sua banda preferida. Ainda que a língua inglesa seja tão inglesa quanto os Beatles, para Peter — meu bisavô, que era contra o imperialismo norte-americano e tinha costume de colocar tudo na conta "desses americanos que têm mania de mexer no que é dos outros" —, saber que a neta queria aprender a língua deles não foi uma notícia bem-vinda. Ele, que queria mesmo era vê-la se tornar secretária bilíngue na Volkswagen, onde bastaria saber falar o alemão — que ela já falava impecavelmente —, achava que aquilo não passava de uma bela ideia de jerico.

Mas, como meu bisavô costumava ouvir da família, à neta ele acabava permitindo tudo aquilo que havia negado aos filhos na educação rígida que deu aos três, e foi assim que minha mãe foi estudar inglês. Não demorou para que ela se alinhasse com o movimento hippie e começasse a fazer artesanato para vender nas feirinhas de Santo André, São Vicente e Embu das Artes. E foi nas feirinhas que ela ganhou um apelido em inglês: virou "Baby" para os mais íntimos, que chegavam em sua casa cantando para ela os versos de Caetano [**"BABY" (Caetano Veloso), com Gal Costa**] que Gal

Costa lançou quando ele já havia partido para o exílio. Não teve jeito: mesmo com toda a campanha contra, ela continuou estudando inglês e, depois de entender todas as letras dos Beatles, fez do idioma profissão.

Uma beatlemaníaca incurável, mesmo depois da separação do grupo, minha mãe continuou acompanhando a carreira solo dos quatro ex-Beatles e, incrivelmente, todos os momentos mais importantes de sua vida parecem ter uma música deles como trilha sonora. De todas essas histórias, aquela que mais me emociona aconteceu na manhã de 9 dezembro de 1980: a data em que ela se casaria no civil com seu primeiro marido teria sido apenas mais um dia feliz na vida deles, caso John Lennon não tivesse sido assassinado no dia anterior. No grande altar de pedras portuguesas deitadas sobre o caminho que conduziu aquele casal vestido de bata branca, jeans azul e tênis ao cartório, todas as lojas de disco tocavam **"(JUST LIKE) STARTING OVER" (John Lennon)**, a canção que abre *Double Fantasy* (Geffen Records, 1980) — o álbum que o casal John Lennon e Yoko Ono tinha lançado dias antes — e que era a verdadeira consagração da história de amor deles. Nesse álbum que traduz em canções toda a maturidade alcançada por um casal que cresceu junto, as composições evidenciam o quanto a vida familiar tinha feito bem para John, que, poucos anos antes, tinha sido pai pela segunda vez. Em **"BEAUTIFUL BOY (DARLING BOY)" (John Lennon)**, ficou para sempre gravado um belo retrato daquela paternidade posteriormente interrompida com sua morte brutal e que estava dando a ele a chance de ser para Sean o pai que não tinha conseguido ser para Julian, seu primeiro filho.

Eu saberia dessa história somente depois que minha mãe se separou de meu pai — que era seu segundo marido —, e me sinto extremamente grata a ela por ter compartilhado comigo essa passagem, que vive em minha mente como uma cena tão bonita e delicada, que me faz ter vontade de escrever uma cena de cinema somente para poder assistir a ela repetidamente. Quais sentimentos devem ter passado pelos corações deles no instante em que começavam uma história de amor ao som de uma outra história de amor que havia sido interrompida de forma tão trágica? Eu me faço essa pergunta sempre que escuto esse que é um de meus álbuns preferidos.

Ao contrário de minha mãe, nunca fui grande fã de Beatles nem de inglês — uma língua que só aprendi por necessidade durante a adolescência, o que certamente faria meu bisavô extremamente feliz. Por ser filha de uma referência no ensino do idioma, todas as minhas professoras de inglês da educação básica tinham sido alunas ou colegas de minha mãe, o que gerava uma expectativa que já começava logo no primeiro dia de aula, quando viam meu sobrenome na lista de chamada. Se, para ela, pegava extremamente mal no mercado que a filha batesse ponto na recuperação final de inglês todo mês de dezembro, eu particularmente achava aquilo um ato de rebeldia; sentia como se estivesse lutando uma luta importantíssima contra o sistema — ainda que, nesse caso, o sistema fosse minha própria mãe. Da mesma forma que, para ela, aprender inglês foi uma maneira de fazer a revolução dentro de casa, para mim, não querer aprender inglês também era minha revolução pessoal, minha forma de contestar e de mostrar que estava buscando meu próprio caminho. A gente luta tanto para ser diferente de nossos pais e avós sem perceber que está repetindo as mesmas histórias; vez ou outra, emerge aquela inevitável dor de perceber "Que apesar de termos feito tudo o que fizemos/Ainda somos os mesmos e vivemos/Como nossos pais" ["**COMO NOSSOS PAIS**" (**Antônio Carlos Belchior**), **com Elis Regina**].

Belchior, um fã declarado dos Beatles, que não economizou referências à banda em versos como "Aquele toque Beatle, 'I wanna hold your hand'" ["**MEDO DE AVIÃO**" (**Antônio Carlos Belchior**), **com Belchior**], no ano anterior à morte de John Lennon, havia lançado "**COMENTÁRIO A RESPEITO DE JOHN**" (**Antônio Carlos Belchior/José Luiz Penna**), **com Belchior**, uma composição que até hoje muitos acreditam ter sido uma homenagem póstuma a Lennon por conta do teor quase premonitório do verso "A felicidade é uma arma quente", mas que nada mais é do que uma referência a "**HAPPINESS IS A WARM GUN**" (**Lennon/McCartney**). Por sua vez, a canção dos Beatles era uma referência ao título de uma matéria de uma revista de caça, que falava sobre um pai que levou seu filho para caçar pela primeira vez ensinando desde cedo para a criança que matar seria algo "normal".

Como não era fã da banda nem tinha memórias afetivas com as músicas dos Beatles, para mim foi muito fácil gostar da carreira solo de John quando a conheci. Foi muito fácil gostar também de Yoko e de toda a influência política que ela trouxe para a vida do marido com suas bandeiras e seu ativismo, que desaguariam na militância deles a favor da paz, principalmente durante a Guerra do Vietnã (um acontecimento que torna ainda mais irônico o fato de alguém que militou em prol da paz ter morrido como vítima das balas que tanto combateu). Para os fanáticos que culpam Yoko pelo fim dos Beatles, fica difícil reconhecer a artista extraordinária que ela é: artista plástica, compositora, cantora, cineasta e uma série de outras coisas, Yoko se tornou tudo o que queria ser após ter sobrevivido à Segunda Guerra Mundial.

Ela era uma menina japonesa de 12 anos quando as bombas atômicas foram lançadas em Hiroshima e Nagasaki, em agosto de 1945. Passou a guerra vivendo com os irmãos no interior do país, onde sua mãe achou que estariam a salvo das balas e dos bombardeios, mas onde não estavam a salvo da fome: Yoko passava horas com o irmão observando as nuvens no céu, criando menus imaginários para tentar aplacar um pouco da fome que sentiam naqueles tempos em que a escassez de comida imperava. E foi com toda essa bagagem que ela entrou na vida de John, apresentando a ele causas e pontos de vista que dariam um novo sentido a sua existência e, consequentemente, a sua composição. Desse período nasceriam verdadeiros hinos que até hoje são cantados por quem não se cansa de acreditar em um mundo melhor, como **"GIVE PEACE A CHANCE" (John Lennon)**, **"HAPPY XMAS (WAR IS OVER)" (John Lennon/Yoko Ono)** e, é claro, **"IMAGINE" (John Lennon/Yoko Ono)**.

Pouco antes de morrer, em uma entrevista com Yoko na BBC, John explicou: "[Imagine] should be credited as a Lennon/Ono song because a lot of it — the lyric and the concept — came from Yoko. But those days I was a bit more selfish, a bit more macho, and I sort of omitted to mention her contribution. But it was right out of *Grapefruit*, her book. (…) But when we did [Imagine] I just put 'Lennon' because, you know, she's just the wife and you don't put her name on, right?" ("[Imagine] deveria ser creditada como uma música de Lennon-Ono porque muito dessa música — a letra e o conceito — vieram de Yoko. Mas, naquela época, eu era um pouco mais egoísta, um pouco mais machista, e eu meio que omiti a contribuição dela. Mas, foi tirado do livro dela, *Grapefruit*. (…) Porém, quando fizemos 'Imagine', eu simplesmente coloquei 'Lennon' porque, você sabe, ela é somente a esposa, e você não coloca o nome dela, certo?").

Quase cinco décadas depois de seu lançamento, em 2017, a National Music Publishers Association concedeu o título de Centennial Award Song para a **"IMAGINE"** e, cumprindo o desejo que John expressara na citada entrevista à BBC, Yoko finalmente foi creditada como coautora da música, em uma reparação histórica a essa mulher que, mesmo depois de ter vivido tantas coisas terríveis, continua fiel a suas causas e ideias, sem perder o compromisso com a paz. Basta escutar seu disco *Warzone* (Chimera Music, 2018), no qual ela regravou um repertório de músicas de protesto autorais lançadas ao longo de sua carreira, para ver o quanto sua mensagem continua sendo pertinente e atual.

Ao escutá-lo, não deixe de prestar atenção a **"NOW OR NEVER" (Yoko Ono), com Yoko Ono**, uma música composta no contexto da Guerra do Vietnã em que ela pergunta se as pessoas gostariam de continuar vendo corpos durante o jantar ou se gostariam que o século XX fosse lembrado como o século que tanto matou e falhou. Também não deixe de prestar atenção nos dois últimos versos: "cause dream you dream alone is only a dream/But dream we dream together is reality" ("Pois sonho que se sonha só é apenas um sonho/Mas sonho que se sonha junto é realidade").

"NOW OR NEVER" foi lançada como single em 1972 — e depois no álbum *Approximately Infinite Universe* (Apple Records, 1973) —, mas esses dois versos que encerram a canção já derivavam de um poema dela, lançado no livro *Grapefruit* (1964). Em 1974, Raul Seixas lançou **"PRELÚDIO" (Raul Seixas), com Raul Seixas**, uma música que repete do início ao fim os versos "Sonho que se sonha só é só um sonho que se sonha só/Mas sonho que se sonha junto é realidade", em uma clara referência à poesia de Yoko. Fã declarado dos Beatles, Raul chegou inclusive a alegar que tinha conhecido o casal John e Yoko durante uma viagem aos Estados Unidos e que eles haviam manifestado interesse em apoiar a Sociedade Alternativa. Uma das tantas lendas envolvendo Raul, há quem defenda essa história e alegue já ter visto até fotografia, mas até hoje ninguém provou que esse encontro aconteceu.

Em *Gita* (Philips, 1974), o mesmo álbum em que lançou essa delicadeza em forma de canção que é **"PRELÚDIO"**, Raul também diz que "Tem sangue no jornal" e pede ao "Seu moço do disco voador/Me leve com você/Pra onde você for" [**"S.O.S." (Raul Seixas), com Raul Seixas**]. Um pedido de socorro que muitos de nós também gostaríamos de fazer, mas que possivelmente não será escutado pelo moço do disco voador: com a quantidade de detritos espaciais que o ser humano tem despejado na órbita terrestre, ele também deve estar ocupado pedindo socorro aos outros tantos moços e moças que viajam pela galáxia em seus discos voadores.

APENAS UMA MULHER LATINO-AMERICANA

OU "UM TANGO ARGENTINO ME VAI BEM MELHOR QUE UM BLUES"
["A palo seco" (Antônio Carlos Belchior), com Belchior]

Quem era Carlos Gardel, afinal? Teria nascido na França, na Argentina ou no Uruguai? Seria filho de um ladrão ou de um homem casado? Teria sido um jovem vigarista, famoso por aplicar o golpe do "conto do tio" nos bares de Buenos Aires? Teria cumprido pena em uma prisão em Ushuaia? Teria realmente contado com a ajuda do então presidente argentino Marcelo Alvear para apagar seus antecedentes criminais a fim de não manchar sua reputação de estrela em ascensão? Seria a representação do estereótipo do macho-alfa portenho e heterossexual que nele enxergavam ou se aproveitava dessa máscara para esconder uma possível homossexualidade apontada por tantos estudiosos de sua vida e obra?

Cercada pelas paredes da casa onde viveu o cantor e embalada pelo ritmo de sua voz, que preenchia cada centímetro da sala, eu me fazia essas e outras tantas perguntas enquanto me esquivava das pisadas de meu parceiro de dança daquele sábado — um colombiano que tinha o ritmo alegre e solto da cúmbia correndo nas veias e nos pés, o que dificultava muito o aprendizado dos movimentos elegantes, taciturnos e certeiros do tango que nossa professora tentava, sem sucesso, ensinar.

Como um grande pretexto para me aproximar da obra e da história do artista, eu estava aproveitando minhas semanas em Buenos Aires para frequentar as aulas de tango oferecidas pelo Museu Casa Carlos Gardel, aquela construção simples e charmosa que seria a primeira e única casa que Gardel compraria: depois de viver a vida inteira em casas alugadas, ele tinha quase 40 anos quando finalmente conseguiu comprar o próprio teto no número 735 da rua Jean Jaurès, no bairro El Abasto, para onde se mudou com a mãe. Enquanto eu pensava e dançava, com uma alegria quase pueril, meu parceiro repetia a mesma pergunta para todos os visitantes que passavam por nós: "Você sabia que Gardel morreu na Colômbia?!"

Carlos Gardel morreu meses antes de completar 45 anos quando a aeronave em que estava colidiu com outra na pista de pouso do Aeroporto Olaya Herrera, em Medellín, causando uma explosão que imediatamente matou quase todos os ocupantes de ambas as aeronaves. Com o cantor, morreriam também os integrantes de sua banda e o brasileiro Alfredo Le Pera, esse nome que pouquíssimas pessoas conhecem no Brasil, mas que é reconhecido e cultuado mundialmente como um dos maiores nomes do tango de todos os tempos: jornalista, poeta, roteirista e letrista, Le Pera nasceu no ano de 1900 no bairro do Bexiga, em São Paulo, filho de imigrantes italianos que posteriormente se mudariam para a Argentina. Sua amizade e parceria com Gardel renderiam algumas das composições mais famosas e significativas do cancioneiro do tango, como os sucessos **"POR UNA CABEZA" (Alfredo Le Pera/Carlos Gardel), "VOLVER" (Alfredo Le Pera/Carlos Gardel) e "MI BUENOS AIRES QUERIDO" (Alfredo Le Pera/Carlos Gardel)**, que, além de ser uma declaração de amor da dupla à cidade que os acolheu, se tornaria praticamente um hino portenho.

Enquanto não surgir um novo documento ou evidência que desminta o registro de nascimento encontrado em Toulouse, na França — o que pode acontecer a qualquer momento nessa história escrita sobre as bases dos intermináveis revezes que o tempo inteiro se apresentam —, o que sabemos é que Gardel era francês, um dado que torna ainda mais interessante o fato de a dupla Le Pera/Gardel, que tanto contribuiu para a difusão do tango argentino no mundo, ser formada por dois estrangeiros. Mas esse é apenas um dos tantos aspectos que permeiam a história dessa figura lendária e controversa que, mesmo passado quase um século de sua morte, ainda desperta tanta curiosidade e é capaz de gerar discussões inflamadíssimas.

Quando nossa aula chegou ao final, aliviada e feliz por ter sobrevivido às inúmeras pisadas das quais fui alvo, me despedi de meu simpático par, que não economizou pedidos de desculpas por sua falta de habilidade e, numa tentativa um tanto destrambelhada de fazer um elogio, terminou dizendo que eu só dançava tão bem o tango porque era uma brasileira que certamente não tinha samba no pé — o que tampouco é mentira, já que o balé entrou em minha vida cedo o suficiente para moldar meus passos e movimentos. Como o vento gelado dos últimos dias parecia ter dado uma trégua e lá fora fazia uma agradável tarde de sábado, decidi caminhar até El Ateneo Grand Splendid, essa que, não à toa, é considerada uma das livrarias mais bonitas de todo o mundo, com sua atmosfera mágica de teatro convertido em livraria. Por seu belíssimo palco emoldurado por uma pesada cortina vermelha, passaram não somente o próprio Gardel, mas outros tantos nomes da música mundial — o que só reforça meu incômodo em ver o espaço transformado em um café. Como dramaturga, penso que o palco é um lugar sagrado, um altar onde todos os artistas envolvidos com uma produção musical ou teatral depositam sua arte e, consequentemente, um pedaço de sua alma. Por mais que tenha sido a forma encontrada pelos envolvidos no projeto de readequação do prédio para ressignificar aquele espaço, acredito que um palco tenha que ser tão reverenciado quanto um tatame de judô, por exemplo: um lugar demasiadamente sagrado para ser sujo com trilhas de migalhas de bolo.

Entre afrescos delicados e veludos vermelhos, do alto, eu observava as estantes enfileiradas — onde um dia existiram poltronas —, frequentadas pelos leitores que abriam e folheavam livros com a calma e a certeza de quem sabe que, dentro do território seguro de um livro, estará protegido dos bombardeios de anúncios e links patrocinados que se tornaram parte de nossas vidas e leituras na era digital. E eu — que acho bonito demais observar leitores mergulhados nas páginas de um livro enquanto esboçam sorrisos, lamentos e surpresas por motivos desconhecidos para quem observa de longe —, tratei de sacar minha câmera e passei algum tempo fotografando alguns desses leitores anônimos que estavam ali refugiados do frio invernal.

Conforme o anoitecer se aproximava, senti que meu corpo pedia descanso depois do dia cheio que tive e busquei um táxi para me levar de volta ao hotel. Este era localizado em um prédio lindíssimo do século XIX que, apesar de implorar por uma reforma, ainda conservava seu charme e elegância (como tantas outras construções antigas da cidade), e eu, depois de alguns dias hospedada ali — e de ter ficado presa mais de uma vez dentro do elevador pantográfico que parava não menos do que meia dúzia de vezes por dia —, já havia aprendido que a melhor opção para chegar a meu quarto era mesmo subir os dois ou três lances de escada. Um enorme vão localizado no centro da construção interligava todos os andares, e foi do corredor de meu próprio andar — onde eu estava sentada naquela noite respondendo alguns e-mails — que ouvi um grupo de brasileiros que havia acabado de chegar de Colonia del Sacramento comentar que estar na cidade uruguaia era como estar em Paraty com dublagem em espanhol.

Como Paraty é minha cidade preferida no Brasil, a comparação imediatamente me chamou a atenção e, poucos minutos depois, eu estava com uma passagem de barco comprada para a semana seguinte para conhecer essa cidade encantadora e que tem uma ligação histórica com o Brasil que a gente não aprende na escola. Fundada em 1680 pelo português Manuel Lobo — que era então governador da capitania do Rio de Janeiro —, por conta de sua localização privilegiada em meio ao Río de la Plata, durante séculos Sacramento foi alvo de disputas entre portugueses e espanhóis, o que acabou se refletindo na construção de sua cultura e de sua arquitetura, onde traços de ambos os colonizadores convivem, lado a lado, nas belíssimas ruas dessa cidade que parece ter saído de dentro de um filme e que — pasme! — já fez parte de nosso país: quando foi declarada a independência do Brasil, em 7 de setembro de 1822, o território que compreende o atual Uruguai — que, na época, se chamava "Província de Cisplatina" — estava sob os domínios de Portugal. Com a independência do país, a Província de Cisplatina seria anexada à recém-fundada República Federativa do Brasil, mas se tornaria uma nação independente com a assinatura do Tratado do Rio de Janeiro, de 1828.

Mas, naquele momento, eu ainda não sabia de nada disso e a única referência que tinha da cidade era de que havia sido lá que o cantor e compositor Antônio Carlos Belchior tinha sido encontrado após ter abandonado o carro no estacionamento do aeroporto de Guarulhos e deixado o Brasil com a esposa sem dar explicações ou satisfações nem mesmo para seus familiares. Como a campanha "Volta Belchior" — que depois daria nome a um dos blocos de Carnaval mais populares de Belo Horizonte, criado em homenagem ao artista — se tornou extremamente popular, o nome da cidade havia sido repetido incansavelmente pela imprensa, que buscava mais informações sobre seu paradeiro e sobre os motivos que teriam feito o artista deixar o país: estaria endividado e decidira fugir dos credores? Havia sido influenciando pela esposa, que o convencera a abandonar a vida que tinham aqui? Ou estaria simplesmente cansado de tentar suportar o dia a dia em terras brasileiras? [**"ALUCINAÇÃO" (Antônio Carlos Belchior), com Belchior**].

Eu lembro que na época não acompanhei muito esse caso, porque achei tão legítimo seu desejo de partir, que me parecia desrespeitosa essa insistência em tentar encontrar quem claramente não queria ser encontrado. Contrariando as suspeitas daqueles que acreditavam se tratar de uma estratégia de marketing — elaborada para promover o cantor e garantir promoção midiática —, Belchior viveu seus últimos anos discretamente, e seu paradeiro final somente seria revelado com a notícia de sua morte, em 2017, quando se descobriu que ele vivia na cidade de Santa Cruz do Sul, no Rio Grande do Sul.

É muito provável que eu tenha ouvido falar nele antes disso, pois em casa se escutavam seus discos, mas a primeira vez em que realmente me lembro de ter escutado o nome de Belchior foi quando, em 1997, minha mãe precisou gravar um texto em inglês para um cliente e acabou recorrendo ao Estúdio Camerati, em Santo André, que tinha sido comprado pelo cantor. Eu tinha 6 anos, mas me lembro de ter achado extraordinário um artista ter seu próprio estúdio e, principalmente, que ele estivesse localizado em minha cidade. Sabendo que minha mãe era fã de Belchior, dias depois, uma funcionária do estúdio ligou para nossa casa dizendo que ele havia autografado um álbum para minha mãe. No entanto, ela acabou demorando para buscar e o estúdio foi vendido, razão pela qual, sempre que o assunto surge, lamentamos o álbum autografado perdido. Mas, pensando bem, talvez seja melhor assim: dentro de uma família em que todos são grandes admiradores dele, o álbum certamente seria motivo de disputas — assim como foram os discos autografados pelo Ney Matogrosso e pelo U2.

Antes mesmo de me tornar a biógrafa que sou, a história do artista por trás de sua obra sempre me chamou a atenção — por vezes, até mais do que a obra em si. Sempre vi em Belchior uma pessoa introspectiva, reflexiva e realista, com uma aura quase monástica — o que explica os três anos que viveu como seminarista na Ordem dos Frades Menores Capuchinhos, de onde partiu deixando o passado como frei Francisco Antônio de Sobral para poder então se tornar o grande artista que, subordinado à Ordem — e a suas regras que aniquilam a individualidade e a criatividade —, ele jamais teria se tornado. Contudo, certamente seria sua afinidade com o estilo de vida monástico o que teria levado Belchior a considerar esse caminho.

Ex-estudante de medicina e um estudioso dos mais diversos temas que despertavam sua curiosidade, seria a riqueza de referências que orbitavam seu próprio universo a responsável pela riqueza de seus versos tão profundos quanto acessíveis, capazes de tocar o íntimo da alma humana. Alguém que tinha a capacidade de abordar os assuntos mais complexos de forma cotidiana sem ser blasé e sem vestir em momento algum a velha roupa cretina da pseudointelectualidade que tantos vestem e veneram, Belchior alimentava suas músicas com boas doses de utopia poética sem, com isso, deixar de ser realista. Sagaz, provocativo e disruptivo, ele é um desses raros artistas que não perseguiu a fama, mas que foi inevitavelmente perseguido por ela; prova disso é a popularidade de sua obra atemporal entre a juventude contemporânea, que tanto se identifica com sua música e com sua poesia.

Se, para cada capítulo de sua vida, minha mãe tem uma música dos Beatles como trilha sonora, no meu caso, para cada acontecimento eu tenho uma música de Belchior, um artista com quem tanto me identifico e que soa tão familiar como se fosse de minha própria família. Politicamente engajado, na década de 1980 se envolveu com o movimento das Diretas Já, que pedia o final da ditadura militar e a volta das eleições diretas para presidente da República. Uma década extremamente movimentada — marcada não somente pelas Diretas Já, mas por tantos outros acontecimentos fundamentais, como a fundação do Partido dos Trabalhadores, a saída dos militares do poder e a promulgação da nova Constituição da República Federativa do Brasil de 1988 —, se os anos 1980 começaram com Gonzaguinha acreditando na rapaziada que vai à luta ["**E VAMOS À LUTA**" (**Gonzaga Jr.**), **com Gonzaguinha**], ela terminou com Cazuza lamentando que o garoto que iria mudar o mundo tinha escolhido assistir a tudo covardemente de cima do muro ["**IDEOLOGIA**" (**Frejat/Cazuza**), **com Cazuza**].

Era o fim de uma era que se dissolveu com a queda do Muro de Berlim (1989), coroando o triunfo do capitalismo sobre o socialismo, e que marcaria a consolidação da pós-modernidade com tudo aquilo o que ela representa: a substituição do pensamento coletivo pelo individualismo egoísta, a banalização ou ausência de valores universais, o culto ao consumismo doentio e desenfreado, a substituição da constância e da durabilidade pelo efêmero e imediato. Nesse novo cenário pautado pela hiper-realidade, nada parece ser concreto e a gente pisa constantemente sobre um chão de areia movediça; são nossos "tempos líquidos", como observou o filósofo e sociólogo polonês Zygmunt Bauman, que afetam nossas carreiras, relacionamentos e, consequentemente nossa saúde mental.

Nascida em um contexto de pessimismo pós-moderno e econômico — já que no ano anterior havia acontecido o confisco da poupança (1990) empreendido pelo então presidente Fernando Collor —, cresci em um Brasil que ainda trazia muito frescas as marcas dos anos vividos sob uma ditadura militar, e foram essas as questões que, desde cedo, moldaram meu caráter e minha visão do mundo. E, ainda que eu fosse desde cedo consciente das realidades que habitavam o mundo onde nasci, acredito que são os acontecimentos e as descobertas de nosso próprio tempo os responsáveis por forjar as bases daquilo que iremos nos tornar. Quando penso nessa questão, me vêm à mente uma descoberta e três acontecimentos que me fizeram enxergar com meus próprios olhos o tamanho da hostilidade do mundo e que, de alguma forma, colaboraram para fazer de mim quem sou.

A descoberta se deu quando entrei em contato com a história do seringueiro e sindicalista Chico Mendes, que foi assassinado em 1988 por ter despertado a ira de fazendeiros ao defender a preservação não só das seringueiras nativas, mas de toda a floresta de que dependiam os seringueiros da Bacia Amazônica para subsistir. Um ativista que segue inspirando gerações de conservacionistas ao redor do mundo, ele seria homenageado por diversos artistas que lhe dedicariam canções, incluindo: **"CUANDO LOS ÁNGELES LLORAN" (Fher Olvera), com Maná, "HOW MANY PEOPLE" (Paul McCartney), com Paul McCartney, e "O SERINGUEIRO" (Zé Geraldo), com Zé Geraldo**.

O primeiro acontecimento seriam os ataques de 11 de setembro de 2001: naquele mesmo dia em que o golpe militar no Chile completava 28 anos e que meu pai completava mais um ano de vida, aconteceu esse evento trágico que seria apenas o primeiro de tantos capítulos sangrentos que culminariam na Guerra do Iraque (2003-2011). Quatro meses depois, aconteceria aquele que considero o segundo evento que me deu um choque de realidade: o assassinato do então prefeito Celso Daniel. Até hoje me lembro da sensação de desconsolo quando vi aquele político brilhante deitado num caixão no salão da Câmara Municipal de Santo André.

Eu já tinha uma tendência à politização e sempre acreditei na política como instrumento fundamental de transformação, e seria por conta de um projeto idealizado por Celso — o "Santo André Cidade Futuro" — que, cinco anos depois, já emancipada, eu começava a me envolver com a vida pública de minha região e seria convidada pela então vice-prefeita de Santo André, Ivete Garcia, para contribuir como representante de cultura na segunda fase desse projeto belíssimo que, infelizmente, não teve vida longa. Durante esse breve período, eu pude conhecer mais a fundo seu trabalho e sua visão, o que me fez admirar ainda mais essa figura tão importante de nossa política. Quando penso nas tantas transformações sociais e estruturais que aconteceram durante seu governo — e, principalmente, naquelas que poderiam ter acontecido caso sua vida não tivesse sido interrompida —, a impressão que tenho é de que Santo André é uma cidade órfã, que perdeu um pai presente na fase mais importante de seu desenvolvimento. Uma perda que ainda hoje me emociona; sempre que passo no Cemitério da Saudade para visitar alguns dos amigos que ali vivem não deixo de passar também no túmulo desse que considero um dos maiores políticos que já tivemos por aqui.

O terceiro e último acontecimento se deu quando, levada por minha mãe ainda no início de minha adolescência, assisti a meus primeiros shows de dois grupos fundamentais para a música latino-americana: Tarancón e Raíces de América, que seguem em atividade até os dias de hoje. O primeiro, que tinha uma proposta de pesquisa folclórica latino-americana e utilizava essencialmente instrumentos acústicos, chegou a conquistar o segundo lugar no Festival dos Festivais da Globo, no Maracanãzinho, em 1985, com a música **"MIRA IRA (NAÇÃO MEL)" (Lula Barbosa/Vanderley de Castro)**, defendida na ocasião por Míriam Miràh, Lula Barbosa, Grupo Tarancón e Placa Luminosa. Já o segundo — que teve como madrinha a cantora argentina Mercedes Sosa — foi formado pelo empresário argentino Enrique Bergen e estreou em 1980, justamente com a proposta de se contrapor aos grupos que faziam música acústica e folclórica, trazendo o peso da guitarra de Tony Osanah e do baixo inconfundível de Willy Verdaguer para seu repertório potente, que incluía composições de Daniel Viglietti, Atahualpa Yupanqui e Violeta Parra, mas também canções autorais, como **"GUAJIRA PARA LA ESPERANZA DE AMÉRICA" (Oswaldo Avena/Enrique Bergen)** e **"PLEGARIA POR VICTOR JARA" (Tony Osanah/Enrique Bergen)**.

Foi por meio desses dois grupos que conheci as histórias e o cancioneiro da Nueva Canción Latinoamericana, que nasceu no contexto da Guerra Fria, quando a tensão geopolítica entre Estados Unidos e União Soviética passou a abalar de forma determinante os governos de todo o mundo. Nesse momento, os Estados Unidos começaram a estreitar laços com as forças armadas dos países latino-americanos, a fim de conter uma possível expansão do comunismo no continente Americano. Como uma consequência disso, em 1954 aconteceria na Guatemala o primeiro golpe militar na região apoiado e patrocinado pelo país, e, com o triunfo da Revolução Cubana em 1959 e a ameaça que ela representava, os Estados Unidos passariam a influenciar cada vez mais a ordem política em toda a América Latina e Caribe, financiando e criando condições para que diversas ditaduras militares fossem implantadas a fim de evitar que outros países seguissem o exemplo cubano.

A partir desse momento, a música passa a ser uma ferramenta de denúncia política e social de grande importância, dando voz aos grupos oprimidos e castigados pela desigualdade social e pelas injustiças e violações aos direitos humanos que haviam se tornado rotina por aqui. Tendo como ponto de partida o resgate e a valorização das tradições folclóricas regionais, dos elementos da cultura indígena e das particularidades históricas de nossa América Latina, a Nueva Canción se espalhou por todo o território e se manifestou por meio do surgimento de um cancioneiro cada vez mais autêntico e potente. Porém, com o sucesso na implantação das diversas ditaduras militares que se espalharam por toda a região ao longo das décadas de 1960 e 1970, muitos artistas partiram para o exílio, levando suas músicas e mensagens para o mundo inteiro escutar, fazendo do cancioneiro da Nueva Canción um registro histórico e artístico de conhecimento mundial, que clamava por uma intervenção que pusesse fim aos abusos e crimes que haviam se tornado rotina para nós.

Somada ao rico caldeirão das distintas origens que carrego em meu DNA, a consciência política e social que adquiri a partir do momento em que entrei em contato com o cancioneiro da Nueva Canción Latinoamericana — que a princípio conheci por meio de Tarancón e do Raíces de América —, me faria dar os primeiros passos nesse caminho como mulher latino-americana que milita por meio de sua arte e de sua existência porque sabe que, apesar de ter nascido no contexto de um Brasil aparentemente redemocratizado, a luta pela sustentação de nossa jovem democracia não terminou e não dá trégua. E é por isso que eu estou sempre disposta a dar mais um passo nessa minha jornada pela América Latina, ostentando orgulhosamente meu passaporte do Mercosul e sempre pedindo à vida — e aos parceiros de dança que encontro pelo caminho — que pisem devagar, porque meu coração é frágil e tem pressa de viver ["**CORAÇÃO SELVAGEM**" (**Antônio Carlos Belchior**), **com Belchior**].

QUANDO CARTEIROS ENCONTRAM POETAS

OU "DEL SUEÑO A LA POESÍA" (DO SONHO À POESIA)

["Del sueño a la poesía" (Silvio Rodríguez), com Silvio Rodríguez]

Era dezembro e fazia um calor angustiante no Rio de Janeiro. No dia seguinte, aconteceria o lançamento de meu livro *O barquinho vai... Roberto Menescal e suas histórias* na extinta Modern Sound, que era praticamente uma filial do paraíso para os apaixonados por música. O ano era 2010 e, como as vendas de CDs caíam um pouco mais a cada dia, a existência de um espaço tão grande já não se justificava e tampouco se pagava; a consagrada loja que havia sido palco de incontáveis encontros e histórias encerraria suas atividades naquele mesmo dezembro, quando as prateleiras se esvaziariam para dar lugar às gôndolas de um supermercado. Como nosso lançamento seria um dos últimos eventos promovidos naquele tradicional reduto musical carioca, havia um carinho muito grande de todos os envolvidos na organização e não medimos esforços para que fosse uma noite memorável.

Eu estava hospedada na avenida Princesa Isabel — a uma dezena de quadras da loja — e, enquanto caminhava até lá para conversar com os donos e ajustar os últimos detalhes do evento, uma sequência de ligações não me deixava chegar a meu destino, confirmando que nosso evento realmente seria um grande acontecimento: Andy Summers — guitarrista do The Police — havia confirmado presença, junto a uma lista de artistas e executivos da indústria fonográfica que incluía nomes como Fagner, Carlos Lyra e André Midani. Naquele momento o evento já prometia ser a grande celebração que seria, com direito a pilhas intermináveis de livros para autografar, enquanto nossos convidados subiam no palco para tocar com Pery Ribeiro, que cantava para nós lindamente, como só ele cantava. Filho das estrelas Dalva de Oliveira e Herivelto Martins, Pery foi um dos maiores nomes da Bossa Nova e da MPB, e só o fato de ter sido o primeiro artista no mundo a gravar **"GAROTA DE IPANEMA" (Tom Jobim/Vinicius de Moraes), com Pery Ribeiro**, já deveria fazer com que seu nome e sua música fossem merecidamente lembrados e celebrados. Pery morreria dois anos após aquela noite e, nas últimas conversas que tivemos, ele manifestava uma constante decepção por ter sido esquecido em alguma fenda do tempo; uma figura quase apagada da música brasileira, apesar de toda sua importância, praticamente não há jovem hoje que conheça sua belíssima obra.

Quando estava a poucos passos da loja, bem em frente à galeria Menescal — um prédio construído pela família do Roberto, composta, com exceção dele, de engenheiros ou arquitetos —, meu telefone tocou mais uma vez: era meu amigo João Carlos Pecci, irmão do Toquinho. Na ligação, ele dizia que a notícia de meu lançamento havia chegado ao Chile — por meio de uma publicação feita pela Embaixada do Brasil, se não me engano —, e um amigo seu que vivia em Santiago, sem saber que éramos amigos, coincidentemente havia ligado para ele perguntando como adquirir meu livro. Dias antes a editora havia mandado uma caixa de exemplares para minha casa, então, como tinha alguns sobrando, pedi o endereço de seu amigo para que pudesse enviar um de presente. Peguei um bloco e uma caneta na bolsa e comecei a anotar; quando perguntei em nome de quem deveria ser feito o envio e a dedicatória, João simplesmente respondeu "Antonio Skármeta", e eu fiquei muda: como assim o autor de *O carteiro e o poeta* (1985) queria ler meu livro? Para mim — que tinha lido aquele livro ainda na infância, havia assistido à adaptação cinematográfica diversas vezes e tinha um carinho enorme pela obra desse que é um dos maiores autores latino-americanos contemporâneos —, aquela ligação era um acontecimento surreal.

Assim que voltei para casa, tratei de enviar com urgência um livro para Santiago e, dias depois, recebi um e-mail de Nora — a esposa de Antonio —, que ele conheceu durante o exílio em Berlim, para onde partiu pouco depois do golpe militar de 1973 que depôs o presidente socialista Salvador Allende. Na mensagem, ela agradecia a gentileza com um convite para que eu passasse férias na casa deles logo no início do ano seguinte. Como aquele era um convite que eu não podia recusar em hipótese alguma, poucas semanas depois, Nora estava a minha espera quando desembarquei no aeroporto de Santiago. Apesar de já ter dois livros lançados e algumas vivências muito interessantes, naquele momento eu era apenas uma jovem mulher latino-americana — com 19 anos recém-completos, sem dinheiro no banco, sem parentes importantes e praticamente vinda do interior **["APENAS UM RAPAZ LATINO-AMERICANO" (Antônio Carlos Belchior), com Belchior]** — que estava saindo do país pela primeira vez na vida para ser recebida na casa de um dos maiores escritores do mundo.

Uma anfitriã extremamente cuidadosa e carinhosa, no caminho, Nora me contava da agenda que havia organizado para os dias em que eu estaria com eles: era uma série de jantares e compromissos sociais com artistas e intelectuais amigos da família para quem desejavam me apresentar. Essa agenda incluía: um jantar na casa de Ana María — uma importante fotógrafa que me ofereceu uma de suas obras de presente; uma recepção na casa dos arquitetos Giovanna e Enrique — colecionador e especialista sobre a obra de Neruda, de quem havia sido amigo; e um jantar com o embaixador italiano em um restaurante badalado onde Sting, que naquele momento estava no Chile para cantar no festival de Viña del Mar, havia jantado na noite anterior. Em razão disso, eu, que definitivamente não tinha na mala uma roupa para essas ocasiões, precisei correr até uma loja para comprar algo adequado para vestir. Em um mundo completamente diferente daquele de onde eu vinha, o tempo inteiro eu tentava simular certa naturalidade para não passar vergonha.

Todos os dias nós tomávamos café na varanda que dava para o jardim, onde ficava o bangalô de vidro que funcionava como escritório de Antonio, seu refúgio em que passava as manhãs trabalhando. Enquanto Nora dava um mergulho na piscina e eu lia algo na varanda, observava a disciplina e o processo de trabalho de Antonio como quem assiste a uma aula. No horário do almoço, ele se juntava a nós outra vez para discutirmos política, livros, música e processos criativos. Conversávamos também sobre seu livro que seria publicado ainda naquele ano — *Un padre de película* (2011) — que tempos depois seria transformado em cinema pelo brasileiro Selton Mello, como *O filme da minha vida* (Dir. Selton Mello, 2017), uma delicadíssima adaptação com Johnny Massaro, Bruna Linzmeyer e Vincent Cassel, que conta com a participação do próprio Antonio e que tem uma das fotografias mais encantadoras que já vi. Muito generoso com esta escritora que estava apenas no início de sua carreira, ele fazia uma série de perguntas sobre meu próprio processo criativo e minha dinâmica de trabalho, respondendo todas as minhas perguntas com a paciência e a tranquilidade de um professor com um aluno. Ou melhor: de um poeta com seu carteiro.

No livro *O carteiro e o poeta* — cujo título em espanhol é *Ardiente paciencia* —, Antonio conta a história de um jovem carteiro apaixonado que, incumbido de entregar a correspondência de Neruda em sua casa, aproveita seus providenciais encontros com o poeta para pedir conselhos poéticos e amorosos. O carteiro da história é inspirado no próprio Antonio, que, quando era um jovem apaixonado ainda no início da carreira literária, tinha ido pessoalmente à Isla Negra, a casa de Neruda, pedindo conselhos poéticos a ele. Naquele exato momento, eu me sentia o carteiro de sua história, tendo o privilégio de ouvir os conselhos de um autor consagrado e admirado por mim, que me escutava com respeito e atenção e me tratava não como se fosse a iniciante que era, mas como uma colega de profissão. Assim como Antonio um dia havia sido o jovem na porta de Neruda, naquele momento eu era a jovem na porta de sua casa, dando ainda os primeiros passos na profissão que ele dominava como uma consequência natural da maturidade que só alcança quem aprende a ser um paciente amigo do tempo.

Se a hostilidade frequentemente marca esse tipo de encontro entre gerações, aprendi com Antonio que é essa generosidade entre colegas — independentemente do estágio da vida ou da profissão em que se encontrem — o que faz com que ideias se perpetuem, se mantenham vivas e possam cruzar as fronteiras do tempo, da vida e da morte. Afinal, todos os grandes nomes de qualquer área um dia foram jovens iniciantes que tiveram como inspiração alguém que lhes deu a mão, e, assim como Skármeta teve Neruda, eu tive Skármeta. Como uma demonstração da amizade e do respeito que cultivamos, quando retornei ao Chile dois anos depois, ele estava terminando de escrever "Oktoberlied", um conto que se passava no sul do Brasil, e me homenageou dando meu nome à única personagem mulher da narrativa.

Durante minha visita, a proximidade de meu anfitrião com a obra e o legado de Neruda permitiu que eu me aproximasse bastante da figura do poeta, um autor que descobri também na infância, depois de ter lido as linhas amareladas da edição brasileira de *Confesso que vivi* (1974) que morava na estante de casa, comprada por minha mãe muito tempo antes de eu nascer. Naqueles dias, visitei duas de suas três casas no Chile: La Chascona, em Santiago, e Isla Negra, em El Quisco — esta última o cenário onde se passa a história da narrativa de Skármeta, que, apesar de ter recebido três adaptações cinematográficas, contou com apenas uma gravada no local original. Isso porque, na época em que as duas versões anteriores foram produzidas, Augusto Pinochet ainda estava no poder e seria praticamente impossível rodar em território chileno um filme relacionado a uma figura amplamente combatida pelos militares. Assim, *Ardiente paciencia* (Dir. Antonio Skármeta, 1983) acabaria sendo gravada em Portugal e *O carteiro e o poeta* (Dir. Michael Radford, 1994), na Itália; somente a terceira e mais recente adaptação — *Ardente paciência* (Dir. Rodrigo Sepúlveda, 2022) — finalmente transportaria a história de Skármeta para os cômodos e jardins de Isla Negra.

Como se suas casas fossem livros, cada uma delas guarda um tanto do rico universo do poeta, onde elementos de sua infância como filho de ferroviário se mesclam a sua paixão pela arte, pela literatura e pelo mar, em espaços concebidos para compartilhar o tempo com os amigos que as frequentavam. Colecionador incurável que era, Neruda cercou-se de todas as coisas de que gostava e que, de alguma forma, contavam sua história, comprovando que objetos, quando bem escolhidos, têm o poder de transformar uma casa em um lar, algo que suas casas nunca deixaram de ser para o poeta — tanto na vida quanto na morte. Tive o privilégio de visitar ambas as casas nos dias em que estavam fechadas para o público e, se você nunca teve essa oportunidade, eu, que já tive essa experiência algumas vezes e por razões diversas, diria que é uma das coisas mais fascinantes que alguém pode vivenciar, principalmente quando se trata de uma casa-museu, onde a tranquilidade e o silêncio convidam à observação cuidadosa de cada canto do ambiente; a ausência de outros visitantes faz com que você se esqueça de que está em um museu e se sinta como se tivesse sido convidada pelos anfitriões que um dia viveram naquele lugar.

La Chascona — ou "A descabelada" — começou a ser construída em 1953 para abrigar o amor secreto de Neruda com Matilde Urrutia, que seria sua companheira até o último dia de sua vida. Essa história de amor começou quando ele ainda era casado com a pintora argentina Delia del Carril; a casa onde Matilde a princípio viveu sozinha recebeu esse nome porque era o apelido que Neruda havia dado a ela por conta de sua abundante cabeleira esvoaçante. Naquele mesmo ano, o pintor mexicano — e marido de Frida Kahlo — Diego Rivera, um dos amigos que compartilhava do segredo do casal, pintou seu famoso *Retrato de Matilde Urrutia* (1953), em que a retratou com duas cabeças e escondeu o perfil de seu amante nas ondas de seus cabelos avermelhados. Após Neruda separar-se de Delia, La Chascona passaria a ser oficialmente seu lar em Santiago, e seria também o local onde Matilde escolheria velar o marido morto dias após o golpe militar que depôs o presidente socialista Salvador Allende.

Comunista de corpo e alma, Neruda representava tudo aquilo que os militares estavam comprometidos em combater e eliminar desde o momento em que bombardearam o Palacio de La Moneda. Alguém profundamente engajado com suas causas e crenças tanto na política quanto nas artes, além de militar por meio de seus textos, Neruda também colaborou com projetos e iniciativas de diversos artistas latino-americanos. Dentre esses artistas, está o cubano Carlos Puebla — mundialmente conhecido como o "Cantor da Revolução Cubana" —, com quem Neruda lançou o disco *Carlos Puebla y Pablo Neruda — Dos voces de América en un canto a Cuba* (Areito, 1965). A obra é um manifesto socialista encabeçado por Puebla que exalta os valores da Revolução Cubana em uma crítica ao imperialismo norte-americano e que combina em suas faixas canções de Puebla e poemas de Neruda, como em **"SI USTED CONOCE O NO LA DIPLOMACIA/YA GANAMOS LA PELEA" (Carlos Manuel Puebla/Pablo Neruda), com Carlos Puebla e Pablo Neruda**.

Ex-diplomata e ex-senador eleito pelo Partido Comunista do Chile, em 1969 Neruda chegou a ser pré-candidato à presidência, mas renunciou à candidatura para apoiar a campanha do amigo Salvador Allende, que era o candidato da Unidade Popular. Em uma tentativa fracassada de destruir a imagem de Neruda como político e intelectual da esquerda, logo após o golpe sua casa foi invadida e depredada e, ao receber a última visita de seu morador, que chegava dentro de um caixão de madeira através de uma ponte improvisada, La Chascona estava alagada, tinha os vidros quebrados e os livros que viviam em suas prateleiras tinham sido todos queimados. Após o velório — registrado pelas lentes do fotógrafo brasileiro Evandro Teixeira, que já havia retratado o poeta anteriormente em uma visita ao Brasil —, seu corpo foi levado em cortejo para o cemitério por uma multidão que desafiou o toque de recolher imposto pelo regime ditatorial a fim de prestar a última homenagem àquele que, com sua morte, deixava órfã a esquerda chilena.

Após a morte do marido, Matilde passaria os anos seguintes dedicada a consertar a casa onde viveria até sua morte, em 1985. Dois anos após o final da ditadura de Augusto Pinochet (1973-1990), os restos mortais do casal seriam transferidos para os jardins de Isla Negra, onde permanecem até hoje, atendendo a um desejo expresso pelo poeta no poema "Disposiciones" ("Disposições"): "Compañeros, enterradme en Isla Negra,/frente al mar que conozco, a cada área rugosa de piedras/y de olas que mis ojos perdidos/no volverán a ver." ("Companheiros, enterrai-me em Isla Negra/

diante do mar que conheço, de cada área rugosa/de pedras e ondas que meus olhos perdidos/não tornarão a ver").

Um pedido em forma de poema, "Disposições" foi publicado originalmente em *Canto geral* (1950), essa volumosa obra sobre a natureza e a história americana, que seria responsável por fazer com que Neruda conquistasse definitivamente seu lugar como a grande e potente voz poética capaz de traduzir e representar a América Latina. Foi em busca de tranquilidade para escrever esse livro que Neruda adquiriu a propriedade que ele batizaria de "Isla Negra" — nome pelo qual a vila de pescadores Las Gaviotas passaria a ser então conhecida — ainda no final da década de 1930, onde escreveria boa parte de seus 231 poemas. Em *Canto geral* encontra-se também um poema que registra uma de suas passagens pelo Brasil, quando, em julho de 1945, participou do comício do Partido Comunista do Brasil no estádio do Pacaembu, em São Paulo. Para a ocasião, escreveu o poema "Mensagem", que, ao ser incluído no livro anos depois, teve o nome modificado para "Dito no Pacaembu (Brasil, 1945)".

Passadas pouco mais de duas décadas de seu enterro em Isla Negra, seus restos mortais seriam exumados como uma consequência da investigação iniciada a partir de uma denúncia do Partido Comunista do Chile, após o ex-motorista do poeta ter declarado que Neruda teria sido envenenado na Clínica Santa María, onde estava internado quando faleceu, no momento em que preparava com Matilde sua partida para o exílio no México. Apesar de o câncer de próstata que ele vinha tratando desde o final da década de 1960 ter sido apontado como a causa do óbito nos registros oficiais da época, as circunstâncias de sua morte nos levam a crer que Neruda possa ter sido mais uma das tantas vítimas dos militares. Afinal, sua morte é apenas mais uma entre as tantas que aconteceram em circunstâncias suspeitas em tempos de ditaduras militares na América Latina.

Aqui mesmo no Brasil, até hoje se discutem as circunstâncias das mortes de Juscelino Kubitschek, Carlos Lacerda e João Goulart — este último, presidente deposto pelos militares no Brasil em 1964. Ex-adversários que, após o golpe de 1964, se uniram para formar a Frente Ampla (1966) — um movimento que buscava reestabelecer a democracia no Brasil, mas teve a existência cassada apenas dois anos depois —, mesmo após sua dissolução, o trio nunca deixou de ser uma pedra no coturno dos militares. Coincidência ou não, os três morreriam em um período de apenas nove meses, em circunstâncias bastante discutíveis, que até hoje inspiram pesquisas e levantam suspeitas: Juscelino morreria em um acidente de carro no Rio de Janeiro, em agosto de 1976; Jango e Lacerda morreriam vítimas de infarto do miocárdio — o primeiro, na Argentina, em dezembro de 1976, e o segundo, no Rio de Janeiro, em maio de 1977.

Se o próprio golpe militar — seguido do suicídio do companheiro Allende — já teria sido mais do que suficiente para abalar o poeta, seria de seu quarto na Clínica Santa María que ele, a menos de 72 horas de sua morte, se inteiraria do violento assassinato do amigo Victor Jara, com quem celebrara nove meses antes seu Prêmio Nobel de Literatura (1971). Na ocasião, Victor ficara encarregado da direção do espetáculo organizado para comemorar a vitória que fizera de Neruda o segundo autor latino-americano a receber o prêmio, seguindo a também chilena Gabriela Mistral (1945). Companheiros de militância política, artística e ideológica, o poeta havia sido homenageado por Jara na composição **"DANZA DE LOS NIÑOS — HOMENAJE A PABLO NERUDA" (Miguel Hernández/Victor Jara), com Victor Jara**, e havia tido alguns de seus poemas musicados por ele, incluindo o **"POEMA 15" (Pablo Neruda/Victor Jara), com Victor Jara**, e **"AQUÍ ME QUEDO" (Pablo Neruda/Patricio Castillo/Victor Jara), com Victor Jara**. Neste último, Neruda deixa em seus versos uma crítica em forma de sugestão à burguesia chilena: "Siempre los ricos fueron extranjeros/ Que se vayan a Miami con sus tías" ("Os ricos sempre foram estrangeiros/ Que partam para Miami com suas tias"). Impossível ouvir essa letra sem pensar na versão brasileira dessa mesma burguesia que persegue desesperadamente esse "american way of life", também retratada e ridicularizada por Cazuza em seus versos debochados: "A burguesia não tem charme nem é discreta/Com suas peruas de cabelo de boneca/A burguesia quer ser sócia do Country/Quer ir a Nova York fazer compras" **["BURGUESIA" (Cazuza/Ezequiel Neto/George Israel), com Cazuza]**.

Apesar de toda a militância política daquele que se tornou um dos maiores símbolos da esquerda latino-americana, seria a combinação entre o romantismo e o erotismo em seus versos de amor o que tornaria o poeta praticamente uma unanimidade entre gregos e troianos. Inspiração dos amantes, poetas e trovadores, até hoje seus sonetos continuam sendo musicados por jovens artistas — como é o caso do cantor e compositor ítalo-argentino Nicolás Farruggia, que musicaria o belíssimo **"SONETO 17" (Pablo Neruda/Nicolás Farruggia), com Nicolás Farruggia** —, além de ter inspirado versos como "Devolva-me o Neruda que você me tomou/E nunca leu" [**"TROCANDO EM MIÚDOS" (Chico Buarque/Francis Hime), com Emílio Santiago**].

Logo após sua morte, Neruda seria também homenageado por Vinicius de Moraes — amigo com quem compartia visões políticas, amores, sonhos, versos e garrafas — que, devastado por sua morte, escreveria *História natural de Pablo Neruda — a elegia que vem de longe* (1974). Um representante da mesma safra de artistas que fizeram de sua arte sua voz política, Vinicius havia ingressado na carreira diplomática em 1943, função que exerceria até ser cassado pelo regime militar em 1968, depois de ter protestado contra a instauração do Ato Institucional nº 5 durante um show com Baden Powell e a cantora Márcia, em Portugal, quando leu seu poema "Pátria minha" para o público presente. Logo no início do ano seguinte, seria exonerado do Itamaraty por ordem direta do então presidente Arthur Costa e Silva, que encontrara na manifestação pública do poeta a justificativa perfeita para se livrar daquela figura que desde o princípio incomodava os militares por conta de suas afiliações e de seu engajamento com questões políticas e sociais expressas em sua arte.

Anos antes, quando da inauguração da cidade de Brasília, a partir de uma ideia do arquiteto comunista Oscar Niemeyer — que, antes de Brasília, já havia projetado também a Sede das Nações Unidas em Nova York —, escreveria com Tom Jobim o poema sinfônico *Brasília: sinfonia da alvorada* (Columbia, 1961). Em uma celebração à nova capital do Brasil projetada por Niemeyer e idealizada pelo simpático, risonho e original presidente Juscelino Kubitschek [**"PRESIDENTE BOSSA NOVA" (Juca Chaves),** com Juca Chaves] —, Vinicius aproveitou para construir seu edifício poético sobre as dores e histórias dos trabalhadores. No terceiro movimento, **"A CHEGADA DOS CANDANGOS" (Tom Jobim/Vinicius de Moraes)**, Vinicius fala sobre a origem daqueles que construíram Brasília e, entre os nomes das tantas cidades do Brasil que menciona, repete "sobretudo do norte". No quarto movimento, **"O TRABALHO E A CONSTRUÇÃO" (Tom Jobim/Vinicius de Moraes)**, exalta o trabalho realizado por esses milhares de homens que, diariamente, assentavam tijolos com a argamassa da tristeza e da saudade que sentiam por terem deixado suas famílias para trás. No texto, Vinicius incorporou dados sobre a quantidade de material utilizada na construção, compondo um retrato realista e necessário dos bastidores daquela obra faraônica. Como não poderia deixar de ser, a capa do disco seria desenhada por Niemeyer, que, quase cinco décadas depois, teria desenhado a capa de um dos meus livros, caso não tivesse sido internado às pressas.

No mesmo ano de 1964, enquanto os militares tomavam o poder, estreava o contundente musical *Pobre menina rica*, escrito por Carlos Lyra e Vinicius de Moraes. Mais uma vez atento à situação do nordestino e à questão da desigualdade, Vinicius se utilizaria da obra para denunciar uma série de questões políticas e sociais. Em **"PAU DE ARARA (COMEDOR DE GILETE)" (Vinicius de Moraes/Carlos Lyra), com Ary Toledo**, uma das canções compostas para o musical, Vinicius conta a história de um migrante nordestino que passa a comer giletes para ganhar dinheiro, em uma crítica à situação desumana a que os nordestinos eram submetidos no sudeste, onde já eram vítimas fáceis da miséria e do preconceito.

Sua coragem e disposição para denunciar poeticamente as dores e a desigualdade vivenciada pelas minorias e pelos oprimidos fariam com que Vinicius se envolvesse com diversas causas ao longo de sua vida. Seria essa a razão pela qual, a convite do então líder sindical Luís Inácio Lula da Silva, o poeta participaria de uma assembleia no Sindicato dos Metalúrgicos de minha cidade de São Bernardo do Campo, em 1979. Na ocasião, ele faria uma récita de seus poemas, incluindo "O operário em construção" (1959), um poema fundamental para a compreensão de sua obra, no qual fala sobre o despertar da consciência operária: "E foi assim que o operário/Do edifício em construção/Que sempre dizia sim/Começou a dizer não."

Tão incomodados com o engajamento de seu pensamento e de sua poesia quanto os militares que exoneraram Vinicius de suas funções diplomáticas, há quem nos dias de hoje ainda insista em tentar prender sua poesia a um banquinho e um violão, de costas para o morro onde lamenta seu Orfeu **["LAMENTO NO MORRO" (Tom Jobim/Vinicius de Moraes), com Tom Jobim e Roberto Paiva]**.

VERSOS A SERVIÇO DA VIDA

OU "EU NÃO SEI DIZER NADA POR DIZER, ENTÃO EU ESCUTO"
["Fala" (João Ricardo/Luli), com Secos e Molhados]

O ano era 2006 e o mundo inteiro celebrava os 250 anos do nascimento de Wolfgang Amadeus Mozart, um dos maiores nomes da música erudita e uma das figuras mais populares da história da música de todos os tempos. Ao morrer precocemente, poucas semanas antes de completar 36 anos, deixou viúva Constanze, com dois filhos pequenos para criar e uma série de dívidas para pagar. Malvista por muitos estudiosos e historiadores por conta de seu incômodo temperamento muito à frente de seu tempo, arrisco dizer que a obra e a popularidade do compositor austríaco dificilmente teriam chegado intactas até nós se não fosse pelo empenho dela para que isso acontecesse.

Contrariando o papel esperado para uma mulher de sua época, após a morte do marido, Constanze tomou as rédeas da própria vida e converteu Mozart em um negócio rentável e bem-sucedido: além de preservar e promover a obra musical dele, ao longo de sua vida ela encabeçaria ainda a escrita de duas biografias sobre o compositor, tendo sido também precursora no conceito de licenciamento de marca, imprimindo sua iconografia em rótulos e embalagens de produtos. A iniciativa empreendida originalmente por Constanze faria de Mozart uma das marcas mais vendidas de todos os tempos, capaz de atravessar a barreira dos séculos: de bombons, graxas de sapato e licores a — pasme! — sutiãs que tocam suas músicas ao serem abertos, ainda hoje existe uma infinidade de produtos inspirados em sua imagem e obra, convertendo o trabalho precursor de Constanze em um case de marketing digno de nota.

Naquele momento, eu ainda era aluna do conservatório e, contagiada pelas celebrações do Ano Mozart, acabaria fazendo uma pesquisa sobre seus últimos seis meses de vida que, por obra do destino, seria publicada em forma de livro meses depois. Percebendo o interesse que o tema havia despertado no público e na imprensa, no ano seguinte eu ampliaria minhas pesquisas e um novo livro nasceria: *Um réquiem para Mozart*, que permaneceria inédito durante 13 anos, até ser publicado em 2020. Mas aquele singelo livrinho, lançado em 2006, acabaria chegando às mãos de muitas pessoas interessantes que abririam para mim as portas do mundo das biografias e da pesquisa musical. E foi por causa dele também que, naquela tarde de verão, o telefone tocou lá em casa: era o político e escritor Artur da Távola — um dos fundadores do Partido da Social Democracia Brasileira (PSDB) —, que na época apresentava o programa *Quem tem medo de música clássica?*, na TV Senado, e decidiu ligar para tecer alguns comentários e elogios sobre meu livro, que ele tinha acabado de ler. Artur morreria dois anos depois, mas, ao longo desse período, foram muitos os textos e ideias que trocamos.

Uma pessoa extremamente sensível, que tinha a capacidade de destrinchar com delicadeza as nuances dos sentimentos mais complexos e profundos que residem na alma do ser humano, as ideias e ideologias políticas de Artur fariam com que ele tivesse que deixar o Brasil para se exilar no Chile logo após o golpe militar de 1964, aonde chegaria bem a tempo de ser uma das primeiras pessoas a ler o poema "Canto de companheiro em tempos de cuidado". Escrito pelo amigo Amadeu Thiago de Mello em uma madrugada fria de inverno em La Chascona — a casa de Pablo Neruda em Santiago —, o poema alertava sobre os perigos representados pela presença recém-chegada dos militares ao poder aqui no Brasil, que pouco a pouco dominavam toda a América Latina: "O inimigo está solto e se disfarça,/ mas como usa botinas, fica fácil/distinguir-lhe o tacão grosso e lustroso,/ que pisa as forças claras da verdade,/e esmaga os verdes que dão vida ao chão." Como uma homenagem ao amigo que acabara de se exilar, Thiago dedicaria a Artur esse poema que, no ano seguinte, seria incluído no livro *Faz escuro mas eu canto* (1965), uma obra que nenhum adolescente deveria ter autorização para sair do ensino médio sem ter lido.

Apresentados pelo escritor baiano Jorge Amado, Neruda e Thiago se conheceram no Rio de Janeiro em 1960 — mesmo ano em que a amiga Violeta Parra havia bordado a *arpillera Thiago de Mello* (1960) em sua homenagem. Ao ser nomeado adido cultural na Embaixada do Brasil em Santiago logo no ano seguinte, o brasileiro receberia um convite do amigo chileno para viver em sua espaçosa casa durante o tempo que precisasse permanecer no país. Convite aceito, durante os anos seguintes, La Chascona seria o lar de Thiago — que fazia questão de dizer que pagava religiosamente um aluguel para o amigo — onde, influenciado pelos acontecimentos políticos daqueles tempos, ele escreveria alguns dos versos mais famosos e simbólicos de toda a sua obra. Seria lá também que, em resposta ao golpe militar de 1964, Thiago escreveria "Os estatutos do homem (Ato institucional permanente)", que seria imediatamente vertido para o espanhol por Neruda, espalhando pelo mundo *hispanohablante* esses versos tão necessários de resistência, liberdade e esperança. Aliás, durante o tempo em que viveram debaixo do mesmo teto, os amigos cultivariam o hábito de traduzir a obra um do outro, e devemos à sensibilidade poética de Thiago como tradutor algumas das traduções mais bonitas da obra de Neruda, que até hoje são publicadas por aqui.

Politicamente engajado, o poeta — que já havia colaborado com publicações de oposição a Getúlio Vargas e era opositor declarado do golpe empreendido pelos militares — deixaria seu posto na Embaixada do Brasil logo após a instauração do novo regime. Retornaria ao país em 1965, quando se envolveria no episódio que entraria para a história como os "Oito do Glória" — que, na verdade, eram nove. Ao chegar ao Hotel Glória, na cidade do Rio de Janeiro, para participar da Conferência dos Estados Americanos, o então presidente Humberto de Alencar Castello Branco foi vaiado por um grupo de intelectuais que havia se reunido em frente ao edifício para protestar contra a ditadura; dos nove integrantes, oito foram presos de imediato: Antonio Callado, Carlos Heitor Cony, Flávio Rangel, Glauber Rocha, Jayme de Azevedo Rodrigues, Joaquim Pedro de Almeida, Márcio Moreira Alves e Mario Carneiro. Thiago — o nono elemento do grupo — conseguiu fugir, mas acabou se entregando logo depois.

Coincidentemente, ao chegar à cela, Thiago encontraria os potentes versos de seu poema "Madrugada camponesa" gravados na parede: "Faz escuro mas eu canto/porque a manhã vai chegar." No ano seguinte, esses versos seriam lançados em forma de canção por Nara Leão em seu antológico disco *Manhã de liberdade* (Philips, 1966); com o nome **"FAZ ESCURO MAS EU CANTO" (Monsueto Menezes/Thiago de Mello), com Nara Leão**, a belíssima composição é resultado da parceria do poeta com o sambista Monsueto Menezes. Trechos do mesmo poema também seriam musicados por um dos integrantes do grupo Tarancón, que, no final da década de 1970, lançaria **"MADRUGADA CAMPONESA" (Thiago de Mello/Halter Maia), com Tarancón**, no disco *Rever minha terra* (Crazy, 1979). Um poema ungido pela atemporalidade das ideias que constroem seus versos, "Madrugada camponesa" seria dedicado por Thiago aos trabalhadores do MST em 1999.

A prisão dos nove intelectuais foi um acontecimento que repercutiu nos quatro cantos do mundo, e pedidos e manifestos incessantes da classe artística exigiam a soltura deles, que permaneciam encarcerados no 1º Batalhão de Polícia do Exército na Tijuca, enquanto os militares reforçavam suas certezas de que era preciso endurecer a repressão e a censura contra artistas e intelectuais. Mesmo após sua soltura, Thiago continuaria sendo alvo de perseguição, até partir para o exílio no Chile no final da década de 1960, onde colaboraria com a campanha presidencial que levaria o amigo Salvador Allende ao Palacio de La Moneda e trabalharia para seu governo até o último dia do regime democrático, derrubado pelos militares que depuseram o presidente socialista naquele fatídico 11 de setembro de 1973.

A partir de então, em questão de dias, Thiago perderia alguns de seus amigos mais próximos enquanto via ruir as bases daquele país que durante anos fora sua casa e que, por algum tempo, parecera estar caminhando em direção ao futuro bom que o breve governo democrático e progressista de Allende vinha construindo. Sobre o assassinato de Victor Jara — que aconteceria entre a morte dos amigos Salvador Allende e Pablo Neruda —, o poeta escreveria o poema "Canção viva para Victor Jara", em que fala da importância política da obra imortal deixada pelo trovador: "Seguirás irmão cantando/e entregando a claridão/como uma rosa que se abre,/como um fuzil que dispara,/Victor Jara." Mais do que ciente do perigo que artistas e intelectuais corriam naquele momento, Thiago não demorou a deixar o país e mais uma vez partiu para o exílio: da América Latina, partiria para a Europa, onde viveria em diferentes cidades até chegar o momento de retornar definitivamente para o Brasil, em 1977.

O ano era 2011 e eu estava visitando La Chascona quando o funcionário do museu que estava me acompanhando apresentou-me o quarto onde Thiago viveu e escreveu durante os anos que ali passou. E eu, que já era leitora e admiradora da obra tão humana e sensível desse que é um dos maiores poetas do Brasil, inevitavelmente me emocionei quando ouvi as histórias que ele tinha para contar sobre os anos do poeta no Chile e, principalmente, na casa do amigo Neruda. Lembro que me aproximei da janela e, admirando a vista do quarto, me perguntei como ele conseguira seguir alimentando seus versos dos sonhos e esperanças que pareciam brotar de sua alma como água insistente na cabeceira do rio, mesmo após ter vivido e presenciado tantas injustiças, mesmo após ter perdido tantos amigos que morreram abraçados a suas certezas mais certas.

Dois anos depois daquela tarde em Santiago, estava ainda no início de minhas pesquisas e reflexões para este livro quando soube que Thiago estaria em São Paulo. Eu, que não poderia perder a chance de conversar com ele, consegui um tempinho em sua agenda. Chegando ao hotel onde estava hospedado, anunciei meu nome e aguardei ao lado das catracas que separavam a recepção dos elevadores. Poucos minutos depois, o elevador se abriu e Thiago surgiu: eu toda vestida de preto e ele todo vestido de branco, me fazendo lembrar de um dos artigos de seus *Estatutos*: "Fica permitido a qualquer pessoa,/qualquer hora da vida/o uso do traje branco." Nossos olhares se encontraram e, enquanto ele caminhava em minha direção, começamos a chorar. Ele passou pela catraca, me abraçou e durante alguns momentos permanecemos assim, dominados pela emoção do encontro, pois era isto o que estava acontecendo naquele momento: de alguma maneira, Thiago me reconheceu e eu reconheci Thiago. O que estava acontecendo era aquele tipo de reconhecimento que não precisa de explicações místicas ou sobrenaturais, porque é simples de se compreender: é algo que acontece naturalmente no instante em que olhamos dentro dos olhos do outro e encontramos o acolhimento tão bem-vindo de quem olha na mesma direção.

Como se faz ao encontrar um amigo que há muito não se vê, passamos aquele tempo falando sobre os acontecimentos que permeavam nossas vidas naquele exato momento em que um novo ano acabara de começar. Contei a ele sobre meus projetos, ele me contou sobre os seus, e assim passamos uma hora inteira falando sobre como andava sua vida na floresta e, consequentemente, sobre a questão da preservação do meio ambiente. Ele me contou também do motivo de sua visita a São Paulo que seria para ajustar detalhes de uma nova publicação e falou da falta que sentia de Manduka — seu filho com a jornalista Pomona Politis, e que havia morrido quase uma década antes de nosso encontro. Mais que um filho, um companheiro e amigo para Thiago, Manduka também foi um dos grandes nomes da música brasileira, tão pouco lembrado nos dias de hoje.

No entanto, se o nome de Manduka pode não soar familiar para muitos, certamente seus versos "Amigos a gente encontra/O mundo não é só aqui/Repare naquela estrada/Que distância nos levará" cruzaram as barreiras do tempo e das gerações e até hoje conquistam o coração e os ouvidos de quem escuta **"QUEM ME LEVARÁ SOU EU" (Dominguinhos/Manduka), com Fagner**, essa belíssima parceria sua com o sanfoneiro Dominguinhos que venceu o Festival 79 de Música Popular da Rede Tupi no longínquo ano de 1979, defendida pelo cantor Fagner. No mesmo ano, Manduka gravaria o álbum *Los sueños de América* (Movieplay, 1979), com Los Jaivas, um dos nomes mais importantes da música chilena de todos os tempos.

Manduka foi parceiro de Geraldo Vandré naquela que seria considerada uma de suas últimas composições politicamente engajadas — se não a última —, **"PÁTRIA AMADA IDOLATRADA SALVE, SALVE" (Manduka/ Geraldo Vandré), com Manduka e Soledad Bravo**, e que venceria o Festival Internacional de la Canción del Água Dulce, realizado em Lima, no Peru, em 1972, defendida pelo próprio Manduka e pela cantora espanhola radicada na Venezuela Soledad Bravo. Tempos depois, a parceria renderia também **"TERRA DOS HOMENS — CLARA — KATATAY — CARAVANA" (Manduka/Geraldo Vandré), com Manduka**, lançada no álbum *Caravana* (Mondeduchants Records, 1978), que inclui em seu repertório a belíssima **"FÁBULA — SOMOS QUEM SOMOS" (Manduka), com Manduka**, em que o filho do poeta — que era um grande poeta também — diz: "Outros me chamam lá fora/E eu lhes respondo por dentro/Por isso somos quem somos/Estrelas de um só momento/Mas cujo brilho ameaça/A ordem do firmamento."

Antes de nos despedirmos, o poeta escreveu uma dedicatória em minha cópia de seus *Estatutos do homem* e pediu licença para subir rapidamente a seu quarto, de onde retornou com um exemplar do belíssimo livro *Amazonas: pátria da água* (2007) para me presentear. Enquanto ele autografava o livro — que tem textos seus e fotografias de Luiz Claudio Marigo —, eu autografava para ele um exemplar de meu livro *Essa tal de Bossa Nova* (2012), que tinha sido lançado meses antes. Trocamos nossos livros e, enquanto folheávamos os presentes com calma e carinho, ele elogiou meu trabalho, mas na sequência perguntou: "Onde está a Bruna de verdade? Onde estão seus versos?" Respondi para ele que a Bruna de verdade — essa que até hoje sempre pensa e pesquisa muito antes de dizer ou escrever algo —, estava se dedicando a contar as histórias de outras pessoas enquanto vivia suas próprias histórias para então ter o que dizer com as próprias palavras. Eu me lembro de ter finalizado meu pensamento dizendo: "Acho que já tem porcaria demais nas prateleiras e eu não quero contribuir com isso."

O que sustenta um poema ou um livro não são palavras, mas sim as ideias que nelas residem, ao passo que as ideias são fruto de vivências e reflexões. Nós vivemos em um mundo conectado e veloz, onde o acesso às redes sociais nos convida o tempo inteiro a emitir opiniões e posicionamentos para os quais nem sempre estamos preparados. E é assim que pessoas completamente leigas se sentem suficientemente autorizadas a confrontar e desautorizar as opiniões de médicos, cientistas e especialistas em determinado assunto, além de disseminar informações e notícias falsas sem qualquer tipo de embasamento.

Penso que todo aquele que trabalha com as palavras — e tem ciência das poderosas armas que elas são — deveria ter o compromisso de não sair emitindo opiniões como se fosse uma metralhadora desgovernada. É fundamental ter responsabilidade sobre as próprias palavras; então, antes de falar ou publicar algo, é preciso pesquisar, refletir e criar uma linha de raciocínio coerente. Por pensar assim, eu realmente não consigo concordar com essa realidade em que pessoas escrevem livros como se estivessem escrevendo correntes de fake news para compartilhar no WhatsApp, principalmente quando essas pessoas são artistas que, por meio de sua arte, inevitavelmente influenciam e inspiram pessoas. Para estarem preparadas para exercer essa influência, elas têm a obrigação de manter a mente aberta e caminhar pelas estradas da vida como se fossem uma esponja, dispostas a absorver as mais diversas ideias e referências que construirão as bases de sua criação. Palavras podem ser tão fatais quanto uma granada na mão do soldado e tão curativas quanto canja de galinha de avó: tudo depende das ideias que as sustentam.

Depois de alguns breves minutos ouvindo atentamente meus pensamentos sobre o tema, Thiago então me pediu para nunca perder de vista esse meu comprometimento com as palavras e com a vida, com o trabalho em prol da preservação dos direitos humanos e da natureza. Ele pediu também para que eu seguisse meu caminho literário mantendo sempre acesa a chama que ele e tantos outros haviam trabalhado para que não se apagasse e para que eu confiasse em minha luz — uma frase que ele repetiu para mim como um mantra em todas as mensagens que trocamos e em todos os telefonemas que fizemos depois desse dia em que nos despedimos felizes e gratos pelo encontro que a vida marcou.

Thiago seria o primeiro leitor de alguns contos e poemas que eu produziria depois daquele dia, sempre me encorajando a trazer cada vez mais a "Bruna" para dentro de meus textos. Eu me lembro sempre com carinho de uma ocasião em que ele tentou me ligar para comentar sobre um de meus livros, mas, por alguma razão, não pude atender. Ele então escreveu um e-mail com seus comentários e terminou citando um trecho de **"POR QUE TE ESCONDES?" (Pixinguinha/Thiago de Mello), com Zezé Gonzaga**, parceria sua com Pixinguinha que, até aquele momento, eu desconhecia. Com letra escrita no final da década de 1950, consta que essa obra-prima foi gravada uma única vez até hoje pela cantora Zezé Gonzaga, em 2002. Aliás, em sua obra musical tão pouco conhecida, destacam-se também **"CANTIGA DE ENGANAR TRISTEZA" (Ary Barroso/Thiago de Mello), com Carlos José** — uma belíssima parceria com o gênio Ary Barroso —, e **"SOMA" (Daniel Taubkin/Thiago de Mello), com Daniel Taubkin**.

Amazonense, Thiago carregava em suas veias o DNA da floresta que tanto defendeu. Assim como Mozart, em seu nome guardava o amor e a divindade que guiaram seus passos e sua poesia tão necessária, capaz de clarear até mesmo as madrugadas mais escuras. Um poeta que não tem no Brasil o reconhecimento e a valorização proporcionais à grandiosidade de sua obra, ele teceu em versos alguns dos momentos mais importantes de nossa história. Depois de quase um século acesa, a chama de sua vida se apagou em 2022, mas seus versos e canções seguem mais vivos e mais necessários do que nunca.

MENTIRAS FONOGRÁFICAS E OS "SURFISTAS" DA CENSURA

OU "DA FORÇA DA GRANA QUE ERGUE E DESTRÓI COISAS BELAS"
["Sampa" (Caetano Veloso), com Caetano Veloso]

Quando Sidney Magal foi contratado pela Polydor na década de 1970, a gravadora achou que ele — na época com 27 aninhos — estava "velho demais para ser um ídolo". Então, para o lançamento do primeiro disco, decidiram cortar três aniversários de sua certidão de nascimento, e os *press releases* apresentaram o artista para a mídia — e consequentemente para o público — com 24 anos. Desde então, em todas as fontes constava seu nascimento no ano de 1953 — quando o correto seria 1950 —, fazendo com que ele ficasse refém dessa mentira uma vida inteira. Quando começamos a trabalhar em sua biografia, uma das primeiras coisas que Magal pediu foi para que utilizássemos o livro também para a revelação dessa história e de sua idade real, a fim de colocarmos um fim nesse constrangimento. Mas, apesar de ter gerado um incômodo para o artista durante décadas, essa é uma mentirinha mínima e inofensiva perto das dezenas que foram fabricadas pelo mercado fonográfico.

Antes de entrarmos na era digital — quando a informação ainda não era tão acessível e sustentar mentiras era muito mais fácil —, houve um tempo em que muitas gravadoras eram verdadeiras incubadoras de fake news, responsáveis por fabricar histórias fantasiosas como estratégia de lançamento de artistas e discos. Assim, foram muitas as histórias inventadas visando à construção de uma imagem supostamente mais interessante, misteriosa ou polêmica que pudesse alavancar a popularidade de seus artistas e, consequentemente, as vendas. Se durante muito tempo essa prática foi tida como algo extremamente criativo e genial, hoje precisamos encarar o fato de que ela foi — em minha opinião — altamente condenável na medida em que tais histórias subjugaram o público, espalharam boatos e enganaram um número incontável de pessoas. Trata-se de uma tendência completamente desprovida de ética — quando olhamos através da ótica do mundo contemporâneo, é claro.

Como pesquisadora musical, ao trabalhar com grandes nomes de nossa música — principalmente aqueles que têm carreiras mais longas —, verifico com uma frequência maior do que gostaria de admitir a presença de histórias inverídicas em suas trajetórias. Por vezes, é chegado um momento na carreira do artista em que ele já não suporta mais conviver com tais mentiras e — seja em sua biografia oficial ou em um pronunciamento nas redes sociais ou entrevista, por exemplo — ele decide revelar a verdade. Quando surge essa vontade e o artista recorre a meu trabalho, minha função é auxiliá-lo a comunicar a verdade de maneira honesta e sincera para as pessoas que acompanham sua trajetória, a fim de que ele possa se libertar da mentira e se aproximar ainda mais de seu público. Além disso, penso que o melhor sempre é assumir mentiras ou deslizes do passado antes que alguém faça isso por você; é melhor ter a oportunidade de contar a história com suas próprias palavras do que, um dia, ser surpreendido com revelações deturpadas ou mal-intencionadas feitas por um terceiro. Não é possível apagar os erros ou mentiras do passado, mas é possível, sim, adotar um novo posicionamento — mais ético e transparente — sem perder a credibilidade. Acredito que é esse um dos pontos mais importantes no ofício de biografar artistas contemporâneos, dando voz para que possam contar verdades e mentiras, para que possam fazer as pazes com questões mal resolvidas do passado em um processo de revisão de vida e — por que não dizer — de autoconhecimento.

É claro que o que intimidou a perpetuação dessas práticas e impulsionou tais revelações foi a popularização da internet e, consequentemente, a facilidade de acesso à informação: é muito mais difícil manter segredos e sustentar mentiras na era digital. Se antigamente era relativamente fácil comprar o silêncio de uma testemunha com dinheiro ou adquirir fotografias indesejadas dos *paparazzi* antes que caíssem nas mãos dos jornalistas, hoje a situação mudou — principalmente quando se é uma pessoa pública —, pois discursos e ações precisam estar em perfeita consonância para sustentar a reputação; caso contrário, ao ter uma atitude que esteja na contramão de seu discurso, seguramente vai haver alguém com o smartphone a postos para registrar ou uma câmera de segurança para filmar e testemunhar a realidade.

O público quer a verdade e já não é mais passivo como foi um dia. Hoje ele tem acesso à informação em tempo real, participa do processo comunicacional e constrói a notícia de forma participativa junto aos meios de comunicação, sendo muito comum que o "furo" por vezes seja dado não por um jornalista, mas pelo cidadão comum que tem o mundo inteiro nas mãos através de seus tablets e smartphones. Com isso, ao mesmo tempo que a presença da tecnologia pode ser, por vezes, extremamente incômoda, essa nova realidade também vem nos forçando, como sociedade, a adotar coletivamente posturas cada vez mais éticas e transparentes. Nesse contexto, os artistas precisam administrar suas carreiras de forma honesta, aprendendo a se pronunciar quando necessário e assumindo erros e acertos na mesma proporção.

Os tempos mudaram e é preciso mudar com o tempo. Se antigamente era comum esconder que determinado artista era casado ou tinha um relacionamento para não irritar as fãs, hoje o que vemos é o contrário: um grande número de fãs — quando têm a oportunidade de saber um pouco mais sobre a vida privada de seus ídolos — vibra junto em momentos como o casamento ou a chegada dos filhos, por exemplo. Basta ver a ascensão dos programas de televisão que mostram o dia a dia e a intimidade do artista — a serviço de evidenciar que celebridade é "gente como a gente" — para comprovar que a verdade e a autenticidade também dão público.

 A questão é que, se fossem apenas as gravadoras que tivessem criado mentiras no passado, o trabalho a ser feito hoje seria muito menor, mas é claro que essa não é a realidade, e a prática sempre esteve infiltrada nas mais diversas instâncias da sociedade. Portanto, é preciso cada vez mais refletir e analisar o discurso não só de artistas e celebridades, mas também de empresários, líderes, religiosos, políticos e organizações: é preciso observar se o discurso proferido é coerente e se está devidamente alinhado com as origens e ações daquela pessoa — seja ela física ou jurídica. Para um bom observador, a verdade aparece naturalmente quando se analisa o contexto de maneira global. Com que frequência nos deparamos com pessoas que, ao serem questionadas sobre sua trajetória, escorregam feito sabonete no banho, pois não têm argumentos para justificar obras e histórias construídas sobre uma pilha de mentiras sem fim? Ou pessoas que deturpam até mesmo fatos históricos inquestionáveis na tentativa de sustentar histórias mal contadas?

 Mas, voltando à questão das mentiras fabricadas pela indústria fonográfica, eu não poderia deixar de comentar que, dentre todas as "tendências de mercado" praticadas no passado, penso que as mais graves de todas são aquelas que envolvem censura e questões políticas. Quando não somente o Brasil, mas tantos países latino-americanos estavam sob ditaduras militares e havia uma censura ferrenha ao que se noticiava e ao que se produzia no campo das artes e da comunicação — uma censura que resultou na tortura e na morte de diversas pessoas, incluindo o jornalista Vladimir Herzog —, houve um momento em que se entendeu que, se o público ouvisse algum burburinho sobre a existência de músicas com conteúdo subversivo em determinado disco, a curiosidade instantaneamente aumentava as vendas. E é claro que essa artimanha foi utilizada à exaustão, fazendo com que até mesmo pessoas que jamais tiveram qualquer tipo de engajamento político ou social despontassem repentinamente como porta-vozes de causas sobre as quais nem mesmo tinham conhecimento. Muitos artistas em diversos países acabaram "surfando" na onda da censura, transformando essa "*persona* subversiva" em uma tendência de mercado. É claro que, para engrossar o caldo, havia também a paranoia da censura, que frequentemente via problema onde não tinha e que colaborou bastante para o surgimento de lendas que se perpetuam até hoje envolvendo composições e compositores, os quais nem sempre estão dispostos a desmenti-las.

Muitos perderam a liberdade — e até a vida — em nome dos versos que cantaram. Penso que "brincar" de ser subversivo, revolucionário ou idealista — e, principalmente, seguir sustentando essa imagem vazia nos dias de hoje — é um desrespeito às pessoas que levaram suas causas a sério. Por mais que tenha sido uma prática comum naquele momento, penso que é preciso revisar essa história com urgência a fim de reescrevê-la dando o devido crédito a quem realmente se expôs e militou por meio de sua arte, frequentemente colocando em risco sua vida e a segurança de seus amigos e familiares. Muito já se falou sobre censura e obras censuradas, mas ainda existem muitos artistas que hoje são pouco ou nada lembrados quando o assunto é o cancioneiro de protesto; artistas que precisam urgentemente ocupar seus lugares na história.

Para citar apenas um exemplo, poucos sabem que, no dia 1º de abril de 1964, o grande sambista Luiz Ayrão — na época estudante de direito e membro da União Nacional dos Estudantes — foi preso no Rio de Janeiro por estar envolvido no movimento estudantil. Frequentemente lembrado pelos sucessos **"NOSSA CANÇÃO" (Luiz Ayrão)** e **"CIÚME DE VOCÊ" (Luiz Ayrão)**, eternizados na voz de Roberto Carlos, pouco se fala que, durante todo o período do regime militar, ele se utilizou de suas músicas para transmitir mensagens que ainda não receberam a merecida valorização porque até hoje o samba é raramente creditado quando o assunto é música de cunho político ou social — o que é um contrassenso, já que o surgimento do gênero em si já configura um ato político e de resistência. Um dos primeiros artistas que fez questão de me receber para falar sobre suas ideologias — e sobre como isso se refletiu em sua produção musical —, Luiz é uma dessas raras pessoas dotadas de um bom senso a toda prova, que tem uma clareza ímpar sobre suas ideias e seus ideais e que não tem medo de falar de sua obra, pois ela está alinhada a seus valores e crenças pessoais.

Em 1977 — ano em que o governo militar completou 13 anos no poder —, em seu álbum *Luiz Ayrão* (EMI-Odeon, 1977), o sambista trouxe um repertório contundente e engajado, que incluía um samba inteligentíssimo chamado **"O DIVÓRCIO (TREZE ANOS)" (Luiz Ayrão)**, no qual se utilizou de uma situação característica da vida de um casal para expressar a vontade partilhada com tantas pessoas que também gostariam de se ver livres daquele governo: "Treze anos eu te aturo/Eu não aguento mais/Não há Cristo que suporte/Eu não suporto mais." Em **"OLÁ, DOUTOR" (Luiz Ayrão)**, que conta com a participação do cantor Ronaldo Correa (Golden Boys), num diálogo entre um homem pobre e um doutor, ele faz uma crítica social sobre a falta de perspectiva das camadas mais pobres da população e pede que "Então lutemos juntos por um novo dia/Por um mundo de alegria, de justiça e de mais amor".

Naqueles tempos, o Brasil estava ensaiando uma possível abertura política que poderia trazer do exílio tantos políticos, artistas e intelectuais que continuavam vivendo fora do país. Isso só aconteceria realmente em 1979 com a promulgação da chamada "Lei da Anistia" (Lei nº 6.683, de 28 de agosto de 1979), e esse período teria como hino **"O BÊBADO E A EQUILIBRISTA" (Aldir Blanc/João Bosco)**, eternizada na voz de Elis Regina, que cantava aos quatro ventos os anseios desse Brasil que sonhava "Com a volta do irmão do Henfil/Com tanta gente que partiu/Num rabo de foguete".

Enquanto esse dia não chegava, no ano anterior ao lançamento do disco de Ayrão, em seu álbum *Meus caros amigos* (Philips, 1976), Chico Buarque havia lançado o choro **"MEU CARO AMIGO" (Francisco Buarque de Hollanda/Francis Hime)**, uma canção em forma de carta, endereçada ao amigo e dramaturgo Augusto Boal — que se encontrava exilado em Lisboa —, contando a situação do Brasil naquele ano de 1976. Ao ouvi-la, Luiz escreveu um choro-resposta, como se estivesse na pele de um exilado que, ao receber a carta do amigo Chico, se sente inclinado a desistir de voltar para o Brasil: "Amigo Chico, recebi a sua carta/E talvez eu já não parta/Como estava planejando" ["**MEU CARO AMIGO CHICO**" (Luiz Ayrão), com **Luiz Ayrão**]. Uma curiosidade que eu não poderia deixar de citar é que, tanto na canção de Chico quanto na de Ayrão, se escuta a inconfundível flauta de Altamiro Carrilho. Segundo me contou Ayrão, o maestro Ivan Paulo — responsável pelos arranjos de seu disco —, fez o convite para que Altamiro levasse sua flauta sempre tão bem-vinda para a faixa do sambista e, quando chegou o dia da gravação, entregou a ele a partitura com seus arranjos. Ivan então saiu do estúdio para deixá-lo mais à vontade, e Altamiro — que era um grande compositor, dotado de uma sensibilidade musical ímpar — perguntou ao sambista se poderia tocar algo diferente daquilo que estava na partitura. Com a bênção de Ayrão, o flautista — que foi também um de meus primeiros leitores e apoiadores no início de minha carreira literária, em 2007 —, imprimiu sua marca pessoal nessa joia rara que é "**MEU CARO AMIGO CHICO**", uma composição muito pouco lembrada quando o tema é música de protesto, mas que eu faço questão de citar sempre que falo sobre a histórica composição de Chico Buarque e Francis Hime.

Poucas semanas após meu encontro com Luiz Ayrão, André Midani — um dos maiores executivos do mercado fonográfico de todos os tempos e que sempre foi tão generoso e colaborativo com meu trabalho —, me recebeu em sua casa e passamos horas e horas conversando sobre a produção musical em tempos de ditaduras não somente no Brasil, mas em toda a América Latina, um assunto sobre o qual ele tinha profundo conhecimento. Falamos sobre artimanhas do mercado fonográfico, sobre as verdades e mentiras que envolvem obras e carreiras artísticas, sobre as razões pelas quais tantos artistas eventualmente "se escondem" e evitam falar sobre certos aspectos de suas obras. Para ele — que era sírio de nascimento, foi criado na França e logo cedo garantiu seu passaporte como cidadão do mundo —, era fácil compreender o comportamento do brasileiro e as razões que motivam sua falta de conexão com a América Latina.

Como minha ideia inicial era reunir uma série de histórias sobre canções que integram o cancioneiro de nossa música de protesto, contei a ele que andava um tanto decepcionada com algumas das histórias que havia apurado até então e, também, com a falta de disposição e colaboração de alguns artistas a quem havia recorrido nos primeiros passos de minha pesquisa. Sem papas na língua, ele me contou uma série de histórias que jamais poderiam sair de dentro daquela sala, então passamos a refletir juntos sobre qual poderia ser uma nova abordagem interessante para meu projeto. Quem conheceu e teve o prazer de conversar com Midani sabe que ele era uma figura quase épica, com histórias que pareciam saídas de roteiros cinematográficos: imagine só que ele era um garoto prestes a completar 12 anos quando viu com os próprios olhos o desembarque das Tropas Aliadas na Normandia, em 1944, durante a Segunda Guerra Mundial, e viveu na pele os efeitos do conflito.

E foi entre conversas sobre a Segunda Guerra e sobre sua experiência pela América Latina — e sobre seu trabalho com artistas como o argentino Fito Páez e o grupo de rock mexicano Café Tacvba —, que Midani sugeriu então que eu não ficasse restrita somente à música brasileira nem às parcerias de nossos artistas com outros latino-americanos. Ele achou — com razão — que me desprender dessa ideia poderia render vivências interessantes que eu poderia registrar em primeira pessoa, sem depender daqueles que, eventualmente, não teriam disposição para falar de sua própria obra. Daí surgiu a ideia de iniciar uma série de viagens, durante as quais eu poderia conversar com pessoas de todos os tipos, olhar com meus próprios olhos e tirar minhas próprias conclusões, para então registrar esse trajeto em um livro que combinasse ideias, músicas e histórias que não precisassem ser exclusivamente relacionadas a artistas ou composições. Afinal, existe um universo inteiro guardado na aparente simplicidade da vida de uma pessoa comum, e são essas histórias anônimas que frequentemente estão por trás da produção musical mais relevante e celebrada de cada período.

Eu me despedi de André Midani levando comigo uma série de novas ideias e inquietações. Lembrei-me então do *cantautor* chileno Victor Jara, que foi preso logo após o golpe militar que depôs o então presidente Salvador Allende — em um ato orquestrado pelos Estados Unidos e liderado por Augusto Pinochet para derrubar o primeiro presidente socialista democraticamente eleito na América

Latina. Um cantor que valorizava aquilo que as mãos têm a capacidade de construir e realizar, ele teve suas próprias mãos de poeta e compositor esmagadas a coronhadas, passou dias preso até o dia final, em que 44 tiros violentamente expulsaram o espírito de seu corpo. Em sua canção **"MANIFIESTO" (Victor Jara)**, lançada em seu disco póstumo, Victor havia deixado gravada uma mensagem que fazia a função de "separar o joio do trigo" ao definir seu trabalho, que ia na contramão daquilo que produziam os artistas que visavam apenas à fama e aos enaltecimentos fugazes: "El canto tiene sentido/Cuando palpita en las venas/Del que morirá cantando/Las verdades verdaderas" ("O canto tem sentido/Quando pulsa nas veias/Daquele que morrerá cantando/As verdades verdadeiras). E foi assim que Victor morreu, cantando suas verdades mais verdadeiras.

Tantos anos se passaram desde aquela noite e meu olhar continua voltado para esses artistas que, assim como Victor Jara, escolhem se manter fiéis a suas convicções, sem colocar suas ideias e seus valores à venda; e eles brotam o tempo inteiro, principalmente na cena independente. Ao mesmo tempo, vejo muitos artistas extremamente talentosos que, na ânsia de surfar as ondas e tendências do mercado, abrem mão de sua própria voz e identidade para se encaixar em um mercado no qual os padrões se repetem incansavelmente até se esgotar porque vivem em função "Da força da grana que ergue e destrói coisas belas" [**"SAMPA" (Caetano Veloso), com Caetano Veloso**]. Quando se coloca o dinheiro em primeiro lugar, ele chega varrendo a poesia, a originalidade e a humanidade de uma alma artística, pois a criatividade não encontra espaço para germinar em um terreno infértil, que insiste em repetir fórmulas cansadas em nome dos números. Obras relevantes não se criam quando estamos reféns de cifras, e é por isso que tem grana que não justifica o tamanho da pena; nem tudo é dinheiro, e os valores que norteiam obras artísticas não estão à venda em prateleira nenhuma.

ALGUMAS DAS CANÇÕES DE VICTOR JARA QUE VALORIZAM A IMPORTÂNCIA DAS MÃOS DO TRABALHADOR E COMO ELAS SIMBOLIZAM A SOLIDARIEDADE ENTRE AS PESSOAS:

LO ÚNICO QUE TENGO

"Y mis manos son lo único que tengo/
Y mis manos son mi amor y mi sustento"
["E minhas mãos são tudo o que tenho/
E minhas mãos são meu amor e meu sustento"]

PLEGARIA A UN LABRADOR

"Levántate y mírate las manos/
Para crecer, estréchala a tu hermano"
["Levante-se e olhe suas mãos/
Para crescer, estenda-a a seu irmão"]

ANGELITA HUENUMAN

"Sus manos bailan en la hebra/Como alitas de chincol/
Es un milagro como teje/Hasta el aroma de la flor"
[Suas mãos dançam pelos fios/Como as asinhas do tico-tico/
É um milagre como tece/Até o aroma da flor"]

EL ARADO

"Aprieto firme mi mano/Y hundo el arao en la tierra/
Hace años que llevo en ella/Cómo no estaré agotado?"
["Aperto minha mão com firmeza/E afundo o arado na terra/
Há tantos anos estou nela/Como não estar esgotado?"]

EM BUSCA DA VOZ REVOLUCIONÁRIA

OU "OJALÁ ENCUENTRE EL CAMINO, PARA SEGUIR CAMINANDO" (TOMARA QUE ENCONTRE O CAMINHO, PARA SEGUIR CAMINHANDO)

["Caminando, caminando" (Victor Jara), com Victor Jara]

Hoje, as possibilidades de publicação de um livro estão cada vez mais numerosas e acessíveis, mas essa é uma realidade que mudou há pouquíssimo tempo: da publicação de meu primeiro livro, em 2006, até o ano de 2010 — quando assinei meu primeiro contrato com uma grande editora —, passei quatro anos levando portas e telefones na cara, sem nem mesmo ter a chance de mostrar meu trabalho. Dois anos depois, eu era publicada por duas grandes editoras, mas, como disse o poeta e dramaturgo irlandês Oscar Wilde em sua peça *O leque de Lady Windermere* (1892), "In this world there are only two tragedies. One is not getting what one wants, and the other is getting it" ("Nesse mundo existem apenas duas tragédias. Uma é não conseguir aquilo que se deseja, a outra é conseguir"). E, naquele final de 2012, nada me parecia mais real: se por um lado eu estava me sentindo feliz e realizada com minhas publicações, por outro, precisava decidir qual seria meu projeto seguinte, e minha preocupação em preservar o espaço que havia conquistado a duras penas estava tirando meu sono.

Já fazia algum tempo que eu tinha em mente a ideia de escrever um livro sobre a chamada "música de protesto" e, com a aproximação do cinquentenário do golpe militar, em 2014, parecia ser o momento certo para meu projeto. Depois de muito pensar, antes do fim do ano, pedi uma reunião com Jiro Takahashi — criador da Série Vaga-Lume e meu editor naquele momento — e apresentei minha ideia. Ainda que eu soubesse que a resposta da editora levaria algumas semanas para chegar, a cada dia que passava o projeto se tornava mais real em meus pensamentos e eu decidi começar o trabalho antes mesmo de ter a confirmação da publicação. E foi assim que passei aquele final de ano enviando pedidos de entrevistas e selecionando minha bibliografia enquanto as perguntas que seriam meu ponto de partida para a escrita do livro não paravam de brotar nos meus pensamentos.

De todas elas, a que mais me inquietava era sobre o termo "música de protesto": se protestar é o ato de reclamar e reivindicar, seria essa a melhor definição para esse cancioneiro que eu admirava e conhecia tão bem? Afinal, as composições que normalmente são incluídas nessa categoria transcendem essa esfera da reclamação e da reivindicação: elas denunciam, contam histórias, cantam sonhos e esperanças, exaltam as lutas sociais e a resistência ao imperialismo norte-americano, resgatam costumes e promovem a reflexão. Além do mais, como o termo acabou se tornando bastante comercial — e muitos "surfaram" a onda da música de protesto em nome de aumentar suas vendas —, o tempo inteiro ecoavam em minha mente os versos "Mas é que se agora pra fazer sucesso/Pra vender disco de protesto/Todo mundo tem que reclamar/Eu vou tirar meu pé da estrada/E vou entrar também nessa jogada/(...)/Porque eu sou um rapaz latino-americano/Que também sabe se lamentar" [**"EU TAMBÉM VOU RECLAMAR" (Raul Seixas/Paulo Coelho), com Raul Seixas**]. Uma alfinetada bem-humorada da dupla Raul Seixas e Paulo Coelho endereçada a esses artistas e à indústria fonográfica, o tom jocoso da canção me fazia pensar no quanto esse descrédito havia, de certa forma, convertido o termo em motivo para piada.

Fundada pela revolucionária Haydée Santamaría logo após o triunfo da Revolução Cubana em 1959, com o embargo imposto pelos Estados Unidos, a Casa de las Américas se tornaria uma ponte fundamental entre Cuba e o restante do mundo. Um dos mais importantes centros de arte e cultura latino-americana que existe, a Casa também sediou encontros e eventos fundamentais para a difusão do cancioneiro latino-americano e foi lá que, em 1967, aconteceu o I Encuentro de la Canción Protesta, um evento que reuniu artistas do mundo inteiro que se encontraram para intercambiar e divulgar sua produção que emergia naqueles tempos em que o autoritarismo imperava por aqui.

E seria também no palco da Casa que, em 4 de março de 1972 — um ano e meio antes de ser assassinado pela ditadura de Augusto Pinochet —, Victor Jara faria um show histórico no qual refutou o uso da palavra "protesto" para definir sua música ao declarar: "Nuestra canción no es una canción protesta: es una canción popular. Porque ella está unida íntimamente a la juventud, y al pueblo, íntimamente en su sentimiento más noble y en su deseo ferviente de ser libre y de vivir mejor. Por eso es popular" ("Nossa música não é uma música de protesto: ela é uma música popular. Porque ela está intimamente conectada com a juventude, com o povo, conectada com seu sentimento mais nobre e com seu desejo ardente de ser livre e de viver melhor. Por isso ela é popular"). Pesquisando mais a fundo o pensamento de Victor e seus argumentos sobre sua própria música, encontrei outras declarações em que ele combatia o uso do termo "protesto", alegando que este estaria sendo amplamente utilizado pela indústria fonográfica norte-americana, que estava produzindo uma série de sucessos comerciais rotulados como "canções de protesto", mas que não passavam de canções sem nenhum substrato e sem poder real de transformação. Lendo a biografia de Victor Jara escrita por Joan Jara, sua esposa, encontrei uma declaração sua em que ele dizia preferir o termo "música revolucionária" para definir o trabalho que fazia.

Para mim — que tenho dificuldade em compreender o trabalho de quem se compromete a não ter compromisso com nada —, ao ler essas declarações, as peças de meu quebra-cabeça se encaixaram e o pensamento de Victor se tornou meu ponto de partida: se revolucionar é o ato de promover mudanças e transformações profundas, não haveria termo mais adequado para definir o cancioneiro da Nueva Canción Latinoamericana, uma música profundamente engajada com a transformação política, econômica, social e cultural de nossa América Latina. Em meu ponto de vista, ao trocar o termo "protesto" por "revolução", Victor separava aquela produção criada para fins comerciais daquela que tinha a real capacidade de promover transformações, pois era consequência de uma voz artística embasada em ideias e pensamentos da consciência política, histórica e social do artista que transfere todo seu comprometimento revolucionário para suas criações. E como ainda há tanto para ser transformado neste mundo tão desigual em que vivemos, basta que o artista abra seus olhos e suas janelas para encontrar motivos para sua arte — como eu mesma estava fazendo naquele exato momento, enquanto esperava o sol nascer para todos lá do alto do Morro do Vidigal, onde estava hospedada.

Resultado do descaso, da desvalorização da vida e da violência sistematicamente praticada pelo Estado contra a sua gente há mais de dois séculos, o surgimento das favelas em nosso país é uma história que remonta à época do Brasil Colônia: com a chegada da família real portuguesa ao Rio de Janeiro, em 1808, que havia transferido a corte de Portugal para o Brasil a fim de escapar de Napoleão Bonaparte, 30% da população carioca foram despejados de suas residências por ordem real — de acordo com dados publicados na revista do Instituto de Pesquisa Econômica Aplicada (IPEA) —, a fim de que as suas casas fossem ocupadas pela comitiva portuguesa. Sem dinheiro e sem ter para onde ir, famílias inteiras começaram a se estabelecer nos cortiços que se formavam pela cidade. Enquanto isso, nos quilombos estabelecidos principalmente nos morros — cuja localização privilegiada permitia avistar a aproximação dos capitães do mato —, as populações também cresciam. Com a outorga da Lei Áurea (1888) em meio à crise da produção cafeeira do Vale do Paraíba, os escravizados libertos se viram livres, porém sem condições de subsistir. A ausência de qualquer tipo de reparação financeira, de políticas que possibilitassem sua inserção social e profissional, de proteção e garantia à alimentação, saúde e moradia — pilares básicos da sobrevivência humana —, levou milhares de pessoas a se estabelecerem nesses mesmos cortiços e quilombos.

No final do século XIX, os cortiços localizados na região central da cidade haviam se tornado um problema aos olhos do governo e um empecilho para os projetos de desenvolvimento urbanístico, levando a prefeitura a ordenar a demolição dessas habitações. Mais uma vez, famílias inteiras se viram desabrigadas e sem qualquer tipo de assistência. Isso levou os moradores dos cortiços demolidos a se estabelecerem nos tantos morros ainda cobertos por vegetação, que desenhavam a belíssima topografia da cidade. Naquele mesmo período, ao voltarem da Guerra de Canudos (1896-1897), os veteranos se instalaram naquele que hoje é chamado Morro da Providência, mas que à época passaria a ser conhecido como Morro da Favela — o nome era uma referência a um morro da cidade baiana de Canudos, batizado com o nome de uma planta abundante na região: a favela, um arbusto espinhoso, resistente à seca e que, na época de floração, desabrocha delicadas flores brancas. E foi assim que, em homenagem a uma planta capaz de florescer até mesmo nas situações mais precárias e adversas, surgiu o nome pelo qual esse tipo de assentamento passaria a ser conhecido no mundo inteiro.

Como resultado da alta densidade demográfica que resultou principalmente da vinda dos imigrantes e da chegada dos operários para atender às demandas da indústria e da construção civil, no início do século XX, a população das favelas cresceria de forma cada vez mais acelerada. Com uma parcela significativa dos trabalhadores impossibilitados de se estabelecer em moradias legais por conta da alta dos preços praticados pelo mercado imobiliário, as moradias irregulares proliferaram até chegar à realidade que vivemos no mundo contemporâneo, em que muitas favelas têm tamanho de cidades, mas ainda carecem de estrutura básica, colocando a vida e a segurança de seus habitantes o tempo inteiro em xeque.

Sobre esse cenário de insegurança habitacional, no longínquo Carnaval de 1923, o compositor e pianista Ernesto Nazareth comporia o tango carnavalesco **"TUDO SOBE!" (Ernesto Nazareth), com Maria Teresa Madeira**, denunciando o aumento dos preços de moradia na cidade do Rio de Janeiro: "Cada senhorio/Mais quer explorar/Tudo neste Rio/Sobe sem parar/Vida desnorteada/Nestes nossos dias/Ruas apinhadas/E casas vazias…"

Uma das três únicas peças de toda a sua obra a receber uma letra escrita pelo próprio compositor, ela permaneceu inédita durante décadas, tendo recebido até hoje uma única gravação instrumental da pianista Maria Teresa Madeira, em 2016.

 Enquanto os primeiros raios de luz prateavam o horizonte naquela manhã de sábado, sob protestos meus e de Mariana — pois temíamos que ele rolasse morro abaixo naquela brincadeira —, Alberto se equilibrava sobre o corrimão de madeira que protegia as beiradas do mirante, como quem anda na corda bamba. Como havíamos passado a madrugada inteira subindo e descendo o morro, a fome começava a falar mais alto, então, assim que o dia clareou naquele lugar onde "não existe/felicidade de arranha-céu/pois quem mora lá no morro/já vive pertinho do céu" [**"AVE MARIA NO MORRO" (Herivelto Martins), com Zucchero e Djavan**], a caminho do Alto Vidigal passamos pelos bares recém-esvaziados, onde coleções de cascos de cerveja enfeitavam as mesas, em busca da pequena padaria onde compramos um saco de pão quentinho e geleia de goiaba.

 Minha história com o Vidigal havia começado dias antes — em um domingo de Carnaval —, quando eu estava voltando para o Rio e, folheando despretensiosamente a revista da companhia aérea, me deparei com uma matéria que contava a história de Mariana, uma jornalista que havia trocado uma redação pelo Vidigal e estava fazendo um trabalho muito interessante por lá. Quando desembarquei no Santos Dumont, meu amigo Leandro, que era então jornalista do jornal *O Dia*, estava me esperando para uma cervejinha carnavalesca, e eu cheguei contando para ele sobre meu interesse em fotografar o Vidigal. Coincidentemente, ele havia trabalhado com Mariana em alguma redação e, feita a ponte, dias depois eu estava no morro para que ela me apresentasse um pouco das histórias dos amigos que havia feito por lá. Dias antes, o trio Kim Kardashian, Kanye West e Will Smith tinha visitado o morro, e o povo estava cheio de novidades para contar — incluindo os três irmãos que eu fotografei enquanto brincavam e me falavam um pouco sobre suas vidas: ter visto aquelas estrelas visitando seu quintal tinha enchido de esperança os corações daqueles meninos que sentiam como se a invisibilidade à qual estavam acostumados tivesse feito um intervalo em suas vidas. Afinal, na maior parte do tempo, "Nos barracos da cidade/Ninguém mais tem ilusão" [**"NOS BARRACOS DA CIDADE" (Gilberto Gil/Liminha), com Gilberto Gil**].

Passamos o dia visitando comércios e casas e, depois de conhecer um pouco da rotina daquela gente em um dia comum, Mariana me convidou para retornar no fim de semana e ver com meus próprios olhos a atmosfera mágica e peculiar desses dias no morro, com seus bailes e bares lotados de gente que vem de todas as partes do Brasil e do mundo. Então quando a sexta-feira chegou, eu estava de volta ao Vidigal para passar o fim de semana. Nos encontramos no início da noite e, logo em seguida, Alberto — um guatemalteco que estava por lá pesquisando questões relacionadas à falta de saneamento básico nas favelas — se juntou a nós. Em algum momento da madrugada, inexplicavelmente, um alemão chamado Simon que não falava uma única palavra em inglês ou português também se juntou a nós; apesar de nenhum dos três falar alemão, acabamos nos entendendo naquela instância da comunicação em que gestos e olhares falam mais do que palavras.

Entre becos, vielas e escadarias, passamos a madrugada subindo e descendo o morro, vendo o movimento dos mototáxis e dos carros que chegavam para os bailes e estacionavam debaixo de placas com nomes de rua e furos de bala. Enquanto isso, Alberto contava sobre seu trabalho e sobre a Guatemala, esse país que muita gente não tem a menor ideia de onde fica e tampouco se interessa em saber — razão pela qual poucos se inteiram de que foi ali que aconteceu, em 1954, o primeiro dos tantos golpes militares que resultariam da intervenção norte-americana na política latino-americana. A mesma intervenção que levaria ao golpe militar que sofreríamos aqui no Brasil em 1964.

No início da década de 1950, Jacobo Árbenz Guzmán, presidente guatemalteco democraticamente eleito, tinha dado início a uma série de projetos de governo que visavam à continuidade do cenário de desenvolvimento, democracia e progresso que vinha sendo construído desde a Revolução de Outubro (1944). Como a reforma agrária estava entre seus projetos, em 1952 o governo expropriou boa parte das terras pertencentes à multinacional norte-americana United Fruit Company. Vendo a continuidade de suas atividades no país ameaçada pelas políticas de Árbenz, a empresa não demorou a articular a deposição do presidente junto à CIA — o serviço de inteligência norte-americano. Acusado de adotar práticas comunistas, Árbenz foi deposto sob o pretexto de contenção da expansão comunista na América Latina. Os acontecimentos que sucederiam ao golpe, inevitavelmente conduziriam à Guerra Civil da Guatemala (1960-1996), que ao longo de mais de três décadas devastaria o país e deixaria um saldo de mais de 200 mil mortos.

Naquele início de 2013, o Brasil parecia estar realmente caminhando rumo ao progresso enquanto acertava as contas com seu passado: dois anos antes, Dilma Rousseff — a primeira mulher a ocupar a presidência no país — havia sido eleita, e estava em andamento a Comissão Nacional da Verdade (2012-2014), que vinha revelando as atrocidades cometidas durante o período ditatorial e, enfim, trazendo respostas para as mentiras por tanto tempo repetidas para os filhos do desespero **["QUEM MATOU VLADIMIR HERZOG" (Dennis Monteiro), projeto *As Cinzas do Tempo*, de Dennis Monteiro]**. No início daquele mesmo ano, Barack Obama — primeiro presidente negro da história dos Estados Unidos — tinha acabado de ser reeleito e, dois meses após a sua posse, a Igreja Católica elegeria pela primeira vez um papa latino-americano, o argentino Jorge Mario Bergoglio, o papa Francisco. Enquanto isso, no Oriente Médio, os protestos que ficariam conhecidos como Primavera Árabe colocavam um ponto final em alguns dos regimes autoritários mais longevos da história da região e, se por um lado, naquele início de ano, o tempo inteiro, pareciam surgir notícias que nos davam motivos de sobra para celebrar, o observador mais atento sabia que havia uma bomba prestes a explodir.

Se, na Pré-História, a necessidade de trocar, gerada a partir de nossa busca pelo consumo, deu origem ao conceito de economia e à evolução do processo de globalização, é essa mesma necessidade o que segue sustentando até hoje as bases da sociedade contemporânea, criando um vínculo de interdependência entre as economias internacionais. Basta que uma das engrenagens que movem esse sistema sofra qualquer tipo de avaria para que se instale imediatamente uma reação em cadeia que potencialmente irá afetar os quatro cantos do mundo. Entre os anos de 2007 e 2008, uma engrenagem desse sistema se rompeu com o processo da crise econômica vivida pelos Estados Unidos e, a partir de então, uma a uma, diversas economias seriam gradativamente afetadas até que os efeitos dessa crise se alastrassem pelo mundo inteiro. A incapacidade — ou a impossibilidade — dos governos vigentes de conter esses efeitos fez surgir uma onda de crescente insatisfação em decorrência da estagnação econômica. Essa onda gerou, consequentemente, um aumento exponencial nas taxas de desemprego, o colapso do comércio e da indústria, a redução — ou até mesmo anulação — do poder de consumo e a falta de acesso a itens de primeira necessidade. De acordo com dados do Instituto de Pesquisa Econômica Aplicada (Ipea), entre 2008 e 2013, o preço dos aluguéis subiu 88% em São Paulo e 131% no Rio de Janeiro, um número que não pararia de subir e que, ao longo dos anos seguintes, acabaria levando muitos trabalhadores impossibilitados de arcar com os seus aluguéis a viver nas ruas do país.

Tendo a crescente insatisfação do povo como combustível, ao longo do ano de 2013 aqueles movimentos que vinham timidamente se organizando ao redor do mundo desde o começo da crise norte-americana atingiram o ápice: estava criado o cenário ideal para que as reivindicações iniciais das populações culminassem em protestos cada vez maiores contra seus próprios governos, fazendo ruir as bases aparentemente inabaláveis dos mais importantes sistemas estabelecidos. Naquele momento, seria impossível prever a proporção e o efeito que aqueles movimentos teriam não somente para o Brasil ou para a América Latina, mas para o mundo inteiro — ainda que questões de primeira ordem tenham se mesclado a interesses políticos, econômicos e privados, fazendo com que muitos deles se afastassem completamente de suas ideias e de seus ideais iniciais. Exigindo a alternância de poder como uma alternativa para a resolução desse cenário, os protestos ganharam força, e as ruas de todo o mundo começaram a ser tomadas por manifestações que ganhariam um corpo que, no Brasil, levariam posteriormente ao impeachment da então presidenta Dilma Rousseff e ao cenário de polarização que marcou nossa sociedade nos últimos anos.

No início de junho, quando as manifestações começaram a tomar também as ruas do Brasil, eu estava precisamente em Havana, e foi de lá que eu acompanhei o início daquele movimento que traria tantas mudanças no cenário social, político e econômico brasileiro, transformando o pensamento e o estilo de vida que conhecíamos até então. Hospedada em uma casa de família, eu estava praticamente incomunicável em um momento da ilha em que as casas não tinham conexão com a internet ou telefones habilitados para realizar chamadas internacionais. Conforme as manifestações avançavam, as pessoas que eu havia conhecido em meus primeiros dias na cidade passaram a me procurar a fim de tentar compreender o que estava acontecendo no Brasil, mas eu só tinha acesso às mesmas informações que todos tinham na ilha por meio da televisão cubana, que falava superficialmente sobre passagens de ônibus e sobre os tais "vinte centavos". Naquele exato momento eu não tinha nenhuma informação a mais do que qualquer cubano, e somente quando voltei para o Brasil semanas depois foi que eu entendi — após ter ido parar acidentalmente no meio de uma manifestação na avenida Paulista — a proporção daquelas manifestações sobre as quais passara semanas ouvindo falar sob o céu caribenho.

A falta de organização daqueles movimentos que emergiram em 2013, com suas narrativas e ideias difusas, amplamente embasados na desinformação e na propagação de fake news que alimentou o discurso de ódio, formou o cenário ideal para que a direita e a extrema-direita — aproveitando aquele clima de insatisfação global — ganhassem cada vez mais espaço. Essa ascensão foi alavancada pelas redes sociais e pelo cenário crescente de inclusão digital, e aqueles movimentos que se organizaram no mundo virtual tomaram forma no mundo real, ganhando força suficiente tanto para eleger quanto para derrubar governos e governantes. Se hoje nós já temos dimensão do quanto o mundo digital transformou a política — tanto para o bem quanto para o mal —, se torna cada vez mais urgente a regulamentação do território virtual, a fim de combater a propagação da desinformação tanto por um lado quanto por outro.

No final daquele ano de 2013, eu voltaria a Havana para expor minha série de fotografias do Vidigal na mesma Casa de las Américas onde Victor Jara um dia tocou e defendeu sua música popular e revolucionária. Pouco depois, o projeto de meu livro seria adiado e permaneceria adormecido por uma década inteira, enquanto vivíamos imersos em tempos sinistros em que "golpe" passaria a ser chamado de "revolução".

Apesar de tudo, o desmonte da cultura promovido pelo governo que antecedeu o terceiro mandato do presidente Lula não conseguiu calar a voz revolucionária do artista brasileiro, que não deixou que aquele governo continuasse a "esculachar com a nossa vida" [**"NÃO VOU DEIXAR" (Caetano Veloso), com Caetano Veloso**].

COMO SEMENTES
NOS JARDINS DE VIOLETA

OU "MI SIEMPRE BIEN AMADA VIOLETA PARRA, SUPE POR UNA NUBE TU DIRECCIÓN"
(MINHA QUERIDA VIOLETA PARRA, SOUBE SEU ENDEREÇO POR UMA NUVEM)

["Carta a Violeta Parra" (Silvio Rodríguez), com Silvio Rodríguez]

Era final de julho de 1938, e o cortejo macabro que vinha desfilando pelo caminho aqueles crânios encapados de carne decomposta e ensanguentada havia chegado por aquelas bandas no dia anterior, causando um verdadeiro rebuliço na cidade de Maceió e despertando a curiosidade daquela gente que se apinhava na Praça da Cadeia para ver de perto Lampião e seu bando. Eram eles bandidos sanguinários e impiedosos ou heróis do cangaço que faziam justiça com as próprias mãos? Fruto de uma história complexa, cercada de lendas e contradições, essa é uma pergunta que até hoje ninguém soube responder com precisão. Nem mesmo Lalá — minha tia-avó, irmã de Helcias, meu avô pernambucano —, que era ainda uma criança acompanhada dos irmãos quando viu aquelas cabeças medonhas bem diante de seus olhos, naqueles tempos em que a família vivia em Alagoas.

Essa era uma das tantas histórias que tia Lalá contava sobre nossa família nordestina enquanto me ensinava a bordar e a tecer quando eu mesma era uma criança. Ela vivia no Rio de Janeiro, mas como uma forma de compensar a ausência do irmão — meu avô materno, com quem nunca convivemos —, todo ano vinha para nossos aniversários e chegava trazendo uma sacola gorda com linhas, tecidos e bastidores, que ao longo dos dias se transformavam nas belíssimas peças que ela doava para famílias carentes. Entre pontos delicados e firmes nós, ela me dizia as verdades nuas e cruas da vida que conhecia, sem se preocupar em alimentar minhas possíveis fantasias infantis. Tratando-me não como uma menina, mas já como uma mulher, ela não dourava a pílula em momento algum e me mostrava desde cedo as dificuldades que eu enfrentaria se quisesse ser uma mulher independente e dona de minha vida, como ela mesma sempre foi. Lalá não tinha pena de me esculachar toda vez que o avesso de meu bordado ficava feio, e aprendi com ela a preferir uma dura verdade que faz crescer a uma suave mentira que cultiva ilusões.

E foi com ela também que eu aprendi que, antes de entrar na moda e se tornar objeto de arte vendido em dólar para turista ou exposto em museus do mundo, o artesanato era apenas uma forma de atender às necessidades básicas do dia a dia; afinal, o pote de cerâmica que hoje tem lugar de destaque na decoração de uma casa um dia foi apenas barro moldado para buscar água no poço. Da bordadeira que me tornei ainda pequena, herdei essa visão que até hoje desperta minha curiosidade e me faz querer buscar o artesanato local de todos os lugares que visito, como uma forma de compreender um pouco mais as origens e histórias de seu povo. E foi assim que, em minha primeira visita ao Chile, fui parar em uma feira de artesanato dos indígenas mapuche.

Por ter frequentado essa feira quase que diariamente, acabei fazendo amizade com vários artesãos indígenas, e me lembro especialmente de um que levava a bandeira do povo mapuche devidamente hasteada no topo de sua cabeça raspada e tatuada, um gesto corajoso que me encheu de admiração. Enquanto suas mãos habilidosas moldavam o cobre ou entalhavam a madeira com precisão cirúrgica, conversávamos sobre a situação de um povo que havia resistido às inúmeras tentativas de anulação e dizimação feitas não somente pelos colonizadores, mas também pelos militares, que, durante a ditadura, não pouparam esforços para que isso acontecesse — em comunhão com os valores altamente questionáveis da hipócrita burguesia chilena. Enquanto o censo brasileiro de 2022 revela que a população indígena por aqui representa apenas 0,83% do total de habitantes do país, o censo chileno de 2017 aponta que por lá a parcela indígena da população compreende 12,8%. Se mais da metade de nossa população indígena está concentrada na Amazônia Legal, no Chile ela está presente de norte a sul e, logo em meus primeiros dias no país, senti um misto de tristeza, incômodo e indignação ao ver a forma como os indígenas são tratados no dia a dia da bela metrópole que é Santiago.

Anos antes de chegar ao poder, em seu livro *Geopolítica: diferentes etapas para el estudio geopolítico de los Estados* (1968), Augusto Pinochet já dizia que uma das funções da geopolítica seria avaliar "si es necesario traer inmigrantes para que esta corriente sea favorable al Estado y que ella se arraigue, al territorio, mezclándose su sangre con la aborigen, como un medio de mejorar el valor racial de la población" ("se é necessário trazer imigrantes para que esta corrente seja favorável ao Estado, e que se enraíze no território, mesclando seu sangue com o aborígene, como uma forma de melhorar o valor racial da população"). Ou seja, era preciso avaliar se o sangue e a cultura indígena deveriam ser diluídos até que desaparecessem por completo.

O mesmo Pinochet que desejava "melhorar o valor racial da população" também declarou os instrumentos indígenas como subversivos logo após o golpe de 1973, além de ter proibido a difusão da arte daqueles que haviam resgatado vínculos com as culturas indígenas e camponesas, incluindo Victor Jara e Violeta Parra, que, atendendo a um chamado de suas próprias origens comuns, haviam partido para o campo para pesquisar e registrar a música folclórica — até então desprezada e desvalorizada. Graças à compilação que cada um deles fez, hoje existem milhares de registros da música folclórica do país que, certamente, teriam desaparecido sem deixar rastros. Por conta do profundo vínculo com os indígenas de sua terra, Violeta cantou e denunciou os sofrimentos deles, como na canção **"ARAUCO TIENE UNA PENA" (Violeta Parra)** com Inti-Illimani e Silvio Rodríguez: "Ya no son los españoles/Los que les hacen llorar/Hoy son los propios chilenos/ Los que les quitan su pan" ("Já não são mais os espanhóis/Que os fazem chorar/Hoje são os próprios chilenos/Aqueles que tiram seu pão").

Naqueles mesmos dias, resolvi também visitar o histórico Palacio de La Moneda — um edifício antigo construído originalmente na época da colônia com a intenção de abrigar a Casa da Moeda, daí o nome —, havia décadas convertido em sede da Presidência da República do Chile. Bombardeado pelas forças armadas no golpe militar de 11 de setembro de 1973, foi com o prédio destruído e em chamas que o médico e presidente socialista Salvador Allende se suicidou após fazer seu histórico discurso pela Radio Magallanes, no qual depositava sua crença de que não tardaria para que as grandes alamedas se abrissem novamente para que o homem livre pudesse construir uma sociedade melhor. Passados sete anos daquele setembro nefasto, a música **"WASHINGTON BULLETS" (Joe Strummer/ Mick Jones), com The Clash**, pedia para que aquela história e seus personagens — tanto as vítimas quanto os culpados — não caíssem no esquecimento: "Remember Allende, and the days before/Before the army came/ Please remember Victor Jara/In the Santiago Stadium/Es verdad — those Washington bullets again" ("Lembre-se de Allende e dos dias anteriores/ Antes de o exército chegar/Lembre-se de Victor Jara por favor/No Estádio Santiago/É verdade — são aquelas balas de Washington outra vez").

Quando cheguei ao Palacio, soube que ali estava acontecendo uma pequena exposição de peças que compunham a obra visual de Violeta Parra, de quem eu havia conhecido a produção musical ainda criança por meio dos discos de minha mãe e dos tantos concertos do Tarancón e do Raíces de América aos quais ela me levava — dois grupos fundamentais para a difusão da música latino-americana no Brasil e que foram minha porta de entrada para o cancioneiro de nossa América Latina. Mas, apesar de conhecer a fundo sua obra musical, naquele momento eu ainda não tinha dimensão alguma da profundidade de sua obra visual, que é praticamente desconhecida pelos brasileiros.

Ao ver as obras expostas, compreendi imediatamente a importância daquela produção que fizera com que Violeta se tornasse a primeira mulher latino-americana a expor no Museu do Louvre em Paris. Passei as duas horas seguintes ali, vendo e revendo aquelas peças — para preocupação do segurança, que, com toda a certeza, não entendia a razão de minha demora em uma exposição tão pequena e vinha a cada cinco minutos verificar se tudo continuava em seu devido lugar. Nas cores de suas telas, nas linhas dos seus bordados, nos relevos de papel machê e na argila de suas cerâmicas, encontrei as mesmas questões que moravam nos versos e nas melodias que eu conhecia tão bem. Apesar de se tratar de uma produção diversificada, suas obras se encaixam perfeitamente umas às outras, como peças de um mesmo quebra-cabeça; são obras que conversam entre si, num diálogo artístico que expressa exatamente os mesmos ideais, ideias e inquietações de forma complementar.

Não raro, Violeta também se ocupou de registrar as mesmas histórias em diferentes formatos, como é o caso da música **"CASAMIENTO DE NEGROS" (Violeta Parra), com Milton Nascimento** — que, no Brasil, se popularizou com a gravação do Milton Nascimento no álbum *Clube da Esquina 2* (EMI-Odeon, 1978). Além de música, a obra é também uma tela homônima maravilhosa, na qual Violeta retratou as cenas cantadas nos versos, em um formato que nos remete a uma história em quadrinhos folclórica. É o caso também de **"RIN DEL ANGELITO" (Violeta Parra), com Isabel Parra**, que foi tema para o quadro *La muerte del angelito*, o qual retrata a forma poética com que os camponeses lidavam com as frequentes e inevitáveis mortes de suas crianças, cultivando as esperanças de que, ao morrerem tão cedo, se tornariam anjinhos incumbidos de cuidar dos seus pais e avós diretamente dos céus. Amanda, a mãe de Victor Jara — inspiração que daria nome à filha do *cantautor* e à canção **"TE RECUERDO AMANDA" (Victor Jara)**, uma de suas composições mais famosas e regravada lindamente por uma lista interminável de artistas que inclui o cubano Silvio Rodríguez, o argentino Fito Páez e o brasileiro Ivan Lins —, costumava tocar e cantar nos velórios de crianças nos campos chilenos onde vivia a família. Foi acompanhando a mãe nesses velórios que Victor se interessou pela música. Anos mais tarde, em suas pesquisas, ele documentaria **"DESPEDIMIENTO DEL ANGELITO" (Folclore chileno), com Victor**

Jara, uma canção folclórica sobre esse triste tema que fez parte de sua vida e de sua formação artística.

Ao conhecer as obras de Violeta, ficou claro para mim que, para uma alma profunda e inquieta como a sua, uma única plataforma para comunicar e expressar suas ideias e seus pensamentos jamais teria sido suficiente. Por sorte, a origem camponesa havia ensinado a ela diversas técnicas artesanais, às quais recorreu sem limites a fim de compor uma obra que precisa ser conhecida em sua totalidade para ser compreendida com propriedade. São obras que funcionam como extensões umas das outras e que, nitidamente, não nasceram da intenção da artista de atingir diferentes públicos; trata-se de uma obra que nasceu essencialmente de sua própria necessidade de múltipla expressão, para traduzir sua alma em cores, formas, versos e melodias.

Já era final de tarde quando o segurança se aproximou informando que o Palacio estava prestes a fechar. Então deixei a sala, iniciando a partir daquele dia uma extensa pesquisa sobre a vida e a obra dessa artista tão simples e verdadeira que, mesmo depois de consagrada, ainda vendia pessoalmente suas obras na Feria de Artes Plásticas del Parque Forestal.

Algum tempo se passou após aquela tarde em Santiago. Eu estava no Rio de Janeiro quando soube que a neta de Violeta também estava na cidade e, mais do que depressa, marquei uma entrevista com ela. Ao chegar à casa onde Tita estava hospedada, encontrei uma mulher extremamente receptiva e carinhosa, com quem me identifiquei de imediato. Ali nasceu uma grande amizade e, em algum momento da conversa, ela me contou que morava na casa onde viveu Violeta — a famosa Casa de Palos. Pouco antes de nos despedirmos, Tita generosamente me convidou para conhecer sua casa e para passar o tempo que precisasse vivendo ali, a fim de aprofundar minha pesquisa sobre sua avó e sobre a cultura chilena. Algumas semanas depois, eu embarcava mais uma vez rumo a Santiago.

O ano era 1957 e **"CASAMIENTO DE NEGROS"** havia acabado de ser lançada nos Estados Unidos, no disco *Around the World with Les Baxter* (Capitol, 1957), com o nome de **"MELODÍA LOCA (CHILEAN CRAZY SONG)" (Violeta Parra), com Les Baxter**, um grande nome da música norte-americana da época. Com o dinheiro dos direitos autorais, Violeta comprou um terreno na região de Santiago onde hoje se encontra o bairro de La Reina e que havia sido, até então, uma plantação de maçã. No ano seguinte, com o auxílio do cunhado e de seu irmão Roberto — o mesmo Roberto que poucos anos depois seria preso durante uma greve e teria essa passagem de sua vida eternizada na música **"LA CARTA" (Violeta Parra), com Violeta Parra** —, Violeta construiria a Casa de Palos com as próprias mãos. As mãos de compositora, ceramista, pintora e poeta foram exatamente as mesmas mãos que bateram os pregos que uniram aquelas tábuas, fazendo com que a construção também se tornasse praticamente uma ramificação de sua obra. Era verão e, enquanto o telhado não ficava pronto, Violeta e os filhos dormiram abrigados pelas paredes de madeira e cobertos pelo manto de estrelas do céu de Santiago.

Para preencher nossas noites frias de outono, Tita se preocupou em convidar vários amigos para jantares que se tornaram verdadeiros espaços de intercâmbio histórico e cultural. Eu me lembro de uma noite em que estávamos todos sentados no chão da sala, ao redor da mesa de centro, compartilhando uma garrafa de vinho, e Raul Aliaga — integrante da Congreso, uma das mais importantes bandas de rock folclórico da América Latina — começou a falar sobre as tantas pessoas que, assim como nós naquele exato momento, haviam se encontrado na simplicidade daquela casa de madeira, onde tantas amizades surgiram, onde tantos projetos e ideias germinaram ao longo das décadas. Quantas histórias haviam testemunhado aqueles pregos que a própria Violeta um dia cravou na madeira? Quantas histórias ainda testemunhariam? Flutuando nesses devaneios vimos o dia amanhecer, contando e vivendo histórias que, sem dúvida alguma, ainda estão pregadas nos nós das paredes de madeira que sustentam aquela casa.

Dormindo e acordando cercada pela presença de Violeta, vi os dias e as semanas passarem pelas mesmas janelas de onde ela viu amigos chegarem e amores partirem. No canto da sala, enxerguei o vulto da menina que começou a tocar aos 7 anos — contrariando o desejo do pai, que, além de professor, era músico e folclorista, mas não desejava que os filhos seguissem seu caminho; debaixo da escada encontrei a adolescente que abandonou os estudos para cantar profissionalmente ao lado dos irmãos; entre as flores do jardim vi a mulher que se casou numa tentativa de se enquadrar na vida que era esperada para ela, mas que se separou ao perceber que o marido não gostava de seu trabalho e que ela não atendia à expectativa dele, que desejava apenas ter uma mulher que pudesse limpar a casa, cozinhar e cuidar exclusivamente da família; vi a mãe que — encorajada pelo irmão e poeta Nicanor —, empreendeu uma longa viagem pelos campos para pesquisar, registrar e reunir a música folclórica de seu país em um material a partir do qual surgiria o movimento que conheceríamos como Nueva Canción Chilena. Em cada canto daquela casa, encontrei os sorrisos e as lágrimas de quem escolheu ser mais do que o destino guardava para uma mulher daquela época.

Criticada pela direita burguesa pelo conteúdo político de suas canções, em suas obras Violeta contou as histórias dos trabalhadores do campo, denunciou a injustiça e a desigualdade social, cantou sua vida em versos autobiográficos de amor e questões existenciais de alguém que se propôs a desafiar as normas vigentes. Violeta nadou contra a corrente das convenções sociais, mas o ônus dessas escolhas fez com que ela trilhasse, inevitavelmente, o caminho em direção à bala que deu um fim à sua vida em uma tarde de domingo.

Em uma de nossas conversas na Casa de Palos, Tita me disse algo que nunca esqueci e que me acompanha desde então: "Por vezes nossa maior bênção é, também, nossa maior maldição." Nessa frase cabemos todas nós que escolhemos ser mais do que nossas histórias quiseram que fôssemos, que somos diariamente lembradas e assombradas pelo peso de nossas escolhas. É claro que, a cada geração que passa, esse fardo se torna um tanto mais leve, mas ainda assim continua pesado, como cantou Isabel em **"CON LOS PIES SOBRE LA TIERRA" (Isabel Parra), com Isabel Parra**, uma canção lançada no ano seguinte a minha conversa com sua filha: "Que suerte llamarse Parra, y que desgracia también/Lidiar con este apellido y con nombre de mujer" ("Que sorte chamar-se Parra e que infortúnio também/Lidar com esse sobrenome e com nome de mulher").

Enquanto isso, lá fora nos jardins onde Violeta cultivou a terra para se esquecer dos amores que se foram de sua vida **["LA JARDINERA" (Violeta Parra), com Violeta Parra]**, a estévia crescia para adoçar nosso chá de cada dia, tornando nossas conversas um pouco menos amargas e nos dando a certeza de que é por mulheres como Violeta — que tiveram a coragem de abrir os caminhos que hoje trilhamos com um pouco mais de leveza —, que temos a obrigação de seguir rompendo padrões e espalhando aos quatro ventos as sementes de nossas histórias.

Quando aquele mês chegou ao final, parti levando comigo um pedaço daquele país tão castigado e injustiçado que existe além da superficial beleza de seus edifícios modernos que crescem aos pés da cordilheira; um país que ela me apresentou, povoado por gente que frequentemente vende seus próprios pertences nas "ferias de cachureos" para ter o que comer no final do dia. Iluminada pelos versos que ela mesma cantou "No puedo cambiar el mundo, antes de que él me cambie a mi" ("Não posso mudar o mundo antes que ele me transforme") **["LA TIERRA" (Cristina Parra Cereceda), com Tita Parra]**, segui para meu próximo destino disposta a peregrinar pelos mais diversos mundos que convivem dentro uma única Terra, em busca de descobrir de que maneira cada um deles também poderia me transformar.

O REVOLUCIONÁRIO DA CANÇÃO

OU "LA GUITARRA DEL JOVEN SOLDADO ES SU MEJOR FUSIL" (O VIOLÃO DO JOVEM SOLDADO É O SEU MELHOR FUZIL)

["La guitarra del joven soldado" (Silvio Rodríguez), com Silvio Rodríguez]

Apesar de não ser uma pessoa ligada às datas comemorativas em seu aspecto comercial, sempre acreditei que podem ser ocasiões bastante oportunas para o encontro e para demonstrações do afeto, então, sempre que possível, faço questão de estar perto das pessoas que amo nas janelas do calendário. Por conta disso, eu nunca tinha passado um Dia das Mães longe de minha mãe, o que aconteceria pela primeira vez naquele ano de 2013, em que eu estava no Chile para uma temporada na casa de minha amiga Tita Parra, filha de Isabel.

Além de filha de Violeta, sobrinha de Nicanor e irmã de Ángel, Isabel Parra é um dos maiores nomes da música latino-americana e peça fundamental para se compreender não apenas a Nueva Canción Chilena, mas também a Nueva Canción Latinoamericana. Afinal, foi na Peña de los Parra, que ela fundou com o irmão em 1965, que os artistas latino-americanos passaram a se reunir e a difundir sua arte para o público fiel que frequentava esse centro cultural crucial para a divulgação não apenas do movimento, mas de seus artistas e ideias. Conforme a ameaça do golpe militar de 1973 se aproximava, a Peña de tornava a sede de um grande movimento de resistência artística e política no país.

Quem conhece Isabel sabe que a delicadeza de seu pequeno corpo guarda uma alma imensa que se revela no olhar forte e decidido, típico da mulher que resistiu aos tantos golpes que a vida lhe deu. A compositora de **"NI TODA LA TIERRA ENTERA" (Isabel Parra), com Isabel Parra** — uma belíssima canção que é uma verdadeira declaração de amor a sua terra, composta no compasso da saudade que sentia logo após partir para o exílio na década de 1970 — é uma artista extremamente sensível, com quem tive a felicidade de conviver durante aquele período. Ciente de que eu estaria longe de casa quando o segundo domingo de maio chegasse, Isabel me convidou para passar a data com ela e suas filhas, Tita e Milena, dizendo com uma ternura inesquecível que naquele ano ela teria a missão de representar minha mãe.

Eu ficaria no Chile até o início de junho e, apesar de ter a intenção de seguir viajando nos meses seguintes para dar continuidade a minha pesquisa, ainda não tinha o próximo destino em mente. Nos meses anteriores, eu havia gastado horas e horas entrando em contato com uma lista interminável de compositores com quem gostaria de conversar, mas a quantidade desanimadora de respostas que recebi fez com que eu decidisse simplesmente deixar o caminho me mostrar o próximo passo. E ele se apresentou exatamente naquele almoço de Dia das Mães: Isabel chegou trazendo dois exemplares de seu livro *El libro mayor de Violeta Parra* — a biografia de sua mãe —, me deu um de presente e pediu para que entregasse o outro a seu amigo, o cantor e compositor cubano Silvio Rodríguez, caso encontrasse com ele durante minhas viagens. Bingo! Naquela mesma noite comprei uma passagem São Paulo-Havana para três dias após meu retorno ao Brasil, e Tita imediatamente me colocou em contato com Prisca, uma referência na área da pesquisa musical em Cuba que poderia me hospedar em sua casa. Quando junho chegou, eu estava partindo para uma temporada de algumas semanas em Havana, com a missão de entregar o livro de Isabel para Silvio.

Ao lado de nomes fundamentais da música cubana como Pablo Milanés, Vicente Feliú, Noel Nicola e Santiago Feliú, Silvio seria um dos criadores da Nueva Trova Cubana. O movimento surgiria no final da década de 1960, mas aportaria no Brasil com uma década de atraso, na voz de Chico Buarque que, em 1978, gravou **"PEQUEÑA SERENATA DIURNA" (Silvio Rodríguez), com Chico Buarque**, a primeira canção da Nueva Trova Cubana lançada por aqui. O compositor de **"CONSTRUÇÃO" (Chico Buarque)** — que, aliás, tem duas versões maravilhosas em espanhol: **"CONSTRUCCIÓN"** foi gravada na Argentina por Fito Páez e no Uruguai por Daniel Viglietti — corajosamente gravou a música de Cuba numa época em que demonstrar qualquer tipo de interesse pelo país ou vínculo com seus artistas chegava a ser um ato praticamente criminoso aos olhos dos militares e de seus censores.

Um ano após o fim do regime militar, Silvio participaria do especial *Chico & Caetano* (1986), da Rede Globo, um importante documento histórico-musical daquele período. Dirigido por Daniel Filho e roteirizado por Nelson Motta, em cada episódio a dupla recebia uma seleção de artistas brasileiros e latino-americanos — de Ney Matogrosso a Astor Piazzolla — que representava uma boa parcela do melhor que havia na música daqueles tempos. Ao longo do ano, o especial seria exibido na televisão aberta em horário nobre, um feito inimaginável para um programa como esse nos dias de hoje.

Chico e Silvio cantariam **"PEQUEÑA SERENATA DIURNA"** juntos e, na sequência, o cubano apresentaria mais duas canções de seu repertório: **"SUEÑO CON SERPIENTES" (Silvio Rodríguez), com Silvio Rodríguez** — que, na gravação original lançada no álbum *Días y flores* (Egrem, 1975) se inicia com uma récita potente de versos do dramaturgo alemão Bertolt Brecht —, e **"CAUSAS Y AZARES" (Silvio Rodríguez), com Silvio Rodríguez** — que tinha sido lançada naquele mesmo ano no álbum homônimo. Dois artistas extremamente coerentes, que sempre tiveram coragem suficiente para sustentar suas opiniões e se mantiveram fiéis aos próprios princípios, em diversas ocasiões as obras de ambos encontraram formas de se cruzar: ao citar trovadores fundamentais da música mundial na canção

"QUIEN FUERA" (Silvio Rodríguez), com Silvio Rodríguez, de 1992, Silvio citaria o brasileiro: "¿Quien fuera Lennon y McCartney/Sindo Garay, Violeta, Chico Buarque?/¿Quien fuera tu trovador?" ("Quem foi Lennon e McCartney/Sindo Garay, Violeta, Chico Buarque?/Quem foi seu trovador?"). Por outro lado, em **"CASUALMENTE" (Chico Buarque), com Chico Buarque**, lançada em 2017, o compositor cantaria "Hasta el mar de La Habana es lo mismo, pero/No es igual" ("Até o mar de Havana é o mesmo, mas/Não é igual", em referência aos versos de Silvio em **"PEQUEÑA SERENATA DIURNA"**: "Que no es lo mismo/Pero es igual" ("Que não é o mesmo/Mas é igual").

Mesmo sem ter conseguido contato para agendar previamente uma entrevista com Silvio, embarquei confiante de que seria fácil encontrá-lo depois de chegar a Havana. E eu estava certa: Prisca havia sido professora da flautista Niurka González, esposa de Silvio, e não foi preciso mais do que um ou dois telefonemas para que eu conseguisse um espaço em sua agenda ainda naquela semana. Ele me receberia em seus Estúdios Ojalá logo cedo e eu, com medo de atrasar, saí com tanta antecedência que cheguei junto com os funcionários que iniciavam mais um dia de trabalho. Eu me apresentei para um senhor que, sabendo de minha agenda com Silvio, me convidou para um café enquanto aguardava. Passamos uma hora inteira falando sobre o café cubano e o café brasileiro — um assunto que sempre me interessou, pois na infância, quando não passávamos as férias na região serrana no Rio de Janeiro, passávamos no sul de Minas Gerais, onde um casal de amigos da família era cafeicultor. E foi lá no cafezal deles, na área rural da cidadezinha histórica de Campanha, a mais antiga do sul de Minas Gerais, que ainda criança comecei a fotografar, acompanhando o dia a dia dos trabalhadores — ora no plantio, ora na colheita, ora espalhando os frutos colhidos para secar no terreiro.

E foi em meio a essa conversa que Silvio chegou, nos cumprimentou rapidamente e disse a meu novo amigo que estaria em sua sala esperando a "senhora do Brasil", amiga de Isabel, que logo chegaria para entrevistá-lo. Rindo, o senhor apontou para mim dizendo: "Esta é a senhora do Brasil!" Surpreso, Silvio também começou a rir e, no caminho que levava a sua sala, demonstrou curiosidade sobre os motivos que fizeram alguém tão jovem se tornar escritora e se interessar pela música cubana. Assim que nos acomodamos no grande sofá para darmos início a nossa conversa, ele perguntou: "Você se incomoda que eu faça retratos seus enquanto conversamos? Não sou fotógrafo, mas gosto de fotografar." Imediatamente tirei minha própria câmera da bolsa e respondi que, acostumada que estava a retratar, seria bom ser retratada para variar. Silvio com sua câmera e eu com minha caneta, começamos uma conversa que se estenderia pelas horas seguintes e me faria compreender que estava diante de alguém que soube traduzir-se em sua obra como poucos. Ele é uma dessas raras pessoas que fala no ritmo compassado da sabedoria, com a ponderação de quem está em constante reflexão, sem emitir opiniões antes de formar uma linha de raciocínio sensata e coesa.

Seria a combinação da origem humilde de seus pais e a musicalidade de sua família materna o que faria de Silvio um artista comprometido com as questões e inquietações sociais que sempre permearam sua obra: seu pai vinha de uma família de lavradores e sua família materna trabalhava na indústria do tabaco, mas todos cantavam ou tocavam instrumentos. Na década de 1930, sua mãe chegou a formar uma dupla com a irmã e, apesar de as duas adolescentes — Argelia e Orquídea — terem se apresentado em diversos lugares, tiveram suas carreiras interrompidas pelos pais, que temiam que o ambiente artístico corrompesse suas meninas. Inevitavelmente, toda a musicalidade do universo no qual estava inserido começaria a exercer influência em Silvio, que, desde pequeno, já demonstrava uma sensibilidade musical bastante aguçada: aprendia as canções com facilidade, como se, ao entrarem por seus ouvidos, formassem uma paisagem musical em sua mente. De um tio, ganhou um tumbadora que seria seu primeiro instrumento; a primeira composição aconteceria por acaso aos 15 anos, durante uma brincadeira entre amigos: alguém levou um gravador de voz para o local onde ele trabalhava e, para testar o aparelho, começou a cantar uma canção que brotou de sua imaginação, acompanhado dos amigos que faziam coro.

Um jovem que, por suas origens, já carregava dentro de si uma forte tendência para a militância e para o envolvimento com temas e questões sociais, Silvio seria determinantemente influenciado por um acontecimento que transformaria completamente o pensamento de toda a sua geração: a Revolução Cubana (1959), que aconteceu quando ele tinha 13 anos e chegaria abrindo espaço para a participação do jovem na vida política e social de Cuba. A partir de então, a juventude cubana adquiriria a consciência de que suas ações colaboravam para o desenvolvimento da sociedade e de que eram peças-chaves para a Revolução. Isso fez com que os jovens criassem um vínculo e um compromisso com as questões de sua própria nação. Ao longo da década de 1960, o ativismo de Martin Luther King Jr. e o surgimento do Flower Power e dos Black Panthers — além de todo o movimento mundial que se criou contra a Guerra do Vietnã — fariam com que Silvio também adquirisse consciência do que se passava além das fronteiras de seu país. Naquele momento em que começava a absorver todas essas influências, ele era um jovem estudante de 17 anos que havia apenas começado a estudar piano e pintura na escola de arte quando foi convocado para o serviço militar e precisou interromper bruscamente os estudos. O que a princípio pareceu ser um grande trauma acabou promovendo um encontro com aquele que passaria a ser seu companheiro de vida: o violão. Seu parceiro de barraca tocava e não demorou para que Silvio também se interessasse pelo instrumento que se tornaria seu refúgio durante os três anos que passaria no exército.

Apesar de ser leitor desde muito cedo — desses que, quando não têm mais nada para ler, leem enciclopédia —, seria também durante o período que passaria no exército que começaria a se interessar por poesia e fotografia. Não demoraria para que começassem a nascer as primeiras letras de canções que eram fruto da alma de alguém que, apesar de muito jovem, já havia refletido muito e feito incontáveis perguntas que lhe haviam dado uma visão ampla dos problemas e das dores do mundo em que vivia. Apesar de não ter praticamente nenhum conhecimento sobre teoria musical, tinha um ouvido extremamente bem treinado — graças, mais uma vez, a sua família materna —, então as primeiras composições começaram a acontecer de forma bastante natural e intuitiva. Como passava dias inteiros exercendo suas funções, seu violão tímido só cantava depois das dez horas da noite [**"LA GUITARRA DEL JOVEN SOLDADO" (Silvio Rodríguez)**,

com Silvio Rodríguez] e, como era nas primeiras horas da madrugada que ele lia, tocava e compunha, no dia seguinte, inevitavelmente, cochilava em serviço. Como tinha muito a dizer, as canções nasciam com facilidade e, ao encerrar o serviço militar, Silvio levaria consigo quase cem composições, entre elas **"Y NADA MÁS" (Silvio Rodríguez), com Silvio Rodríguez, e "EL VIENTO ERES TÚ"** (Silvio Rodríguez), **com Silvio Rodríguez e Argelia Domínguez de León** — que, anos depois, gravaria em um dueto belíssimo com sua mãe.

A partir do momento em que começou a compor, surgiu a necessidade urgente de ser escutado. Tendo os colegas do exército como primeiros ouvintes, a poucos meses de terminar o serviço militar, naturalmente sua carreira se desenhou a sua frente quando um amigo o levou para conhecer uma jovem que também já era cantora e compositora. Depois de Silvio tocar três ou quatro canções, o pai dela — que Silvio até então não sabia, era diretor da televisão cubana e um grande pianista — entrou perguntando de quem eram aquelas composições. Ele respondeu que eram suas e o pai da jovem imediatamente sentou-se ao piano e começou a tocar a última canção que ouvira. Graças a esse encontro, três meses depois, Silvio saiu diretamente dos acampamentos militares para os refletores de televisão. Seriam apenas os primeiros capítulos de uma carreira sólida e duradoura que faz dele até hoje o artista indispensável que é.

Sendo a atemporalidade uma característica do gênero poético, a atualidade de uma obra que não envelhece se deve à influência da poesia em sua estética de composição. Quem conhece as criações de Silvio sabe que, ao ouvi-lo, é praticamente impossível determinar se suas canções foram compostas há vinte anos ou há vinte dias. Sempre atento às questões do mundo, ele o tempo inteiro compõe inspirado pelos pensamentos e sentimentos que os acontecimentos despertam em sua mente e em seu coração, mas sem mencionar nomes ou datas. Sendo Silvio um letrista que navega confortavelmente pelos mares do simbolismo, as metáforas que compõem seus versos deságuam na esfera da universalidade, que torna sua música extremamente acessível e compreensível. É o caso do álbum *Cita con Ángeles* (Ojalá, 2003), que reúne um repertório todo construído a partir do impacto que a

Guerra do Iraque (2003-2011) lhe causou. Sem mencionar a guerra ou seus atores em momento algum, suas composições não apontam os fatos, mas sim os sentimentos que afloram dentro de um contexto capaz de descrever cenários que se encaixam perfeitamente a qualquer guerra — seja ela real ou simbólica, passada ou presente. Nos versos "Quiero cantarte un beso/ Mas todo se confunde/Entre un millón de huesos/Y derrumbes" ("Quero cantar um beijo para você/Mas tudo se confunde/Entre um milhão de ossos/E desmoronamentos"), de **"QUIERO CANTARTE UN BESO" (Silvio Rodríguez), com Silvio Rodríguez** — uma das canções mais potentes desse álbum —, ele também revela outra característica marcante de sua estética como compositor: a capacidade nata de projetar cenas poéticas na imaginação do ouvinte. Filho de pais cinéfilos, aos vinte dias de vida Silvio já frequentava as salas de cinema, o que faria dele um "roteirista da canção".

Um artista amigo das novas gerações — como também se tornou imediatamente amigo desta escritora —, Silvio segue inspirando e colaborando com artistas e representantes dos mais diversos gêneros e nacionalidades, fazendo com que sua obra continue se multiplicando pelos quatro cantos do mundo. Entre as releituras mais relevantes de seu cancioneiro, está o álbum gravado em 2010 pela banda de rock chilena Los Bunkers — uma banda praticamente desconhecida no Brasil, apesar de ser um dos maiores nomes do rock da América Latina. *Música libre* (Universal Music Group, 2010) reúne um belíssimo repertório da obra de Silvio e tem produção do mexicano Emmanuel del Real — membro da banda de rock mexicana Café Tacvba. No repertório, se destacam as belíssimas regravações de **"LA ERA ESTÁ PARIENDO UN CORAZÓN" (Silvio Rodríguez)** e **"EL NECIO" (Silvio Rodríguez)** — evidências incontestáveis de que a música camaleônica de Silvio pode vestir a roupagem estética do gênero que desejar, sem perder sua potência e sua identidade.

Pouco antes de encerrarmos nossa longa conversa daquela manhã, Silvio recitou um trecho da letra de uma de suas canções: "Siempre que un hombre le pega a otro hombre/No es al cuerpo al que le quiere dar/En ese puño va el odio a una idea/Que lo agrede, que lo hace cambiar" ("Sempre que um homem bate em outro homem/Não é o corpo que quer golpear/

Dentro do punho há o ódio a uma ideia/Que o agride, que o faz se transformar"). Depois, ele imediatamente se calou, enquanto pesquisava nos arquivos de sua memória o nome da canção à qual pertencia a sabedoria guardada nesses versos. Saiu da sala em silêncio e retornou na sequência trazendo alguns álbuns de sua discografia e seu cancioneiro para me presentear. Folheou calmamente as centenas de páginas do volume até encontrar a canção: **"NUNCA HE CREÍDO QUE ALGUIEN ME ODIA" (Silvio Rodríguez), com Silvio Rodríguez**. Ele me mostrou a letra completa e encerrou dizendo que nunca lhe pareceu correto criticar as pessoas, mas sim suas ideias; afinal, somos apenas instrumentos delas: são as ideias que motivam nossas ações e, por isso, até mesmo aquelas mais bem-intencionadas podem acabar causando males irreparáveis.

Silvio guardou sua câmera enquanto eu recolhia minhas anotações, certa de estar encerrando, naquele instante, uma das conversas mais marcantes de minha vida. Como nosso encontro havia se estendido mais do que eu imaginava, já estava na hora de partir em direção à Embaixada do Brasil em Havana, que ficava ali pertinho. Silvio, que também estava de saída, me ofereceu uma carona e, ao nos despedirmos, prometeu mandar meus retratos ainda naquela semana. Segui para a reunião que me renderia um convite para voltar meses depois para expor uma série de fotografias na Casa de las Américas durante o Mês da Cultura Brasileira em Havana, quando eu veria um show fechado de Silvio. Seria então minha vez de fotografá-lo, acompanhado das armas que fazem dele um admirável revolucionário da canção: sua voz e seu violão.

ALGUNS DUETOS PARA CONHECER A COLABORAÇÃO DE SILVIO COM OUTROS ARTISTAS CONTEMPORÂNEOS:

"OJOS COLOR SOL"
(Eduardo Cabra/René Pérez/Silvio Rodríguez),
com Calle 13 e Silvio Rodríguez

"DESPIERTA"
(Ismael Serrano), com Ismael Serrano e Silvio Rodríguez

"UN VIEJO COMUNISTA"
(Alejandro Soto/Manuel García),
com Manuel García e Silvio Rodríguez

"NOSTALGIA"
(Gorka Hermosa/Jon Maia), com Jon Maia e Silvio Rodríguez

"FIRMAMENTO"
(Dúo Karma), com Dúo Karma e Silvio Rodríguez

"ARRORRÓ"
(Amaury Pérez), com Amaury Pérez e Silvio Rodríguez

LENTES MOLHADAS DE LÁGRIMAS E SANGUE

OU "NÃO TEMOS TEMPO DE TEMER A MORTE"

["Divino maravilhoso" (Gilberto Gil/Caetano Veloso), com Gal Costa]

Como se já não bastassem os horrores promovidos pela Primeira Guerra Mundial (1914-1918), no mesmo período, o Império Otomano (1299-1923) aproveitaria para cometer um dos crimes mais bárbaros já praticados contra a humanidade, que anos depois "inspiraria" os nazistas a arquitetarem suas indescritíveis perversidades, certos de que também sairiam impunes por seus atos. Existem registros de que, ao ser questionado por seus generais sobre seus planos de invadir a Polônia em 1939, Hitler teria respondido algo do tipo: "E quem se lembra dos crimes cometidos contra os armênios?"

Apenas o primeiro capítulo dos tantos genocídios que aconteceriam ao longo do século XX, o Genocídio Armênio (1915-1923) teve início quando o Império Otomano ordenou o extermínio em massa dos súditos de origem armênia. Foi uma combinação entre massacre e deportação que, ao longo de oito anos, faria quase um milhão e meio de vítimas, em que milhares de pessoas eram sistematicamente deportadas até o deserto sírio sob escolta militar, sem comida nem água, para que morressem ao longo da caminhada. Um amigo certa vez me contou que sua avó — que havia sobrevivido a uma dessas tantas "marchas da morte", como ficariam conhecidas essas caminhadas — era ainda uma menina quando foi deportada para o deserto e, após perder a família ao longo do percurso, passou intermináveis horas escondida em meio a um mar de corpos, esperando até que fosse seguro sair de seu esconderijo e partir em direção à Síria. Certamente, seus olhos testemunharam cenas que nenhuma criança no mundo deveria ver.

Nascido Shahnour Vaghinagh Aznavourian, o cantor e compositor francês Charles Aznavour era filho de armênios que sobreviveram ao genocídio e passaria a vida envolvido com as causas armênias, principalmente aquelas relativas ao reconhecimento desse que é tido como o "Genocídio Esquecido". Em **"ILS SONT TOMBÉS" (Charles Aznavour/Georges Garvarentz), com Charles Aznavour** — ou **"THEY FELL" (Charles Aznavour/Georges Garvarentz/Herbert Kretzmer**), em inglês —, Aznavour cantou a morte daqueles de quem descendia e que "caíram como lágrimas", condenados simplesmente por serem "os filhos da Armênia". Anos depois, ele comporia **"POUR TOI ARMÉNIE" (Charles Aznavour/Georges Garvarentz) com Quatuor Rhapsodie**, que, em 1989, seria a trilha sonora de uma campanha lançada em solidariedade ao país que havia sido devastado por um terremoto no final do ano anterior.

Artista dotado de um olhar extremamente sensível para as questões do mundo que o cercava, no final da década de 1940, Aznavour ganhou de Edith Piaf uma Super-8 que passaria a acompanhá-lo em suas viagens e turnês pelo mundo. Durante décadas, ele filmou cenas da própria rotina familiar e dos lugares que visitava até que, no final de sua vida, decidiu compartilhar aquele material com o cineasta Marc di Domenico, a fim de converter as cenas soltas em um filme que contasse sua história através de seu próprio olhar. O resultado é o belíssimo *Aznavour por Charles* (Dir. Marc di Domenico/Charles Aznavour, 2019), um mergulho na mente e no coração dessa que foi uma das maiores vozes do século XX. Construído a partir da combinação entre as imagens captadas pelo artista e os pensamentos extraídos de anotações pessoais e entrevistas concedidas ao longo de toda a carreira, logo nos primeiros minutos, o filme narrado pelo ator Romain Duris apresenta uma frase de Charles que resume e justifica a pluralidade de sua arte: "Às vezes, o presente é como um tapa na cara, não dá tempo de transformá-lo em palavras ou em música. E é a câmera que o capta melhor."

Peço licença para me apropriar dessa frase, pois acredito que ela seja também a melhor definição para meu trabalho, capaz de traduzir com propriedade minha relação com literatura, música, fotografia e dramaturgia. Como herança do pensamento da Primeira Revolução Industrial — que segregou áreas que até então habitavam o mesmo universo —, tendemos a observar o mundo de forma parcial e limitada, acreditando que os elementos que compõem nossas vidas — e, consequentemente, a arte e os discursos que produzimos — vivem em mundos distantes. Mesmo quem é artista e comunicador, por vezes se esquece de que, no fim das contas, as mais diversas linguagens às quais temos acesso estão integradas e se complementam. Afinal, cada uma delas tem a capacidade singular de expressar facetas distintas de uma mesma ideia, e é a combinação de todas o que enriquece o resultado de nosso trabalho.

É como a dinâmica do jornalismo no contexto do mundo digital: ao ler uma notícia na página de um veículo de comunicação, nos deparamos com um texto que descreve os fatos e ativa nossa imaginação na composição daquele cenário no qual tal fato se deu, mas é a presença de uma galeria de imagens o que faz com que sejamos capazes de visualizar com precisão a dimensão dos fatos narrados em palavras. Ao mesmo tempo, é a inclusão de um vídeo registrado por um cinegrafista o que confere movimento, som e voz àquela notícia que estamos lendo. Assim, uma linguagem não anula a outra, pelo contrário: elas se complementam e enriquecem a informação inicial que, sem essa hipertextualidade, transmitiria um acontecimento de forma vaga e empobrecida. É claro que, ao tocar nesse tema, não podemos nos esquecer do valor dessas imagens e informações, que frequentemente exigem que jornalistas, fotógrafos e cinegrafistas arrisquem suas vidas para que elas possam chegar até nós: foi o caso do cinegrafista da Reuters, Issam Abdallah, que morreu vítima de um bombardeio no sul do Líbano enquanto transmitia ao vivo o conflito israelo-palestino de 2023, e do fotógrafo panamenho Aubrey Baxter que, no mesmo ano, perdeu um olho ao ser atingido por uma bala disparada pela polícia enquanto fotografava os protestos contra as atividades de uma mina de cobre a céu aberto instalada no Panamá.

Ao longo dos anos em que venho exercendo meu ofício, compreendi que escrever e publicar livros pode ser uma atividade extremamente angustiante para o autor devido à demora que as etapas da criação e comercialização da obra literária envolvem: muitos anos podem se passar desde que a ideia inicial chegue às mãos do público leitor. No início de minha carreira, passei um período focada quase que exclusivamente na escrita, pois acreditava que, naquele momento, era necessário dedicar mais tempo a essa prática a fim de desenvolvê-la com propriedade. No entanto, deixar outros projetos e trabalhos de lado e restringir minha expressão artística ao campo da escrita me conduziu a um quadro de ansiedade como nunca havia experimentado e, com isso, aprendi que esse seria um caminho extremamente prejudicial para minha mente de natureza ansiosa. Foi nesse momento que a fotografia — uma prática que me acompanhava desde criança, mas sempre desenvolvida de forma muito esporádica e descompromissada — passou a fazer parte de meu dia a dia, ocupando um espaço novo em minha vida e atuando como o ponto de equilíbrio de que eu tanto precisava.

Desde cedo, fotografia e vídeo fizeram parte de minha rotina, pois minha mãe sempre gostou muito de fotografar e registrar nossos momentos em família. Eu me lembro da expectativa para abrir os pacotes com fotografias reveladas e finalmente encontrar os resultados dos cliques feitos dias antes, que depois rendiam horas de trabalho na organização dos álbuns e negativos. A relação dela com sua câmera era tão próxima que, quando se separou do primeiro marido, teria sido capaz de deixar tudo para ele no divórcio — menos a câmera que um colega de trabalho havia trazido dos Estados Unidos e que acabou se tornando um entrave no momento da separação de bens.

Ao mesmo tempo, meu pai, que havia passado a adolescência vivendo em um sítio e trabalhando na roça, gostava de fotografar a natureza, e eu me lembro dele — em uma época na qual os recursos eram muito mais escassos — colocando peneiras e outros objetos acoplados à lente para testar diferentes efeitos e texturas nas fotografias que fazia. Com isso, aprendi a desenvolver a criatividade e a trabalhar sempre em busca de extrair o máximo possível dos recursos que tivesse nas mãos, por mais limitados que fossem. Eu me lembro também dele com sua JVC sempre apoiada no ombro, e é graças a isso que hoje temos registros belíssimos de nossos momentos mais importantes em família. Pensando melhor sobre a presença da fotografia em meu núcleo familiar, acredito que também exista algo de muito simbólico no fato de que o único objeto pessoal de Alvaro — meu avô paterno, que morreu muito tempo antes de meu nascimento — que chegou às mãos de seus netos foi uma Hit, uma câmera espiã de fabricação japonesa com apenas cinco centímetros de comprimento. Das poucas coisas que sei sobre meu avô, posso afirmar com segurança que ele era fascinado por fotografia.

Apesar de ter crescido familiarizada com esse universo, confesso que nunca pensei em fazer da fotografia um trabalho, mas essa realidade mudaria numa tarde em 2010: eu estava em reunião com a gerência de uma livraria na qual aconteceria o lançamento de um de meus livros e, em dado momento, alguém se encantou com a imagem de fundo de tela de meu celular. Quando descobriram que eu era a autora daquela fotografia que retratava um dos trens históricos abandonados nos trilhos desativados da antiga ferrovia São Paulo Railway, imediatamente fui convidada para expor na galeria da loja. Após o início da exposição, alguns jornalistas que frequentavam aquele espaço começaram a publicar espontaneamente sobre meu trabalho e foi assim que passei a receber uma série de convites: tornei-me uma das primeiras fotógrafas com exclusividade de equipamentos Sony no Brasil, assinei um contrato de colaboração com a Getty Images Latin America e passei a ser convidada para expor meu trabalho em todo o Brasil e no exterior. Por pouco, eu não estava no Egito quando eclodiram no país os conflitos decorrentes da Primavera Árabe

(2010-2013), mas a exposição que faria na Casa de Ópera do Cairo acabaria sendo cancelada a tempo, devido ao perigoso cenário que se apresentava naquele momento.

A partir de então, a fotografia passaria a fazer parte de minha rotina e, com o tempo, eu definiria não somente meu estilo, mas também os temas e causas que hoje permeiam todo meu trabalho fotográfico. Gosto de retratar o descaso com o patrimônio histórico, a vida diária das pessoas — seja por meio de retratos ou de cenas e detalhes que revelem passagens de suas histórias — e as marcas deixadas pelas injustiças sofridas por elas, pois sinto que o que confere sentido a meu trabalho é saber que estou mostrando coisas que as pessoas normalmente não querem ver.

Gosto de ter a chance de me familiarizar com os lugares e pessoas que me proponho a fotografar, dedicando tempo para conversar e conhecer suas histórias antes de tirar minha câmera do estojo. Trabalho sempre de forma intuitiva, me adequando a cada projeto e realidade, pois acredito que todo fotógrafo precisa colocar a empatia e o respeito pelo outro à frente de sua lente. Em especial quando se está retratando pessoas em situação de vulnerabilidade, é preciso ter bom senso ao fotografar, sabendo avaliar até mesmo quando não se deve fotografar: ninguém gosta de se sentir um objeto em exposição, e é por isso que costumo dizer que as melhores fotografias de minha vida são aquelas que não fiz. Elas se tornaram textos e poesias e ficaram gravadas nas lentes de meus olhos, influenciando a forma como enxergo o mundo. Penso que o fotógrafo precisa ser um aliado, e não um invasor, colocando sua câmera o tempo inteiro a serviço do outro.

Uma criação que resulta dos esforços de diversos inventores ao longo da primeira metade do século XIX, a câmera fotográfica compacta e com filme flexível passaria a ser comercializada no final desse mesmo século com o surgimento da Kodak (1888), mudando completamente as possibilidades de registro e documentação histórica a partir do início do século XX. Seria ela a responsável por denunciar os horrores das guerras, dando rostos aos mortos e humanizando visualmente as narrativas, a fim de sensibilizar o mundo por meio de cenas.

Ao mesmo tempo, é claro que as fotografias, desde o princípio, não foram usadas apenas como forma de documentar, mas também de manipular a opinião pública; os próprios nazistas se valeram delas ao divulgar imagens construídas com o intuito de convencer o mundo de que seus campos de extermínio eram locais dignos de trabalho, onde prisioneiros não eram prisioneiros, mas sim trabalhadores. Mas também foi por meio das fotografias feitas pelos aliados, pelos judeus e por fotógrafos em geral que foram documentados outros pontos de vista que colocariam em xeque a versão dos nazistas. Isso não isenta a função documental dessas fotografias de ser questionada também, conforme descobre-se que foram construídas ou retocadas — porque, sim, décadas antes da fotografia digital, já existiam várias formas de retocar imagens. Para citar apenas um exemplo, mesmo a famosa fotografia histórica *Erguendo a bandeira da vitória sobre o Reichstag* (1945), tirada pelo fotógrafo do Exército Vermelho Yevgeny Khaldei, que registrou a tomada de Berlim pelos soviéticos, foi retocada pela agência de notícias soviética, a qual ampliou o tamanho da bandeira e adicionou nuvens de fumaça à cena retratada.

Uma atividade que requer atenção plena, o ato de fotografar também é um momento de extrema vulnerabilidade para o fotógrafo, que está frequentemente exposto a assaltos, acidentes ou ataques de todos os tipos, enfrentando riscos que aumentam de acordo com a realidade que está fotografando. Por estarem sempre na linha de frente de guerras, conflitos e manifestações, constantemente aparecem nas listas de mortos ou feridos, como é o caso do húngaro Robert Capa: fundador da agência Magnum e autor da famosa fotografia *O soldado em queda* (1936), que retrata a morte de um soldado republicano durante a Guerra Civil Espanhola, ele foi um dos principais fotógrafos de guerra da primeira metade do século XX, até pisar em uma mina terrestre enquanto cobria a Guerra da Indochina (1946-1954) e morrer instantaneamente.

Tendo em suas câmeras poderosas armas de denúncia, eles frequentemente são alvo de perseguições e retaliações, como aconteceu com os fotógrafos Rodrigo Rojas de Negri e Carmen Gloria Quintana, que foram vítimas de um dos crimes mais bárbaros da ditadura de Pinochet. Para impedi-los de registrar uma manifestação contra o regime, em 1986, uma patrulha militar jogou gasolina e ateou fogo nos dois jovens ainda vivos. Ela sobreviveria, apesar da gravidade das queimaduras, mas ele, não. Os sete militares envolvidos no caso somente seriam acusados pelo homicídio do jovem no ano de 2015, após um deles quebrar o pacto de silêncio sobre o caso e revelar detalhes do ataque. Essa é uma notícia que correu o mundo e até hoje é lembrada como um dos episódios mais violentos da história latino-americana, e Rojas foi homenageado em diversas composições, entre as quais destaco: "**PARA SEGUIR VIVIENDO**" **(José Miguel Márquez/Victor Tapía), com Illapu, "IN EXILE (FOR RODRIGO ROJAS)" (Gilbert Gabriel/Nick Laird-Clowes), com The Dream Academy e "RODRIGO ROJAS" (Eduardo Guzmán/Gastón Guzmán), com Quelentaro.**

Durante a mesma Guerra Fria que fez de Rojas uma vítima, o trabalho de outros tantos fotógrafos se tornaria fundamental para que hoje pudéssemos compreender aqueles tempos. É o caso de nomes como o cubano Alberto Korda — que durante anos fotografou os bastidores do governo e o dia a dia dos personagens que fizeram a Revolução Cubana, além de ser autor de o *Guerrilheiro heroico* (1960), o icônico retrato de Che Guevara que se tornaria uma das fotografias mais famosas do mundo. Outro nome importante é o do brasileiro Evandro Teixeira, que foi mandado pelo *Jornal do Brasil* para cobrir o golpe militar no Chile e ali documentou não só a morte de Pablo Neruda, desde a sala do hospital em que estava sendo velado até o cemitério, mas também a transformação do Estadio Nacional em um campo de concentração onde Victor Jara estivera preso dias antes e onde tantas de pessoas naquele momento viviam seus últimos instantes de vida à espera da bala final.

E é claro que eu não poderia deixar de citar também o falecido fotógrafo Sergio Jorge, que há alguns anos decidiu revelar a farsa que envolve a morte do político e guerrilheiro Carlos Marighella. Segundo me contou, ao chegar à alameda Casa Branca naquela noite de 4 de novembro de 1969, testemunhou Sergio Fleury — delegado do Departamento de Ordem Política e Social (DOPS) de São Paulo — adulterando a cena do crime. Sob ameaças, ele e os demais fotógrafos presentes somente foram autorizados a fotografar depois que a cena já havia sido modificada para justificar a versão mentirosa que os militares contariam sobre aquela noite em que assassinaram covardemente um comunista que guardava sonhos [**"UM COMUNISTA" (Caetano Veloso), com Caetano Veloso**] e que até o final "Honrou a causa que adotou" [**"MIL FACES DE UM HOMEM LEAL (MARIGHELLA)" (Edi Rock/Ice Blue/Mano Brown), com Racionais MC's**].

Militante do Partido Comunista do Brasil, Marighella seria preso diversas vezes e viveria na clandestinidade durante o período de caça aos comunistas que aconteceria durante a Era Vargas (1930-1945). Com a redemocratização, elegeu-se deputado federal pelo PCB baiano em 1946, mas perderia seu mandato dois anos depois com a cassação do registro do partido, que obrigaria os comunistas mais uma vez a viver na clandestinidade. Anos depois, fundaria a Aliança Libertadora Nacional, uma organização que promovia a luta armada e que, ao lado do Movimento Revolucionário 8 de Outubro, protagonizaria um dos episódios mais polêmicos da resistência à ditadura militar brasileira: o sequestro de Charles Burke Elbrick, embaixador dos Estados Unidos no Brasil, em 1969, no qual exigiram a libertação de 15 presos políticos do regime militar em troca da liberdade do embaixador.

Uma das tantas figuras que acabaria embranquecida ao longo do tempo, no filme *Marighella* (Dir. Wagner Moura, 2021), ele seria representado por Seu Jorge, que foi alvo de críticas infundadas sobre ser "negro demais" para viver o personagem — afinal, o Brasil continua sendo esse lugar que insiste em manifestar seu racismo de alguma maneira, nem que seja colocando em xeque a escolha de um grande artista pelo tom de sua pele. Um filme necessário em nossos dias, a obra foi inspirada no livro *Marighella: o guerrilheiro que incendiou o mundo* (2012), resultado de anos de pesquisa minuciosa do jornalista Mario Magalhães.

Condenado a passar a vida transitando entre a legalidade, a clandestinidade e a prisão, a trajetória de Carlos Marighella inevitavelmente me faz pensar nos caminhos tortuosos que levaram alguns dos maiores líderes do mundo ao poder. Afinal, Nelson Mandela passaria 27 anos na prisão antes de chegar à presidência da África do Sul; guerrilheiro Tupamaro, José Pepe

Mujica passaria quase 15 anos na prisão até chegar à presidência; Lula — que já carregava consigo o status de ex-presidente do Brasil, passaria 580 dias na prisão para que pudesse voltar à presidência e colocar um ponto-final naquele governo que já estava mais do que na hora de ir embora ["**TÁ NA HORA DO JAIR JÁ IR EMBORA**" (Tiago Doidão), com Tiago Doidão e Juliano Maderada].

LEMBRANÇAS DE UMA NOITE EM BUENOS AIRES

OU "TENÓRIO SAIU SOZINHO, NA NOITE SUMIU, NINGUÉM SOUBE EXPLICAR"
["Lembranças (Dedicado a Tenório Jr.)" (Toquinho/Mutinho), com Toquinho e Boca Livre]

Anna Maria, minha avó materna, nos deixou quando eu ainda era criança, e foi por seus discos e livros que pude conhecer um pouco melhor a personalidade forte e polêmica dessa avó com quem tão pouco convivi, mas a quem sempre fui comparada. Um de seus livros preferidos, *O profeta* (1923) — um clássico da literatura libanesa escrito por Khalil Gibran no período entreguerras —, logo cedo se tornou para mim um livro de cabeceira: era como se todas as vezes que eu precisasse de um conselho de minha avó, pudesse recorrer a ele, imaginando que, de alguma forma, ela falaria comigo através de suas páginas; e até hoje tenho uma cópia dele sempre ao alcance das mãos. Em uma de minhas passagens preferidas, no capítulo sobre o autoconhecimento, o autor fala: "Não digam: 'Encontrei a verdade', e sim: 'Encontrei uma das verdades.'" Como uma bússola que norteia meu trabalho e minha vida, penso que essa simples frase guarda em si a solução para toda a intolerância que mora no mundo — seja ela política, cultural ou religiosa —, pois, se todos encarássemos nossas próprias verdades como se fossem apenas mais uma das tantas verdades que caminham juntas sobre a face da Terra, certamente muitas guerras e muitos conflitos perderiam a razão de ser.

Desde cedo, aprendemos que política, futebol e religião são assuntos que não se discutem, e eu penso que essa máxima esconde em sua essência um traço muito forte de nossa cultura: não temos maturidade para debater temas sensíveis de forma civilizada, com respeito e escuta, em busca de fazer do debate um espaço para o crescimento mútuo. Porém, quanto menos ouvimos o outro, mais intolerantes nos tornamos e, quando não entramos em contato com diferentes pontos de vista, ficamos presos na bolha da ignorância e do fanatismo. Aprender a escutar o outro e respeitar suas opiniões — sem para isso tentar impor nossas próprias convicções — é um dos maiores desafios vividos por nossa sociedade, e começa dentro de casa: afinal, quantas relações se romperam durante discussões polêmicas em volta da mesa de um simples almoço de domingo?

Foi nossa falta de hábito para esse tipo de diálogo o que me causou um enorme choque quando fui à Argentina pela primeira vez: penso que os argentinos, um povo politizado e dotado de consciência histórica, estão milhões de anos-luz a nossa frente quando o assunto é a troca de ideias. Para mim, que sempre adorei um bom debate, mas sempre tive dificuldade para encontrar com quem debater, foi fácil me sentir em casa na terra de Mercedes Sosa — a voz da América Latina que personifica a ideia de que fazer música é um ato político e a razão pela qual eu estava em Buenos Aires naquele momento.

Era apenas mais uma tarde gelada de cortar a alma quando cheguei ao apartamento onde viveu Mercedes, que tinha falecido quatro anos antes. Enquanto me esperava para nossa conversa, Fabián — filho, agora já falecido, de La Negra e do compositor Oscar Matus — aproveitava o tempo livre para organizar alguns discos que haviam sido de sua mãe. Sobre a mesa, por acaso estava *Las últimas composiciones de Violeta Parra* (RCA Victor, 1966), e eu me emocionei assim que vi a capa: dois meses antes estava vivendo justamente na casa de Violeta no Chile e sabia o tamanho da importância que aquele disco tinha na carreira de Mercedes, uma das principais divulgadoras da obras da chilena em todo o mundo. Afinal, quatro anos após a morte de Violeta, Mercedes reuniu uma seleção de composições extremamente significativas de sua obra no disco *Homenaje a Violeta Parra* (Philips, 1971). A obra começa com La Negra recitando "**DEFENSA DE VIOLETA**" (**Nicanor Parra**), um belíssimo poema escrito pelo irmão de Violeta e que abre caminhos para um repertório autoral, que transcende grandes temas já consagrados — como "**GRACIAS A LA VIDA**", "**LA CARTA**" e "**VOLVER A LOS 17**" — e passeia por composições pouco conhecidas no Brasil — como "**QUÉ HE SACADO CON QUERERTE**", "**LOS PUEBLOS AMERICANOS**" e "**LA LAVANDERA**". Um dos álbuns mais belos da cantora, *Homenaje a Violeta Parra*, também é um ponto de partida fundamental para quem deseja conhecer não apenas o repertório de Violeta, mas também a combinação matadora entre potência vocal e interpretativa que fez de Mercedes, em minha opinião, a maior voz da América Latina do século XX.

A carreira de Mercedes nasceu e se desenvolveu no mesmo compasso da Nueva Canción Latinoamericana, um movimento que começou a brotar simultaneamente em diferentes partes da América Latina, como uma consequência natural dos acontecimentos políticos e sociais que inspiraram uma produção musical engajada e embasada nos ideais da esquerda. Essa realidade faria com que artistas de diversas nacionalidades começassem a se voltar não somente para as questões urgentes de seu povo — tão castigado pela herança do colonialismo e pela opressão causada pela Guerra Fria —, mas também para o folclore, como um caminho para o resgate histórico de suas origens. A própria Mercedes, no início da década de 1960, se envolveria com a criação do Manifiesto del Nuevo Cancionero, uma iniciativa comprometida com a preservação e a renovação do cancioneiro folclórico argentino, do qual ela se tornaria uma grande porta-voz.

Como uma artista que desabrochou com as raízes fincadas no solo fértil do folclore de sua terra, Mercedes se tornou uma jardineira da canção, reunindo todas as vozes da América Latina nos jardins de seu repertório democrático, em que vozes indígenas, camponesas, operárias e estudantis se encontravam naquela garganta que era sua ferramenta de trabalho **["OFÍCIO DE CANTOR" (Miguel Ángel Morelli), com Mercedes Sosa]**. Mundialmente conhecida como a "voz dos que não têm voz", Mercedes é também a grande voz da unidade latino-americana que Pablo Milanés cantou: afinal, foi em sua garganta que todas as bandeiras latino-americanas se encontraram e cantaram em uníssono.

Enquanto isso, a Argentina vivia anos de intensa instabilidade política, social e econômica: depois do primeiro golpe que colocaria fim ao governo democrático por sete anos (1966-1973), o período ditatorial se encerraria com a ascensão de Juan Domingo Perón, que chegava ao poder pela terceira vez. Com sua morte no ano seguinte, o poder chegaria às mãos de Isabelita Perón, sua esposa, que seria destituída em 1976 por um outro golpe de estado. Assim começava uma segunda temporada da ditadura argentina (1976-1983) e, dessa vez, Mercedes não seria poupada de pagar o preço por sua militância política e musical. Perseguida e presa naqueles tempos de extrema censura e repressão, ela partiu para o exílio, de onde continuaria cantando a América Latina que guardava do lado esquerdo do peito **["CANÇÃO DA AMÉRICA" (Milton Nascimento/Fernando Brant), com Milton Nascimento]**. Uma artista que nunca se traiu, Mercedes se manteve fiel às próprias causas e às causas daqueles a quem deu voz, como também não se traíram as Mães da Praça de Maio durante décadas de militância.

No dia anterior a meu encontro com Fabián, eu havia participado da manifestação das mães que, desde 1977, se reúnem semanalmente às quintas-feiras em frente à Casa Rosada para não deixar que a luta e a memória de seus filhos e netos assassinados, desparecidos ou sequestrados pela ditadura militar caiam no esquecimento. A coragem e a persistência delas inspirariam a composição de **"MOTHERS OF THE DISAPPEARED" (Adam Clayton/Larry Mullen/Bono/The Edge), com U2**, e **"ELLAS DANZAN SOLAS (CUECA SOLO)" (Sting), com Sting**. Resultado da preocupação de artistas conscientes do tamanho do compromisso que têm como comunicadores de causas e histórias relevantes, essas composições auxiliaram na divulgação da luta empreendida por essas admiráveis e incansáveis senhoras.

Entre discos e histórias, a tarde passou voando no aconchego da sala onde viveu e cantou Mercedes. Depois de uma tarde inteira discutindo ideias, contando histórias e comparando aspectos políticos, culturais e sociais de nossos países, Fabián e eu nos preparávamos para uma despedida quando ele não conteve a curiosidade: queria saber a idade da autora com quem passara as últimas horas conversando. Sabendo que eu tinha uma trajetória literária que incluía três livros publicados e contratos com grandes editoras — além de engajamento político e muita história para contar —, quando soube que eu tinha apenas 21 anos, me respondeu surpreso: "¡Pero no eres una persona, eres una fuerza de la naturaleza!" E com uma gostosa risada nos despedimos como quem se despede de um velho amigo.

Como ainda faltavam algumas horas até o horário da peça que veria naquela noite, apesar do frio cortante de inverno, caminhei sem pressa até a avenida Corrientes, parei na cafeteria La Giralda para tomar um submarino e vi o entardecer chegar, caminhando entre uma esquina e outra. Andando ao acaso, numa dessas esquinas me deparei pela primeira vez com a fachada do Hotel Normandie — do qual tanto ouvira falar em minhas pesquisas. Logo abaixo do nome do hotel havia uma placa que, apesar de saber o que dizia, li com lágrimas nos olhos: "Francisco Tenório Cerqueira Júnior, Tenorinho: aqui se hospedou em sua última visita a Buenos Aires este brilhante brasileiro — músico de Toquinho e Vinicius [de Moraes] — vítima da ditadura militar [argentina]."

Pode ser que você nunca tenha ouvido falar desse pianista e compositor que tinha de tudo para se consagrar como um dos maiores nomes da música brasileira — caso tivesse vivido o suficiente para isso, é claro. Ironicamente, no mesmo ano em que o governo militar tomou o poder no Brasil, Tenório lançou *Embalo* (RGE, 1964) — seu primeiro e único álbum — que, além da composição autoral que dá nome ao disco, se divide entre um repertório autoral consistente e regravações de contemporâneos seus, como Johnny Alf, Vinicius de Moraes, Antônio Carlos Jobim e Mauricio Einhorn.

Tenório estava em Buenos Aires para acompanhar Vinicius e Toquinho em uma turnê quando, na madrugada do dia 18 de março de 1976, saiu para comprar cigarros e nunca mais voltou. Nos dias que se seguiram, houve uma grande mobilização em busca do pianista, e seu desaparecimento foi divulgado pela imprensa enquanto Vinicius, Toquinho e alguns brasileiros exilados na cidade — entre eles o poeta Ferreira Gullar — buscavam em vão notícias e alguma intervenção da Justiça argentina e da Embaixada do Brasil em Buenos Aires — que naquele momento já estava se convertendo em uma "filial" portenha da Operação Condor. No dia 24, seis dias após seu desaparecimento, aconteceria o golpe de Estado que deporia Isabelita, dando início ao período que ficaria conhecido como "última ditadura argentina" (1976-1983). No final daquele mesmo mês, a morte mal explicada do brasileiro foi informada à embaixada e, a partir de então, Tenório seria para sempre lembrado como uma das primeiras vítimas desse período obscuro da história.

A morte do pianista começaria a ser esclarecida somente uma década depois, quando o argentino Claudio Vallejos — que havia participado da prisão e das sessões de tortura e tinha testemunhado o assassinato de Tenório — revelou informações que dariam início a uma complexa investigação que levaria mais alguns anos para ser concluída. Numa época em que barba, cabelos compridos e japona compunham o típico figurino associado ao intelectual de esquerda, pode ser que Tenório tenha sido sequestrado exclusivamente por conta de sua aparência ou por ter sido confundido com um militante procurado da esquerda argentina, como contam algumas versões do sequestro desse homem que, apesar de não ter envolvimento com movimentos políticos, se tornou vítima daquela "caça" aos comunistas. E seja lá qual desses dois motivos tenha sido a verdadeira razão do sequestro, a certeza que temos é que — como diria Toquinho anos depois na canção dedicada a ele — "Tenório saiu sozinho, na noite sumiu, ninguém soube explicar" [**"LEMBRANÇAS", (Toquinho/Mutinho), com Toquinho e Boca Livre**].

O movimento nas ruas era intenso, característico daquele momento do dia em que as pessoas deixam fábricas e escritórios ao final de mais uma jornada de trabalho rumo ao tão merecido descanso. Os teatros começavam a abrir as portas e acender as luzes, bares e restaurantes começavam a encher as mesas de fregueses, viajantes entravam e saíam do hotel enquanto eu permanecia paralisada em frente àquela placa que, em poucas palavras, havia me transportado para a triste madrugada em que Tenório cruzou aquela porta pela última vez, deixando sua esposa viúva e seus cinco filhos sem pai. Naquela placa entendi e experimentei uma pequena fração do que sentiu Tenório durante os nove dias de tortura que sofreu até a chegada do tiro final, e do que sentiram seus familiares, amigos e colegas, que precisaram aprender a conviver com sua ausência. Estavam todos ali — cada qual com sua própria dor —, guardados no ensurdecedor silêncio daquela placa.

Alguns anos se passaram desde aquela tarde fria em que pisei pela primeira vez no mesmo chão onde Tenório um dia pisou pela última vez como homem livre. Há algum tempo, o mundo inteiro começou a questionar e rejeitar a constrangedora presença de monumentos, estátuas e homenagens a torturadores e assassinos que escreveram páginas da história com sangue inocente nas mãos. Ao mesmo tempo, começou a ser reivindicada também a presença daqueles que realmente precisam ser lembrados e homenageados: as vítimas. Se durante séculos nossa história foi contada de forma parcial e mentirosa pelos vencedores, com os avanços tecnológicos no campo da comunicação, essa realidade mudou completamente.

O surgimento dos primeiros veículos de comunicação, a impressão dos primeiros livros, a fabricação das primeiras câmeras fotográficas e dos gravadores de voz, a invenção do rádio, do telefone e da televisão e, finalmente, o advento da internet como principal forma de investigação e propagação de notícias; enfim, o acesso à informação, que hoje acontece em tempo real, nos permitiu revisar a história que conhecíamos até então, colocando em xeque a versão oficial dos fatos. Por essa razão, não só é preciso utilizar tais meios para escrever e registrar a história contemporânea de maneira ampla e justa, como também é preciso lançar um novo olhar para a história e reescrevê-la dando voz e lugar àqueles que foram, até então, intencionalmente excluídos e esquecidos.

É papel do comunicador — seja ele escritor, político, jornalista, militante, líder religioso ou artista — preservar a memória por meio de livros, músicas, monumentos, discursos ou manifestações. É preciso comunicar, como comunicam todas as quintas-feiras as Mães da Praça de Maio em busca de seus filhos e netos; é preciso comunicar como comunicaram os veteranos da Guerra das Malvinas acampados em frente à Casa Rosada até terem seus direitos devidamente reconhecidos; é preciso comunicar como comunicou Mercedes Sosa por meio de sua voz política de cantora. E é preciso comunicar como comunicou corajosamente a vereadora negra Marielle Franco até o dia de seu covarde assassinato numa emboscada em março de 2018 — que vitimou também Anderson Gomes, seu motorista. A mesma Marielle que, desde 2021, está presente na estação Rio de Janeiro, do metrô de Buenos Aires, após ter sido homenageada em uma placa para que as milhares de pessoas que por ali passam diariamente nunca se esqueçam de sua luta e se inspirem em seu exemplo tão necessário.

No processo de narrativa da memória, é preciso cada vez mais preencher todos os espaços possíveis com as histórias de luta e resistência de vítimas e inocentes, ao mesmo tempo que cancelamos o destaque que durante tanto tempo foi garantido a torturadores e assassinos que, infelizmente, ainda dão nome a tantas ruas pelas quais caminhamos. E assim, quem sabe, chegará o dia em que esses vilões da história experimentarão, enfim, aquela que foi considerada pelos gregos a pior de todas as mortes: o esquecimento. Mas, enquanto esse dia não chega, é preciso seguir pendurando e colando placas para que não nos percamos no caminho, para que ninguém se esqueça de que, naquela esquina, Tenório sumiu na noite ou que, naquela rua, Marielle foi brutalmente assassinada. Para que eles — e todas as inúmeras vítimas das injustiças do mundo — continuem sempre presentes entre nós e para que sua memória não se apague com a facilidade com que os panos apagam as manchas de sangue que cobrem o chão.

Infelizmente, ao longo dos últimos anos tenho acompanhado com tristeza essa admirável cidade que transpira história e culto à memória sucumbir à tendência de demolir seus prédios históricos para dar lugar a novos empreendimentos. Eu espero que, nesse processo, as histórias que estão gravadas em suas paredes e fachadas não se tornem apenas entulho dentro de uma caçamba.

**ALGUMAS CANÇÕES COMPOSTAS EM HOMENAGEM
À MEMÓRIA E À LUTA DE MARIELLE FRANCO:**

MULHERES À FRENTE DA TROPA
(Edgard Scandurra), com Ira!

MARIELLE FRANCO (DESABAFO)
(Carolina de Oliveira Lourenço), com MC Carol e Heavy Baile

QUEM MANDOU MATAR MARIELLE?
(Antônio Nóbrega/Wilson Freire), com Antônio Nóbrega

NÃO TÁ MAIS DE GRAÇA
(Rafael Mike), com Elza Soares e Rafael Mike

MARIELLE FRANCO
(Jorge Mautner), com Jorge Mautner

PEQUENO ENSAIO SOBRE O TEMPO

OU "TODAS AS CORES ESCONDIDAS NAS NUVENS DA ROTINA"

["O QUE SOBROU DO CÉU" (FALCÃO/LAURO FARIAS/MARCELO LOBATO/ MARCELO YUKA/XANDÃO), COM O RAPPA]

Os avanços tecnológicos — com os aparelhos e aplicativos que atuam como pontes de acesso aos territórios individuais — chegam de mansinho e aos poucos vão se infiltrando não somente nas lacunas de nossa rotina, mas substituindo hábitos e comportamentos já estabelecidos. É o caso do e-mail, que levou para o mundo virtual os papéis de carta, canetas e envelopes, mas que ao longo do tempo perdeu força com a chegada do serviço de SMS e, posteriormente, do WhatsApp e do Telegram — somente para citar alguns dos tantos aplicativos de mensagens instantâneas que hoje fazem parte de nossas vidas.

Conforme aderimos a essas novas tecnologias sem questionar e refletir sobre seus possíveis danos e benefícios, abrimos as portas de nossas rotinas para que elas possam entrar sem que tenhamos conhecimento de seus efeitos e sem que saibamos a dimensão exata do papel que passarão a desempenhar dentro de nossa realidade. Quando os primeiros computadores e celulares começaram a chegar à casa do brasileiro na década de 1990, a maior parte de nós certamente não tinha ideia do espaço que ao longo dos anos seguintes eles ocupariam em nossas vidas, até nos depararmos com o cenário que vivemos nesta década de 2020, quando já não são mais eles que estão em nossas mãos: somos nós que estamos nas mãos deles.

Confesso que, vivendo ainda os primeiros anos dessa imersão virtual e completamente abduzida pelas novas plataformas e aplicativos que estavam surgindo com uma rapidez cada vez maior naquele momento, eu mesma não tinha me dado conta da dimensão dessa realidade até visitar Cuba em 2013, quando o país ainda era uma verdadeira "ilha de desconexão" completamente diferente do que é nos dias de hoje. Ao passar semanas vivendo uma desconexão compulsória, tive tempo suficiente para refletir e questionar, e isso foi como abrir os olhos e voltar a enxergar todas as encantadoras cores escondidas nas nuvens de nossa rotina tecnológica ["**O QUE SOBROU DO CÉU**" (**Falcão/Lauro Farias/Marcelo Lobato/Marcelo Yuka/Xandão), com O Rappa**]. De certa forma, foi como me reconectar com o Brasil dos anos 1990 onde cresci, ainda vivendo o prólogo do que seria essa invasão tecnológica que se concretizaria a partir do segundo milênio, acelerando decisivamente o ritmo de nossas vidas e distorcendo nossa relação com o tempo.

Em minha primeira viagem à ilha, o acesso ao mundo virtual e à telefonia eram bastante restritos por lá: as casas ainda não tinham internet e o serviço de telefonia móvel atendia somente a uma pequena parcela da população. Naquele momento, a ilha ainda estava praticamente desconectada em termos tecnológicos, e o visitante que precisasse fazer chamadas internacionais ou enviar e-mails inevitavelmente teria que recorrer aos grandes hotéis ou ao escritório da empresa de telecomunicação local. Para utilizar o serviço de internet, era preciso adquirir um cartão caríssimo que dava direito a períodos de meia hora de uma conexão mais lenta que as primeiras conexões discadas que tivemos no Brasil; devido à lentidão, um cartão de meia hora era suficiente para redigir e enviar não mais do que dois ou três e-mails curtos. Acostumada a estar conectada quase que em tempo integral, confesso que nos primeiros dias estranhei bastante aquele meu novo ritmo; habituada a viajar por longos períodos, não sentia muito o efeito da distância em minha vida pessoal ou profissional, pois, independentemente de onde estivesse, permanecia em constante contato com familiares, amigos e colegas de trabalho.

Nos primeiros dias que passei em Havana, uma tempestade tropical não me deixou sair da casa onde estava hospedada, então aproveitei o tempo livre para trabalhar nos projetos que estavam em andamento. Ao final de três dias, havia concluído o trabalho que normalmente levaria não menos do que uma semana e meia para fazer, pelo simples fato de ter conseguido trabalhar sem nenhuma distração que pudesse me desconcentrar. Apesar de ter trabalhado menos horas do que o normal, havia conseguido criar mais e tido tempo para outras atividades que, em minha rotina, não vinham acontecendo, como passar uma tarde inteira na cadeira de balanço da varanda sem nenhuma pressa. Com calma pra pensar e tempo pra sonhar [**"CORCOVADO" (Tom Jobim), com Elis Regina e Tom Jobim**], pude observar o curioso movimento da rotina familiar na casa da frente, conversar com pedestres e até mesmo ver o arco-íris que se formou logo após uma tempestade. Aqueles dias me fizeram lembrar que, nas 24 horas de cada dia, sempre houve espaço suficiente para tudo aquilo que precisamos e queremos realizar; o problema nunca foi a duração do dia, mas sim a forma equivocada como começamos a preenchê-lo na era da comunicação virtual, em que a ansiedade por acompanhar tudo em tempo real faz com que a gente viva de tudo um pouco, menos o mais importante: a realidade do tempo presente.

São tantas as distrações que nos fazem perder tempo e sequestram nossa atenção ao longo do dia: aquela espiadinha nas notificações das redes sociais, um e-mail novo despontando na caixa de entrada ou uma inesperada chamada de vídeo. E, assim, nunca conseguimos estar totalmente focados nas atividades que desenvolvemos, pois os aparelhos e aplicativos de mensagens estão sempre prontos para desviar nossa atenção. É provável que você esteja achando todo esse papo extremamente elementar — e é mesmo. Mas, apesar de ser esta uma realidade da qual todos parecemos estar cientes, poucos se dispõem a refletir sobre ela ou tomar uma atitude a respeito. Portanto, pare por um instante e observe sua própria rotina: quantas vezes as notificações das redes sociais ou dos aplicativos de mensagens tiraram seu foco somente no dia de hoje? Estamos tão acostumados a esse tipo de intervenção que passamos a incorporá-la a nossas vidas como se fosse algo normal; tão normal que dificilmente paramos para quantificar a presença ou a ocorrência delas em nossas rotinas. Isso sem falar no quanto essa dinâmica afeta também a qualidade daquilo que criamos, pois frequentemente não se chega ao estado de concentração e atenção profunda, condição fundamental para que a mágica do processo criativo possa se manifestar. Envolvidos em todo um universo de possibilidades que os aparelhos nos oferecem, sobra pouco tempo também para vivenciar o tão combatido tédio, elemento fundamental para que perguntas e inquietações brotem dentro de nós.

Semanas depois, ao deixar a ilha e voltar para o "paraíso" das mensagens instantâneas, me senti exatamente como o prisioneiro descrito por Platão em seu "Mito da Caverna" [*A república*, livro VII], que, após ser solto das correntes que o prendiam no interior daquela caverna escura e levado a conhecer a luz do dia que ilumina o mundo exterior, ao retornar para a caverna se sente extremamente incomodado com a escuridão daquela prisão onde vivera até o momento. Quando cheguei ao aeroporto e me conectei, centenas de mensagens e notificações começaram a chegar; confesso que me senti tão incomodada que tive vontade de desligar o celular e fazer de conta que ainda estava naquela ilha desconectada.

Naquela mesma semana, logo após ministrar uma palestra e lançar um livro, fui convidada pelos organizadores do evento para jantar e vivi um dos momentos mais estranhos de minha vida ao me deparar com uma cena que até então havia sido normal para mim, mas que naquele momento me pareceu extremamente absurda: durante o jantar, todos estavam com os celulares nas mãos, se comunicando com pessoas fisicamente distantes, enquanto nós — que compartilhávamos a mesma mesa, o mesmo oxigênio e a mesma pizza — estávamos completamente afastados, cada um mergulhado em seu próprio mundo virtual. Percebi então que, após ter experimentado aquelas semanas de desconexão em Havana, meu ritmo de vida e minha relação com a comunicação virtual jamais poderiam voltar a ser como haviam sido; eu tinha então a clara percepção do quanto precisaria aprender a me desconectar se quisesse criar e viver de forma mais relevante e profunda.

Desde então, passei a restringir minhas visitas às redes sociais, a ter horários específicos para checar e-mails e, também, a deixar sempre o celular no modo "não perturbe" enquanto estou fazendo qualquer outra atividade profissional ou pessoal. Adotar esses pequenos hábitos fez com que eu passasse a utilizar meu tempo de forma muito mais proveitosa e conseguisse conciliar no espaço de um dia todas as atividades que demandam minha atenção sem, para isso, deixar de ter tempo para compartilhar momentos bons com as pessoas que amo ou para viver aqueles pequenos prazeres que fazem minha rotina mais leve e feliz. Como o padrão hoje é estar o tempo inteiro virtualmente disponível para atender demandas pessoais e profissionais, é claro que essa escolha que fiz tem seu custo, pois gera constantes estranhamentos e cobranças de pessoas que fazem parte de minha vida.

Após tantos anos vivendo como prisioneiros solitários cercados pelas telas de nossos notebooks, tablets e smartphones, hoje é possível enxergar nitidamente os efeitos negativos de uma rotina limitada ao campo da comunicação virtual: nossos vínculos se enfraqueceram, temos centenas de amigos nas redes sociais, mas por vezes ninguém com quem dividir um momento real; vivemos mergulhados em um constante estado de medo e paranoia, como se precisássemos controlar e ser controlados para nos sentirmos seguros. Com isso, tenho observado cada vez mais amigos e colegas adotando momentos de desconexão dentro das próprias rotinas, aprendendo a trocar encontros virtuais por momentos reais com pessoas queridas, reafirmando que "o melhor lugar do mundo é aqui e agora" [**"AQUI E AGORA" (Gilberto Gil), com Gilberto Gil**].

No entanto, como estamos todos profundamente envolvidos por essa teia onde estão centralizadas nossas rotinas e necessidades pessoais e profissionais, encontrar esses intervalos de desconexão se torna um desafio exaustivo; afinal, a dinâmica do mundo conectado foi cuidadosamente construída para nos deixar viciados — basta ver que hoje existem clínicas de reabilitação para viciados em internet e tecnologia —, já que estar conectado é uma forma de passar o tempo inteiro consumindo, a começar pelos dados que sustentam nossas conexões e pela exibição dos anúncios e links patrocinados que nos perseguem exaustivamente. Em uma dinâmica construída para alimentar nossa ansiedade, a insatisfação e a infelicidade que vivenciamos no contexto do vácuo virtual são as forças motrizes que alimentam os algoritmos, que estão o tempo inteiro à espreita, mapeando nossos vazios e sempre a postos para oferecer paliativos em forma de produtos e serviços capazes de garantir a manutenção de nossa rentável insatisfação. Nada nesse sistema visa ao nosso bem-estar, somente aos lucros: afinal, quanto maior o grau de felicidade e satisfação, menos se consome, e isso é um problema na roda que mantém o capitalismo em movimento. Como tudo gira em torno do capital, iludidos pela ideia de que "tempo é dinheiro", perseguimos resultados incansavelmente, uma busca que só oferece gatilhos para as questões de saúde mental que têm sido a tônica de nosso tempo, desaguando nos quadros de depressão, ansiedade e síndrome do pânico e nos casos de suicídio que cada vez mais ganham espaço em nossas rotinas.

Tempo não é dinheiro. Tempo são grãos de areia tingidos de azul escorrendo dentro de uma ampulheta de vidro e madeira — ao menos para mim, pois foi assim que ele se apresentou pela primeira vez naquelas férias em Paraty. Eu não tinha mais do que 3 ou 4 anos quando minha mãe comprou aquela ampulheta que me deixou fascinada: eu mal podia acreditar que estava segurando o tempo nas mãos e vendo ele passar com meus próprios olhos. Para mim, essa cena é um retrato daquele momento em que a criança se encanta com a descoberta da grandiosidade que reside nas pequenas coisas, cuja habilidade de enxergar o adulto parece perder a cada ano que passa. Ela também me faz pensar que, ainda que a ideia de segurar o tempo com as próprias mãos seja extremamente sedutora, quando tentamos prendê-lo, o tempo — assim como os grãos de areia — escapa pelos vãos de nossos dedos. Porque ele pode ser visto e pode ser sentido, mas não pode ser aprisionado, pois não o temos: é ele que nos tem. O tempo não voa, o tempo não corre. O tempo não está, o tempo é. E dentro dele estão guardadas todas as coisas que existem no mundo — incluindo eu, você e estas páginas. Amigo para uns, inimigo para outros, a percepção do tempo é uma experiência bastante individual que depende essencialmente da forma como escolhemos transitar por ele, caminhando calmamente ou correndo aos tropeços sobre o pêndulo invisível do metrônomo solar.

Guardiã de nossos inevitáveis princípios e finais, é a aceitação da finitude de nosso próprio tempo o que conduz o ritmo de nossas vidas; quando paramos de tentar dominar o tempo e aprendemos a caminhar em comunhão com ele, abrimos as portas para que a sabedoria possa entrar, pois é por meio da reflexão que nos tornamos capazes de traçar bons caminhos e tomar decisões conscientes daquilo que se pode realizar dentro das possibilidades de nosso tempo real. Andar de mãos dadas com a finitude não é uma atitude pessimista, mas sim uma escolha de quem compreendeu que somos todos notas fugazes nas partituras do tempo.

Viver é como fotografar com uma câmera analógica: quem tem apenas 12, 24 ou 36 poses disponíveis desenvolve a habilidade de pensar a fotografia antes de tirá-la, pois sabe que não pode desperdiçar as poucas oportunidades de fazer uma boa fotografia. Você se torna um observador e exercita a paciência esperando que o cenário que busca em sua mente se forme no mundo externo; afinal, se quiser fotografar o pôr do sol, você terá que esperar o dia inteiro passar e, caso um imprevisto como uma tempestade aconteça, terá que adiar seus planos até o dia seguinte. Eu, que comecei fotografando com câmeras analógicas, desde o princípio aprendi que pegar a câmera nas mãos é a última etapa do trabalho fotográfico, antecedida por muitos pensamentos e questionamentos. Mas, se em minha realidade é absolutamente normal passar dias esperando uma fotografia acontecer, na era dos "armazenamentos infinitos", nos acostumamos a tirar centenas de fotografias aleatórias e irrelevantes, comprovando que quem fotografa tudo não fotografa nada. E assim acontece com a vida também: quem tenta viver tudo ao mesmo tempo acaba não vivendo nada.

Penso que o fazer artístico guarda em si incontáveis metáforas sobre nossa relação com tempo e finitude, cada vez mais necessárias e incompreendidas nessa época em que a ansiedade e a rapidez ditam as regras. Em um mundo hiperconectado, quem não aprende a se desconectar não cria nada relevante, e é por isso que o tempo inteiro surgem tantos livros, músicas e quadros vazios de conteúdo: porque não foram feitos sobre as bases do pensamento, mas sim para atender às demandas do mundo capitalista. Sendo o processo genuíno de criação artística incompatível com o ritmo e com as demandas do mercado, quando a busca pelo sucesso e pelo dinheiro se posiciona à frente da preocupação com a criação, não se faz arte, mas sim entretenimento fugaz e descartável. A arte não se fabrica, e a criação não acontece em uma linha de produção; ela acontece sobre um terreno fértil e iluminado, onde a semente do pensamento possa se transformar em uma árvore enraizada em nossos valores e sentimentos mais profundos, capaz de florescer e frutificar dentro do tempo natural. Assim como não é possível parir um filho trinta dias após a concepção, as ideias também precisam ser gestadas dentro do tempo necessário para que possam nascer em forma de arte; quando o parto é feito antes do tempo, damos à luz entretenimento descartável que já nasce com hora marcada para morrer.

Enquanto a arte provoca, incomoda, questiona e convida à reflexão, o entretenimento tem a função de distrair e divertir, sem necessariamente recorrer ao pensamento. É claro que tanto a arte quanto o entretenimento têm sua função e sua importância, mas a constante confusão que fazemos quanto a seus objetivos e intenções tem deturpado nossa relação com a arte, que frequentemente acaba sendo reduzida ao status de entretenimento; sem darmos a ela a devida relevância, perdemos a oportunidade de usufruir de sua real função.

Nesse momento em que a caixa de pandora da Inteligência Artificial se faz cada vez mais presente em nossas vidas, tenho visto muitos artistas amedrontados pela ideia de serem substituídos por ela, acreditando que a tecnologia e os computadores seriam capazes de fazer arte ["**COMPUTADORES FAZEM ARTE**" (**Fred Zero Quatro**), **com Elza Soares**], o que não procede: a arte é essencialmente humana, e esse é um trunfo que nenhuma tecnologia pode tirar dela. A arte é um caminho para a expressão da subjetividade humana e, antes de ser um produto, é fruto da necessidade do artista que, atendendo a um chamado interior, expressa sentimentos e pensamentos sobre folhas ou telas. Esse chamado não pode ser simulado ou fabricado, pois brota nas profundezas da alma do artista como um vulcão em atividade: quando a terra começa a tremer, não há o que possa impedi--lo de entrar em erupção.

Como não tem as próprias vivências, a Inteligência Artificial precisa ser alimentada com os frutos da criação humana, e sua capacidade de criação se limita a identificar os padrões que existem dentro do universo criativo de alguém, utilizando-os como uma fórmula para criar artificialmente; ou seja, quanto menor e mais limitado o universo criativo de alguém, mais fácil de ser copiado. Sem o elemento humano, a Inteligência Artificial tem, sim, a capacidade de produzir entretenimento — como vem acontecendo há algum tempo —, mas não tem a capacidade de produzir arte. Portanto, no contexto dessa nova realidade, não vejo motivos para que o artista se preocupe, pois ele jamais será substituído pela inteligência artificial — ao contrário daqueles que fabricam entretenimento sobre as bases das mesmas fórmulas.

Ao mesmo tempo, é claro que essa tecnologia também tem sido e continuará sendo uma grande aliada do artista, responsável por transformar completamente a dinâmica do trabalho artístico, ao encurtar a distância entre o criador e seu público. Quando penso nisso, sempre me lembro da talentosíssima cantora e compositora Mallu Magalhães, que despontou como um fenômeno da internet pouco tempo depois da chegada do YouTube. O surgimento dela, uma das primeiras artistas que entrevistei — quando ela e eu estávamos dando os primeiros passos em nossas carreiras —, assim como o de outros tantos artistas que ganharam visibilidade por meio das possibilidades que essas novas plataformas trouxeram, daria início a uma nova era na qual o artista já não precisava mais de intermediários para se conectar com seu público. Como tudo o que tem seus prós também tem seus contras, hoje vivemos a saturação desse cenário democrático, permissivo e praticamente infinito: com mais de 100 mil novas faixas sendo disponibilizadas diariamente nas plataformas de streaming, a chance de alguém se tornar um fenômeno da internet se torna cada vez menor.

Quando o novo se torna antigo, o que era antigo emerge como novidade. É por isso que hoje estamos vivendo um momento valioso em que muitos começam a revisitar a realidade analógica e a aprender com tudo aquilo que ela tem para nos ensinar não apenas sobre trabalho, arte, entretenimento e tecnologia, mas principalmente sobre a vida: afinal, nunca se tratou da quantidade de coisas que temos ou fazemos, mas sim da profundidade do mergulho que nos permitimos dar em cada uma delas. Ainda que o mundo e o mercado frequentemente tentem exigir o contrário de mim, como artesã da palavra que sou, não vejo sentido em produzir freneticamente uma centena de livros, mas sim em trabalhar para reunir centenas de ideias dentro de um livro que tenha relevância e consistência capaz de transcender a finitude da vida. Em meu universo particular, o tempo continua escorrendo na mesma velocidade daquele grãos de areia azuis que um dia eu vi pela primeira vez, e é por isso que este livro levou mais de uma década para nascer: porque ele é fruto da experiência humana, e não do drive-thru dos algoritmos.

OS VERDADEIROS GUARDIÕES DA NOSSA TERRA

OU "DALE TU MANO AL INDIO, DALE QUE TE HARÁ BIEN" (DÊ A SUA MÃO AO ÍNDIO, POIS ISSO TE FARÁ BEM)

["Dale tu mano al índio (Canción para mi América)"
(Daniel Viglietti), com Daniel Viglietti]

Em minha última viagem para a América Central, por acaso cheguei à Cidade do Panamá no dia da estreia do musical *Balboa (La leyenda de Vasco Núñez y Anayansi)* no belíssimo Teatro Nacional. Eu sempre assisti a musicais, e meses antes eu mesma havia assinado a dramaturgia do musical *Sidney Magal: muito mais que um Amante Latino*. Então, naquele momento em especial, estava ainda mais interessada pelo tema, e eu — que não tinha nenhuma referência sobre a cena teatral panamenha —, fui surpreendia pelo altíssimo nível daquela produção. Inspirada na história do explorador espanhol Vasco Núñez de Balboa e da indígena Anayansi — filha do cacique Careta, líder do extinto povo cueva —, em muitos aspectos, a narrativa me lembrou da história que cresci ouvindo sobre o colonizador João Ramalho. Fundador da Vila de Santo André da Borda do Campo (1553), ele se casou com Bartira, filha do cacique Tibiriçá — um dos maiores líderes tupiniquins da história, que na época vivia exatamente no mesmo lugar onde hoje se encontram a igreja e o mosteiro de São Bento. João Ramalho foi uma peça-chave na fundação da Vila de São Paulo de Piratininga (1554), que séculos depois se transformaria naquela cidade caótica e apaixonante que hoje conhecemos simplesmente como São Paulo.

Ao comparar as tantas histórias que construíram as bases de nossa América Latina, impossível não pensar nos abusos sofridos pelas mulheres indígenas, que foram repetidamente usadas para criar alianças entre colonizadores e colonizados — o que, no caso de Vasco Núñez e Anayansi, não foi capaz de evitar o desaparecimento do povo de Anayansi: os cueva foram extintos durante a ocupação espanhola, e os pequenos grupos remanescentes, em nome da sobrevivência, acabaram se aliando aos gunas, seus maiores inimigos. Os gunas, por sua vez, sobreviveram à colonização e hoje habitam a comarca Guna Yala, um território belíssimo banhado pelo mar do Caribe, que inclui um arquipélago com mais de trezentas ilhas onde vive essa população que, apesar de todas as vicissitudes, conseguiu preservar sua cultura e suas tradições. Pelo menos até agora.

Para alcançar esse lugar mágico que parece ter sido poupado da ação do tempo e da potência destrutiva do ser humano, é preciso viajar horas de carro por dentro da floresta — por estradas sinuosas e perigosas que só agora estão começando a ser asfaltadas —, para então dar início à segunda parte da viagem, dessa vez de barco. Nessa filial do paraíso, existe um povo que vivencia no dia a dia a igualdade de gênero, com mulheres tomando decisões e ocupando espaços que por aqui, somente agora, estão sendo alcançados. Por lá, há séculos a fluidez de gênero também é rotina: quando a criança ainda pequena demonstra uma identificação maior com o sexo oposto a seu sexo biológico, ela tem a liberdade de crescer vivenciado plenamente sua transexualidade, contando com respeito, incentivo e apoio da família e da comunidade. Infelizmente, conforme os gunas começam a entrar cada vez mais em contato com a realidade que existe além da comarca, aos poucos têm adotado práticas discriminatórias retrógradas que nunca haviam existido contra os transexuais. O contato com o mundo externo também tem levado o vírus do HIV para essa comunidade, que carece de políticas de educação sexual. Apesar de o contato com eles ainda ser bastante difícil, pois são poucos os que falam espanhol, com o desenvolvimento do turismo na região, o idioma tem se infiltrado cada vez mais nessa comunidade. Eu espero que, nesse processo, eles não deixem de lado o próprio idioma. Afinal, quem perde sua língua materna, se perde da própria cultura.

Não há relação mais íntima na vida de um ser humano do que aquela que ele mantém com sua língua materna. Isso porque é por meio dela que ele será capaz de se expressar, criando elos entre o próprio mundo interior e o mundo exterior no qual está inserido; é a forma pela qual o ser humano atribui sentido às coisas, exerce sua identidade e confere significado a sua existência — tanto no âmbito individual como no coletivo. Principalmente, porque cada idioma carrega em si todo o peso da bagagem cultural, histórica e ancestral de seu povo, sendo então o elemento-chave para a perpetuação dessa cultura. Quantos ensinamentos, sonhos e possiblidades morrem cada vez que morre uma língua? E é exatamente por isso que, no processo de dominação, quase que imediatamente retira-se o direito ao exercício da língua materna, pois esse é o caminho mais rápido e fácil para se anular os mais diversos aspectos que compõem a identidade cultural de um povo: sem a língua, deixam de fazer sentido os mitos, ritos, rituais e todos os elementos que conferem unicidade àquele agrupamento de indivíduos.

Quando os portugueses aportaram na América, estima-se que, no território que hoje compreende o Brasil, falavam-se mais de mil e duzentas línguas. Com o passar dos anos — em meados do século XVIII —, o processo de dominação e anulação da cultura indígena culminaria na proibição total da prática dos idiomas falados pelos nativos, instituindo-se a língua portuguesa como o único idioma permitido na colônia. Esse processo tem um nome pouco conhecido: ele se chama "glotocídio" e compreende a marginalização e a proibição do exercício de fala de determinado idioma, substituindo-o por outro, com o intuito de viabilizar o desaparecimento não somente da língua, mas de toda a cultura a ela atrelada, até que aquele povo se extinga e seja completamente absorvido pela cultura dominante. Considerando-se a ausência da escrita nas culturas indígenas, naquela época a sobrevivência de cada idioma — e de suas respectivas culturas — dependia exclusivamente da transmissão oral. Como não havia nenhuma outra maneira de salvaguardar esses conhecimentos, ao deixarem de ser praticadas, imediatamente inúmeras línguas foram extintas, causando um inestimável prejuízo cultural à humanidade.

A combinação do glotocídio com os genocídios, guerras e epidemias trazidos nos baús dos colonizadores fez com que povos inteiros desaparecessem sem deixar rastros. O saldo disso é que, de acordo com o censo demográfico realizado pelo Instituto Brasileiro de Geografia e Estatística (IBGE) em 2010 — restaram apenas 274 línguas indígenas no Brasil, 305 etnias distintas e uma população indígena que não chega a um milhão de pessoas em todo o país. Infelizmente, passado tanto tempo, as problemáticas persistem e diuturnamente ameaçam a existência desses povos: esse passado genocida e gloticida deixou marcas profundas em nossa cultura e, tantos anos depois, o que vemos é a sociedade reproduzindo fielmente o papel dos colonizadores em atitudes de subjugação e preconceito. Enquanto os povos remanescentes seguem em busca da preservação de suas culturas, continuamente precisam enfrentar questões que desde o primeiro instante os perseguem, desafiando diariamente a manutenção de sua sobrevivência no mundo contemporâneo. Seguimos reproduzindo e transmitindo visões estereotipadas, herdadas dos discursos construídos pelos colonizadores com o intuito de anular as culturas dos povos nativos. Perpetuamos um pensamento que dificulta a preservação e a transmissão de toda a riqueza cultural que esses povos têm a compartilhar com o mundo, além de violar seus direitos como seres humanos.

Em minha vivência com indígenas da etnia pataxó no sul da Bahia, pude acompanhar de perto os reflexos desses séculos de marginalização no dia a dia de uma aldeia e as inevitáveis consequências das violências repetidamente sofridas por eles. Durante o tempo que ali passei, eles generosamente dividiram comigo seu alimento, histórias e pensamentos. Branca, uma mulher indígena que imediatamente se tornou minha amiga e me acompanhou ao longo dos dias, me contou coisas que, infelizmente, escola nenhuma ensina sobre seu povo. Um povo originalmente nômade, os pataxós foram aldeados na Aldeia de Barra Velha, em Porto Seguro, em 1861, mas o interesse em seu território fez com que, em 1951, os policiais militares da região atacassem a aldeia alegando estar em busca de ladrões. O episódio — que ficou conhecido como "Fogo de 51" — foi, na verdade, uma forma de extinguir a aldeia e garantir a desocupação daquele território: os indígenas foram massacrados e tiveram suas casas incendiadas; os homens foram espancados e suas mulheres, estupradas. Após semanas de ataques, a aldeia foi destruída e os sobreviventes se dispersaram e passaram a viver em pequenas comunidades muito mais vulneráveis. Meses depois, começaram a nascer as crianças que carregavam em si os traços dos estupradores de suas mães.

Na aldeia, conheci também alguns missionários evangélicos com quem tive a oportunidade de conversar e aprender muito, apesar de não concordar com pontos fundamentais da missão que estavam empreendendo por ali: mesmo sabendo que a presença deles auxiliou em muitos aspectos — como na redução do alcoolismo, um grande problema entre os indígenas —, era evidente que, em muitos outros, eles também estavam agindo como um dia agiram os jesuítas, buscando arrebanhar fiéis mediante a demonização da fé dos indígenas. Um dos resultados disso foi a crescente onda de ataques aos pajés — figuras que se comunicam com os espíritos da floresta e representam o elo entre a vida terrena e a vida espiritual —, que precisaram deixar de exercer suas atividades a partir da conversão religiosa de suas aldeias. Aqueles que não aceitaram a conversão acabaram expulsos das próprias comunidades. Resulta que hoje é bastante comum encontrar ex-pajés pelas ruas, que sobrevivem da venda de ervas medicinais para turistas.

Por falar em turistas, nas ocasiões em que acompanhei visitas de grupos turísticos à aldeia, foram muitas as vezes em que presenciei atitudes e discursos maldosos e preconceituosos, principalmente no final da visita — quando tinham a oportunidade de conhecer e adquirir o artesanato produzido pelos pataxós —, momento em que muitos manifestavam algum tipo de espanto ao verificarem a presença de celulares e máquinas de cartão nas mãos dos indígenas. Eram frequentes também os comentários relacionados ao fato de alguns vestirem roupas comuns — como jeans e camiseta — ou de algumas mulheres indígenas terem as unhas pintadas nas cores da moda. Perdi as contas de quantas vezes ouvi pessoas dizerem que aqueles não eram "indígenas de verdade" porque "indígena de verdade não usa celular, não tem televisão e não anda de carro". E é aí que eu pergunto a você: um japonês perde o direito de exercer seus costumes ancestrais ou de cultuar seus antepassados no exato momento em que adquire um smartphone? Um holandês renuncia a sua bagagem cultural quando decide não mais andar de bicicleta e adquire um carro? Um escocês perde o direito a sua nacionalidade quando escolhe vestir um jeans em vez do *kilt*? Pode ser que você esteja achando esses exemplos absurdos, mas são apenas referências que faço com base nos questionamentos estúpidos dos quais os indígenas são alvo.

Houve um tempo em que os indígenas — quando não estavam sendo mortos, escravizados ou violentados de alguma maneira —, eram expostos como animais, com o intuito de divertir e entreter o público com sua aparência "exótica". Infelizmente, o que vemos ainda hoje é a perpetuação de um pensamento que emana de uma classe de pessoas que parece querer exigir que o indígena permaneça parado no tempo, à disposição e "em exposição". São pessoas que ainda compactuam com a visão opressiva do colonizador sem se dar conta do tamanho da violação que cometem quando manifestam o desejo de que determinados povos vivam de forma alienada e isolada para que possam servir de atração para aqueles que se julgam cultural ou intelectualmente "superiores". Esse tipo de discurso faz com que muitos indígenas acabem se envergonhando de suas origens — e até mesmo rejeitando a própria cultura —, pois frequentemente tais comportamentos acabam por se tornar verdadeiros obstáculos para seu desenvolvimento pessoal e profissional.

Séculos após a chegada dos colonizadores na América, o que vemos é uma série de povos que lutam diariamente pela sobrevivência em um contexto que não tem sido nada gentil com pessoas que não merecem outra coisa que não um profundo respeito por tudo aquilo que representam e cultivam. É por essa razão que eu pergunto: por que ainda estamos discutindo o direito indígena à inclusão digital, se esse deveria ser um direito universal? Para mim, parece absurdo que esse ainda seja um assunto que precise estar em pauta, porque configura um direito que não deveria ter que ser discutido. Porém, para que o indígena possa ter pleno acesso à tecnologia — e desfrutar dos avanços intrínsecos a seu tempo — sem ser alvo de comentários preconceituosos, é necessário que esse tema siga sendo debatido. Somente assim se criará o cenário fundamental para a construção de um processo de conscientização, respeito e valorização da cultura dos povos originários.

Para preservar nossas tradições não é preciso evitar a tecnologia, pois a cultura e a sabedoria ancestral que carregamos conosco são bens imateriais e independem do contexto tecnológico no qual estamos inseridos. Além do mais, a possibilidade de preservação da memória e da cultura caminha lado a lado com o desenvolvimento tecnológico, já que a tecnologia que temos hoje poderá registrar e salvar diversos povos, idiomas e culturas da extinção — nos dando então a certeza de que é possível escrever uma história diferente daquela que passou, pois hoje a internet já é o principal centro de preservação histórica e linguística ao qual temos acesso. Todo indígena tem pleno direito de acesso à informação, de exercer sua cultura livremente e de se comunicar, compartilhando com o mundo seus ensinamentos, ideias e pensamentos. Todo indígena tem o direito de ouvir e ser ouvido, independentemente da forma — e da plataforma — que decidir utilizar para isso; e eles cada vez mais têm marcado presença também nas plataformas de vídeo e streaming, com uma produção musical rica e consistente que faz desses artistas verdadeiros porta-vozes de seus povos, que abordam em suas composições temas urgentes e necessários como o genocídio indígena, o suicídio dentro das aldeias e a demarcação de terras indígenas.

Como é preciso aproveitar as possibilidades que a tecnologia pode oferecer para aproximar ideias e pessoas que, de outra maneira, poderiam jamais se cruzar nas incontáveis esquinas da vida, durante a pandemia, aproveitei para fazer aulas de língua macuxi pelo Zoom com uma professora indígena de Roraima. Foi uma grande oportunidade para entrar em contato com a cultura de uma das etnias que compõem esse belíssimo mosaico indígena que habita nosso Brasil. Se você tiver a disposição de mergulhar em alguma dessas culturas — seja de forma presencial ou virtual —, verá com os próprios olhos o quanto temos a aprender com os povos indígenas que, em diversos aspectos, sempre foram muito mais evoluídos do que aqueles que ao longo da história se autodenominaram "superiores". Dotados de uma sabedoria ancestral, eles poderiam nos auxiliar a lidar de maneira muito mais humana e respeitosa com nosso semelhante e a alcançar o equilíbrio tão necessário em nossa relação com a natureza. Afinal, se suas vozes tivessem sido escutadas séculos atrás e eles tivessem permanecido como guardiões de nossa terra, certamente não viveríamos essa cruel realidade na qual "Tombam árvores, morrem índios/Queimam matas, ninguém vê/Que o futuro está pedindo/Uma sombra e não vai ter" [**"CANÇÃO DA FLORESTA" (Sebastião Dias), com Fagner e Zé Ramalho**].

ALGUMAS CANÇÕES PARA COMEÇAR A CONHECER A PRODUÇÃO MUSICAL INDÍGENA CONTEMPORÂNEA:

"TOKERÊ VER OS KITOK TXÂY"
(Isaak Pataxó), com Akuã Pataxó

"ZAWARUHU"
(Kaê Guajajara), com Kaê Guajajara

"MARAKA'ANANDÊ"
(Djuena Tikuna), com Djuena Tikuna

"MBARAETÉ"
(OWERÁ/Pará Rete/Rod Krieger), com OWERÁ e Pará Rete

"EJU ORENDIVE"
(Bruno Verón/Charlie Peixoto/Clemerson Batista/Kelvin Peixoto), com Brô MC's

"NÃO SOU ÍNDIO PRA GRINGO VER"
(Edivan Fulni-ô), com Edivan Fulni-ô

"AGUYJEVETE"
(Katu Mirim), com Katu Mirim

"NHÃNDERU TENONDEGUIAE"
(Karai Mirim Lenilson Benite), com Coral Guarani Tenonderã

SÓ EXISTE UM CAMINHO PARA O BRASIL

OU "ENTREGUE O BRASIL PARA OS PROFESSORES"

["Enquanto há tempo" (Bruno Caliman), com Zé Geraldo]

O dia tinha acabado de amanhecer e Suely, minha avó paterna, estava dentro do ônibus em direção à escola onde era professora quando um grupo de assaltantes subiu em uma das paradas e imediatamente começou a recolher os pertences dos passageiros que lotavam a condução. Quando chegou sua vez, ela avisou que a única coisa de valor que tinha dentro da bolsa eram alguns passes de ônibus e foi ameaçada pelo garoto que dizia que iria "furá-la" caso não tivesse nada para entregar a ele, até ser surpreendido por um de seus comparsas: "Não mexe com ela não que ela é minha tia!" Quando olhou para quem havia dito isso, Suely reconheceu um dos ex-alunos do colégio onde lecionava, que imediatamente sentou-se a seu lado e passou o tempo do assalto colocando a conversa em dia com ela, enquanto os demais passageiros tinham os pertences recolhidos pelos outros assaltantes.

Essa é uma das muitas histórias vividas por minha avó, que costuma se autointitular "professora, aposentada e revoltada" quando o tema é educação. Durante décadas, ela foi professora nas regiões mais vulneráveis da periferia de Santo André e sempre contava histórias que pareciam ter saído de algum desses programas sensacionalistas que noticiam crimes na televisão. Mesmo depois de tantos anos aposentada, vez ou outra ela ainda recebe notícias de ex-alunos seus e constata, com pesar, que muitos estão cumprindo pena e outros tantos morreram cedo, envolvidos com o tráfico ou com o crime. Muito querida por seus alunos, minha avó sempre fez tudo o que estava a seu alcance para tentar mostrar a eles que podiam construir uma vida diferente daquela que conheciam.

Alguém que sempre acreditou na educação como ferramenta de transformação, ela foi sindicalista até se aposentar: conselheira do Sindicato dos Professores do Ensino Oficial do Estado de São Paulo (Apeoesp) durante mais de duas décadas, nesse período foram incontáveis as viagens, os acampamentos e as manifestações em Brasília, lembranças que até hoje ela guarda em seus álbuns de fotografia. Colaboradora do Partido dos Trabalhadores desde sua fundação, Suely sempre foi uma verdadeira militante da educação e desde pequena eu a via como uma mulher destemida, que levantava suas bandeiras e corria atrás daquilo em que acreditava com coragem e determinação. Se acontecia de eu estar em sua casa em um dia de trabalho normal, ela me levava para a escola onde era professora ou até mesmo para seus compromissos da Apeoesp — onde era uma figura extremamente querida e popular —, e é claro que isso, de alguma maneira, desde cedo me influenciou. Alguém que conhece a fundo as problemáticas e os desafios do sistema educacional, minha avó até hoje não se conforma com os rumos que viu a educação tomar ao longo de sua extensa carreira. Afinal, a gente bem sabe que, como constatou o antropólogo, político e escritor Darcy Ribeiro, "A crise da educação no Brasil não é crise; é um projeto".

O veto à liberdade de expressão é uma característica fundamental dos governos autoritários, nos quais há um controle absoluto sobre a difusão da informação e sobre a expressão individual ou coletiva no contexto de determinada sociedade. Indivíduos alienados não conhecem seus direitos nem seus deveres e, portanto, não questionam e não reivindicam, alimentando e possibilitando a continuidade daquilo que Paulo Freire chamou de "ciclo da opressão". Por outro lado, a liberdade de expressão e o acesso à informação — por meio do processo educativo — criam pensadores e críticos capazes de efetuar verdadeiras mudanças e contribuir para a transformação do mundo em que vivem.

O educador pernambucano um dia sonhou com a alfabetização de todos como um passo fundamental na construção de uma realidade melhor e mais justa. Criou uma metodologia de alfabetização com a qual conseguiu a proeza de alfabetizar trezentos cortadores de cana em apenas 45 dias. O sucesso de seu trabalho fez com que ele fosse convidado pelo então presidente João Goulart para integrar o Ministério da Educação, no qual criou o Plano Nacional de Alfabetização — responsável por alfabetizar e modificar a vida de milhares de brasileiros.

Ao convidar Freire para seu governo, Goulart buscava alfabetizar o maior número possível de pessoas a fim de garantir um sufrágio realmente universal em solo brasileiro, pois, naquela época, mais da metade da população era iletrada e, de acordo com a legislação vigente, analfabetos não tinham direito ao voto. Essa legislação vigorava desde 1881, quando da aprovação da Lei Saraiva (Decreto nº 3.029), resultado do projeto de lei redigido pelo escritor, advogado e então deputado baiano Ruy Barbosa — aquele mesmo que um dia condenou a presença da música popular de Chiquinha Gonzaga na recepção do então presidente Hermes da Fonseca e da primeira-dama Nair de Teffé. Com isso, Ruy Barbosa — que era íntimo das letras e sabia muito bem o que fazia quando encostava a pena no papel — desejava vetar os direitos políticos de escravizados e cidadãos pertencentes às camadas mais pobres da população, restringindo a participação política aos membros das elites brasileiras.

Enquanto isso, como todo aquele que milita em favor da educação e da difusão democrática da informação é rotulado como subversivo e tratado como ameaça pelos governos autoritários, no mesmo instante em que o presidente João Goulart foi deposto e os militares assumiram o comando do país em 1964, Freire passou a ser perseguido e ameaçado. Não demorou para que fosse preso e, ao ser libertado — após setenta dias de encarceramento —, deixou o país com a família para se exilar no exterior. Se a intenção dos militares era impedir o desenvolvimento de seu trabalho, foi justamente seu período no exílio o que possibilitou a ampla difusão de seu pensamento e de sua metodologia em escala global, garantindo a consagração definitiva de seu trabalho nos quatro cantos do mundo. Patrono da educação brasileira desde 2012 — um título concedido durante o governo Dilma Rousseff —, até hoje Paulo Freire segue sendo um dos mais respeitados educadores de todos os tempos e um dos teóricos mais citados em trabalhos acadêmicos no mundo inteiro. Seu belíssimo projeto de alfabetização renderia a ele uma homenagem feita pelo poeta Thiago de Mello, que dedicou ao educador o poema "Canção para os fonemas da alegria", publicado em seu livro *Faz escuro mas eu canto* (1965): "Peço licença para terminar/soletrando a canção de rebeldia/que existe nos fonemas da alegria:/canção de amor geral que eu vi crescer/nos olhos do homem que aprendeu a ler."

Com o golpe militar, começaria um grande projeto de desmonte da educação pública que interromperia um processo de amplo desenvolvimento que estava em curso e cujas consequências se fazem sentir até os dias de hoje. Inimigos declarados dos professores e dos estudantes, os militares trabalharam incansavelmente desde o princípio em prol da repressão dos movimentos estudantis: assassinaram jovens estudantes, ameaçaram e afastaram de suas funções aqueles professores considerados subversivos, além de censurarem um número incontável de livros e autores — principalmente títulos na área das ciências humanas —, reduzindo e empobrecendo significativamente as prateleiras das bibliotecas escolares e universitárias.

A intenção da educação pública em tempos de golpe já não era mais o desenvolvimento do raciocínio, do intelecto e da capacidade reflexiva, mas sim a formação de uma classe trabalhadora que detivesse o conhecimento mínimo necessário para atender às demandas do mercado, sem muito preparo para refletir ou questionar. Os conteúdos e disciplinas que incentivavam a expansão do pensamento — como a filosofia e a educação musical — foram retirados da grade curricular para dar lugar à disciplina de educação moral e cívica. O ingresso no ensino técnico passaria a ser cada vez mais incentivado, a fim de preparar os jovens para o mercado de trabalho e evitar que chegassem à universidade e assim seguissem vivendo cada vez mais perto da ignorância ["**ADMIRÁVEL GADO NOVO**" (**Zé Ramalho), com Zé Ramalho**].

Em substituição ao Plano Nacional de Alfabetização criado por Paulo Freire, entra em cena o Movimento Brasileiro de Alfabetização (Mobral), que contribuiria determinantemente para a disseminação daquilo que hoje conhecemos como "analfabetismo funcional". Uma metodologia que não se preocupou em desenvolver a capacidade de interpretação de textos ou expressão de ideias, o Mobral criou a ilusão de que o Brasil havia sido devidamente alfabetizado, mas só ensinou o suficiente para que o cidadão fosse capaz de assinar seu próprio nome e escrever suas listas de compras para o supermercado.

Com a educação pública completamente sucateada e direcionada exclusivamente para esse projeto de formação limitada, nesse momento se inicia também o processo de privatização do ensino, elitizando-se o acesso à educação de qualidade. Com o desmonte da educação pública, educadores que até então haviam construído suas carreiras nessa esfera migraram para o setor privado levando toda sua experiência e surfando essa onda que enriqueceu tanta gente durante o período de ascensão do ensino privado. Isso aumentaria ainda mais o abismo existente entre a classe trabalhadora, a classe média e as elites: afinal, as salas de aula eram espaços fundamentais de socialização entre classes, onde a consciência social tinha a possibilidade de se desenvolver desde cedo.

Foi também durante a ditadura militar que o ensino de música deixou de fazer parte da formação do estudante brasileiro. Responsável pela formação de gerações de ouvintes e de artistas que criaram as bases do que há de melhor em nossa Música Popular Brasileira, a disciplina fazia parte da grade curricular desde 1931, quando o Decreto nº 19.890 instituiu o ensino do canto orfeônico na educação pública, a partir da metodologia e das diretrizes criadas pelo maestro Heitor Villa-Lobos — que logo no ano seguinte assumiria a direção da Superintendência da Educação Musical e Artística. Anos depois, o Decreto-Lei nº 4.993, de 1942, instituiria o Conservatório Nacional do Canto Orfeônico, com o intuito de formar professores habilitados para o ensino de música no Brasil. A metodologia do maestro permaneceria praticamente intacta até o ano de 1961, quando a Lei nº 4.024 de 1961, a nova Lei de Diretrizes e Bases da Educação, substituiria o canto orfeônico pela disciplina de educação musical, modernizando e atualizando determinados aspectos do ensino desse conteúdo.

Em 1971, a nova Lei de Diretrizes e Bases da Educação, nº 5.692, extinguiria o ensino de música na educação básica, fazendo com que a rica disciplina de educação musical se convertesse em um breve tópico dentro da disciplina de educação artística. Levaria praticamente quatro décadas para que a disciplina voltasse a ser obrigatória na educação pública, com a Lei nº 11.769, sancionada pelo presidente Lula em 2008. Se, por um lado essa foi uma boa notícia, por outro, a implementação do ensino de música nas escolas continua sendo um desafio, já que, graças a esse hiato no campo da educação musical promovido com sucesso pelos militares, nosso mercado carece de professores qualificados para atender a essa demanda. A fim de reverter essa situação, torna-se urgente revisar o modelo bem-sucedido criado há quase cem anos por Villa-Lobos, usando-o como ponto de partida e inspiração para a criação de um centro de formação de professores habilitados para a docência da disciplina. Porém, há tantos anos desconectado da educação e da cultura, infelizmente o povo brasileiro nem sempre confere o devido valor a ambos os temas, o que dificulta a discussão e a implementação de políticas culturais e educacionais. Ao longo dos anos, a própria cultura passou a ser confundida com entretenimento, anulando-se sua importância na formação do caráter do ser humano.

Apesar de todo esse cenário extremamente desanimador deixado pelos militares, com o final da ditadura em 1985 — e com a promulgação da Constituição Federal três anos depois —, as possibilidades de participação e representação das mais diversas camadas da sociedade civil na vida política do país passaram por um grande processo de mudança. Após a aprovação de uma emenda à Constituição vigente à época, no mesmo ano de 1985, finalmente foi concedido o direito de voto aos iletrados após mais de cem anos de veto. Ao mesmo tempo, muitos daqueles pensadores que haviam se exilado puderam retornar ao país e, tendo seus direitos novamente assegurados, ajudaram a reconstruir os alicerces do que seria nosso Brasil contemporâ-

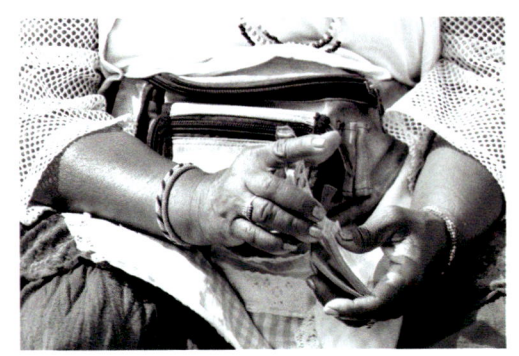

Cor. Uma florista no mercado de flores de Havana, onde uma parcela significativa dos fregueses são praticantes da Santería em busca das tradicionais palmas para as suas oferendas. **Havana, Cuba (2013)**
P&B. Uma praticante de Santería no bairro de Regla, em Havana, região conhecida por sua tradição histórica nessa religião, nascida do encontro entre as matrizes religiosas africanas, os ritos indígenas e a influência católica. **Havana, Cuba (2013)**
© Bruna Ramos da Fonte, 2013

Esquerda. As pinturas faciais dos homens e meninos de uma aldeia Pataxó, no sul da Bahia. Para os povos indígenas, a pintura corporal é muito mais do que expressão artística: ela é uma representação de identidade étnica. Nas comunidades Pataxós, os grafismos utilizados nas pinturas faciais são também uma indicação do estado civil de cada membro de aldeia. **Bahia, Brasil (2018)**
Direita. Um bebê Pataxó brinca com os materiais utilizados por sua tribo para pintura facial. Esses materiais, que incluem o carvão, o urucum, o jenipapo e o barro vermelho, são todos extraídos da natureza. **Bahia, Brasil (2018)**
© Bruna Ramos da Fonte, 2018

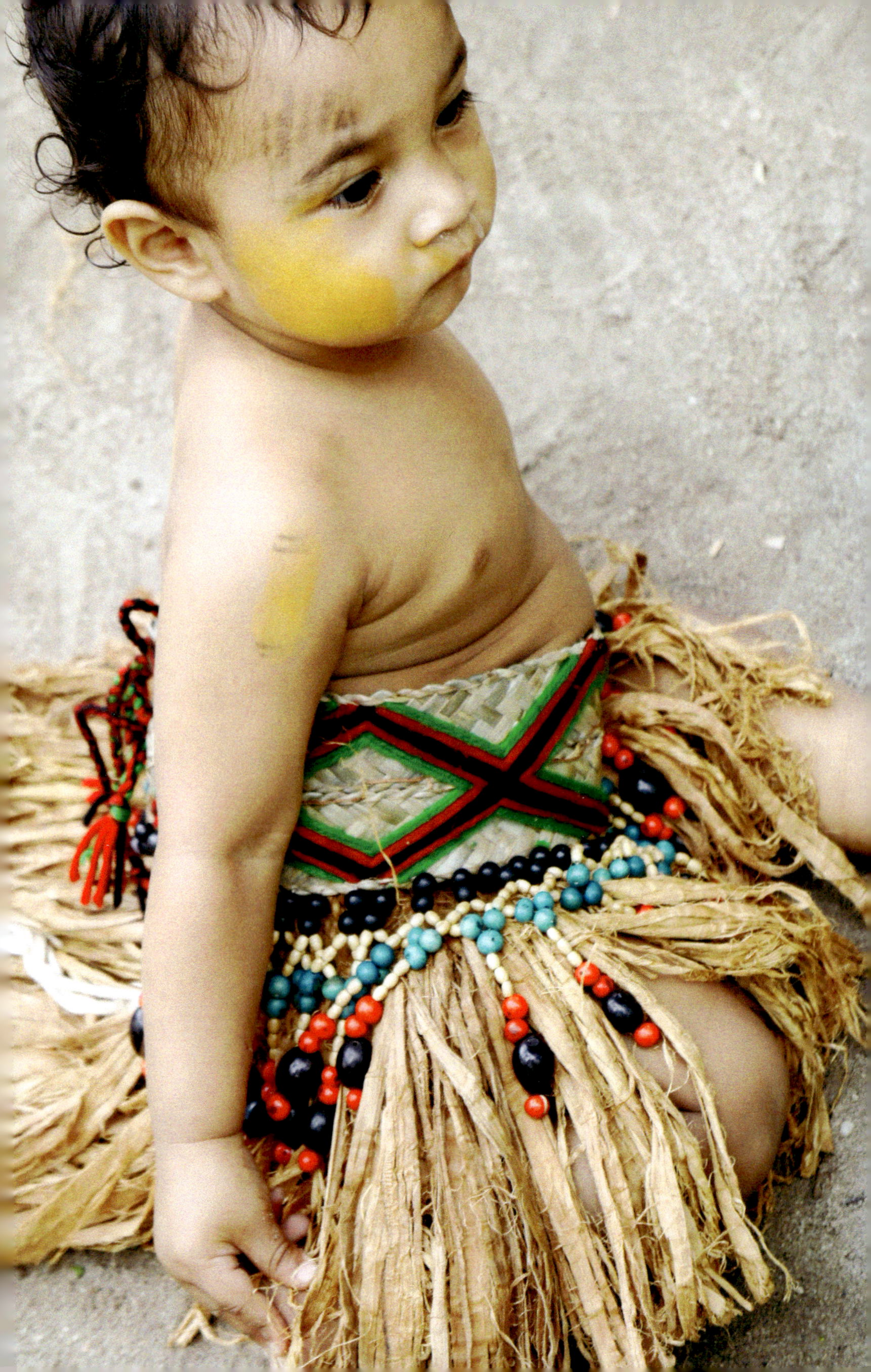

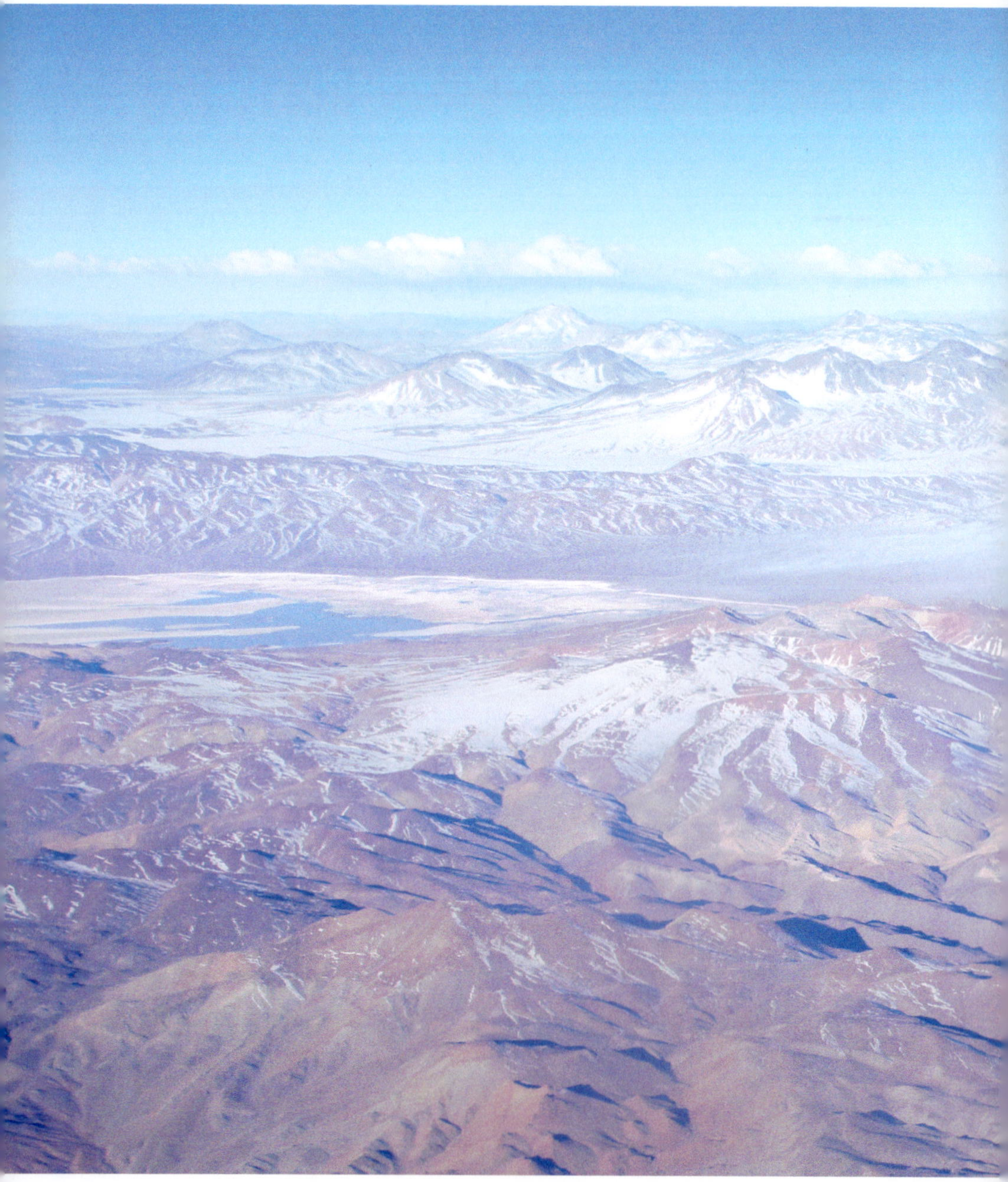

Vista aérea da Cordilheira dos Andes. Berço das Civilizações Andinas, essa cadeia de montanhas se estende por toda a América do Sul, unindo sete países (Venezuela, Colômbia, Equador, Peru, Bolívia, Chile e Argentina). A diversidade das paisagens que compõem o seu relevo forma um belíssimo mosaico natural que inclui vulcões, lagos, geleiras, florestas e desertos. **Cordilheira dos Andes, 2013**

© Bruna Ramos da Fonte, 2013

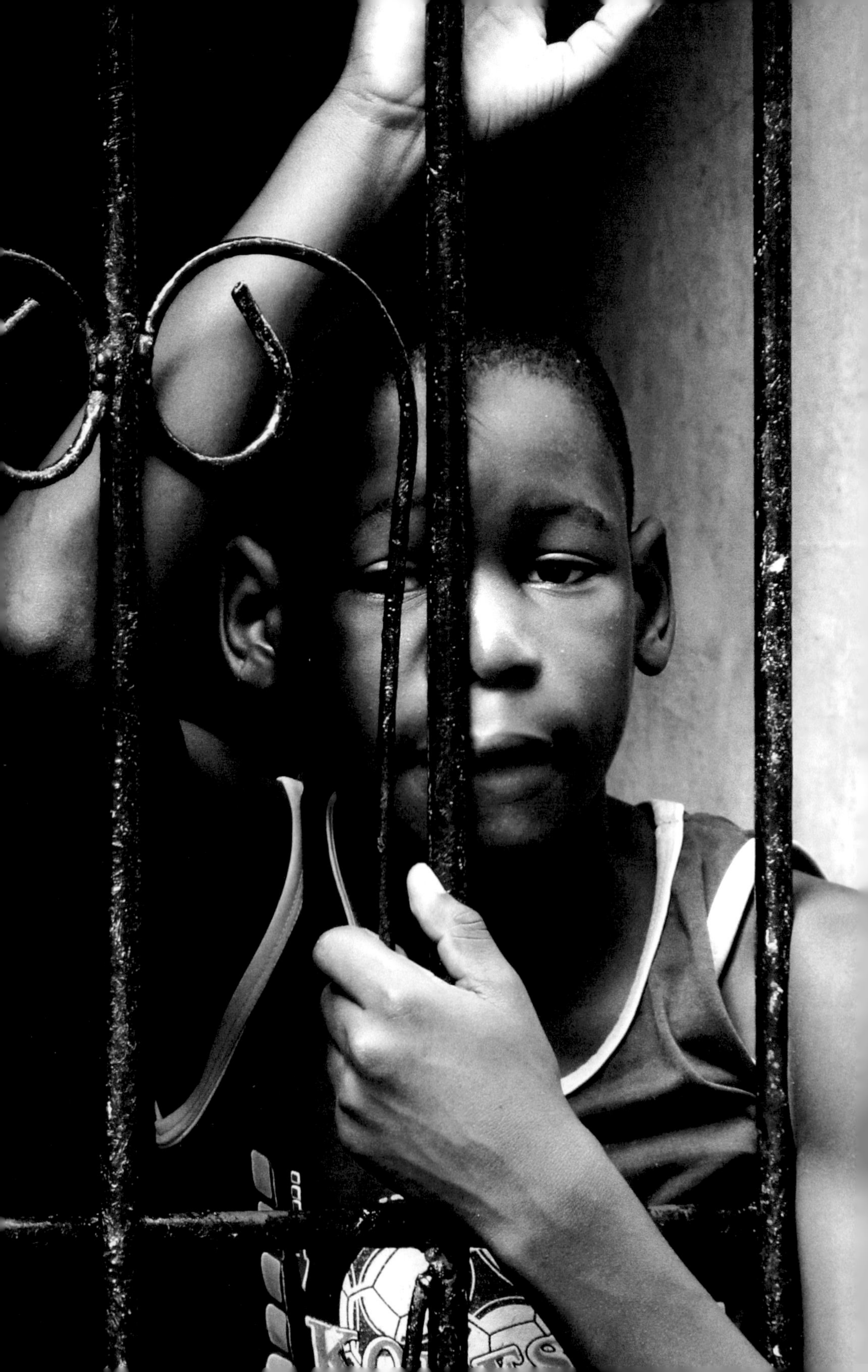

Esquerda. Um menino observa o movimento detrás das grades de sua casa. Essa fotografia foi indicada ao Black and White Spider Awards de 2023, na categoria "Crianças do mundo" de fotografia profissional. **Havana, Cuba (2013)**
Direita. Livros e cabeças de animais preenchem os cômodos da Finca La Vigía, a casa de Ernest Hemingway em Havana, onde o escritor norte-americano escreveu alguns dos seus maiores sucessos, incluindo *Por quem os sinos dobram* (1940) e *O velho e o mar* (1951). **Havana, Cuba (2023)**
© Bruna Ramos da Fonte, 2013/2023

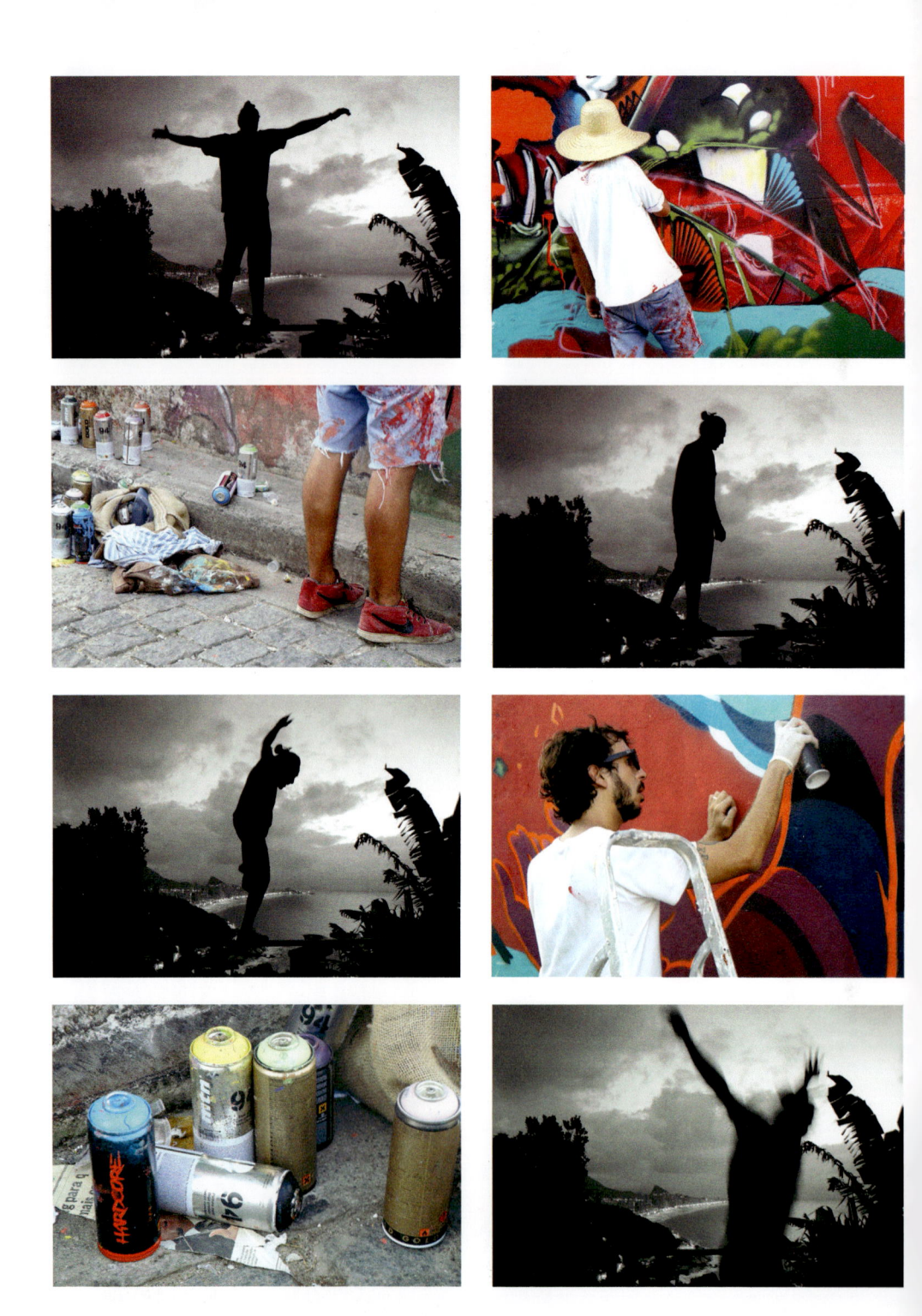

P&B. Alberto, um pesquisador guatemalteco, brinca sobre o corrimão do mirante enquanto o dia amanhece, visto do alto do Morro do Vidigal. **Rio de Janeiro, Brasil (2013)**
Cor. Artistas colorem os muros do Morro do Vidigal com sua arte. **Rio de Janeiro, Brasil (2013)**
© Bruna Ramos da Fonte, 2013

neo: um lugar que, sem dúvida alguma, ainda tem muito a evoluir para se tornar o país com o qual sonhamos, mas que vive hoje uma realidade completamente distante e distinta daquela vivida durante os Anos de Chumbo, principalmente porque reconquistamos nossa liberdade de expressão após tantos anos de censura e repressão. Com isso, um novo tempo se iniciou repleto de possibilidades, mas também de dúvidas, incertezas e desafios.

Nesse processo, a chegada de um operário nordestino de origem pobre à presidência seria fundamental para abrir caminhos e tornar nosso país um tanto mais inclusivo e aberto ao debate. E foi assim que começaram a emergir cada vez mais lideranças, coletivos e iniciativas que, com o passar do tempo, garantiram que mulheres, periféricos, negros, indígenas, nordestinos e a população LGBTQIAPN+ começassem a ocupar setores da sociedade em que, até então, as minorias não tinham nenhuma aceitação ou representatividade. É claro que essa presença ainda ocorre de maneira tímida e não chega nem perto de aonde precisa chegar, mas acredito que estamos trilhando um caminho muito bem pavimentado que nos levará a vivenciar uma realidade mais justa e igualitária, na qual cada um terá o direito de exercer e expressar sua individualidade na construção de uma sociedade tão livre quanto diversa.

Apesar de ser um direito fundamental do ser humano — garantido pela Declaração dos Direitos Universais da ONU, por diversos tratados internacionais e, também, por nossa Constituição Federal —, nem todos exercem o direito à liberdade de expressão, seja por medo, insegurança, costume ou até mesmo por falta de informação. Para que tenhamos o que expressar, é preciso que nos dediquemos a pensar, questionar e, principalmente, que estejamos sempre dispostos a duvidar de nossas certezas a fim de revisar e atualizar a compreensão que temos sobre o mundo que nos cerca. É preciso criar espaço para a discussão e para o debate e é preciso mudar essa cultura de que "política, futebol e religião são assuntos que não devem ser discutidos" pelo simples fato de não termos maturidade suficiente para ouvir opiniões divergentes das nossas. É a partir do contato com diferentes histórias e visões que somos desafiados a olhar para novas realidades, possibilitando assim a ampliação de nossos horizontes e nosso crescimento como seres humanos.

Ao mesmo tempo em que muitos começam a despertar para a necessidade de sermos todos ativistas, representantes e militantes de nossas próprias causas — isso porque nossa atuação impactará os grupos que se identificam com nossas lutas e histórias —, se torna cada vez mais urgente que aqueles que têm a capacidade de comunicar e inspirar um grande número de pessoas por meio de seu trabalho utilizem esse espaço sagrado para exercer ao máximo sua liberdade de expressão. É o caso dos artistas, como Bruno Caliman, autor da canção **"ENQUANTO HÁ TEMPO" (Bruno Caliman)**, gravada por Zé Geraldo em 2017, escrita para fazer as pessoas se lembrarem de que "nós também somos responsáveis por uma fração do mundo e que essa fração, por menor que seja, pode ser boa e que isso só depende de nós", como ele mesmo me disse.

Se todos os males deixados como herança pelos militares em nossa cultura e em nossa educação geraram esse cenário de desvalorização do ensino, da cultura e da figura do professor, resulta que hoje precisamos correr atrás do prejuízo a fim de recuperar as décadas de atraso que nos foram impostas. É preciso implantar uma escola cada vez mais voltada para a construção do pensamento e para o desenvolvimento da habilidade de refletir e questionar. Certamente há ainda muito a ser feito, já que, em outubro de 2018, quando o Brasil teve a chance de entregar o país para o professor Fernando Haddad, preferiu entregar para um inimigo da saúde, da educação e dos direitos humanos; alguém que se refere a Paulo Freire como energúmeno, a ponto de ter que ser proibido pela Justiça Federal do Rio de Janeiro a atentar contra a dignidade do educador. Alguém que dedicou seu voto durante a sessão de impeachment da ex-presidente Dilma a um torturador.

O Brasil no qual eu acredito não é esse país em que torturadores são exaltados e educadores são achincalhados. Meu Brasil é aquele que encontro todas as vezes que visito escolas ou sedes de projetos sociais nas periferias para falar sobre música e cultura, que encontro no garoto que toca Baden Powell em seu violão e na menina que se inspira em Carolina Maria de Jesus para escrever seus textos. Em 2022, vi um de meus livros sobre Bossa Nova ser adotado nas escolas públicas do município de São Paulo, e saber que os jovens estão lendo sobre música brasileira nas escolas enche meu coração de alegria e esperança. Afinal, iniciativas que se comprometem a levar as artes, a literatura e a música para o ambiente escolar são investimentos no futuro do país, pois o governo que investe em cultura e educação economiza em segurança pública e nos altos custos de manutenção do sistema prisional. Enquanto está tocando um instrumento ou escrevendo um texto que o leva a sonhar com um futuro melhor, jovem nenhum tem tempo ou disposição para assaltar ônibus cheio de gente trabalhadora.

A REVOLUÇÃO COMEÇA DENTRO DE UM LIVRO

OU "OS LIVROS SÃO OBJETOS TRANSCENDENTES"
["Livros" (Caetano Veloso), com Caetano Veloso]

P oetas são profetas: observam o mundo através das lentes do tempo e com a paciência de quem compreende que a sabedoria é consequência do persistente exercício do pensamento. É por essa razão que certas obras e citações são imortais, sobrevivendo à passagem dos séculos, aos naufrágios ou até mesmo às chamas das fogueiras. Como sobreviveu a obra do poeta judeu alemão Heinrich Heine, que, em sua peça *Almansor* (1821), escreveu aquela que se tornaria uma das frases mais conhecidas e significativas de todos os tempos, e que deveria ser pendurada sobre as portas de todas as escolas do mundo: "Onde se queimam livros, acaba-se queimando pessoas." Apesar de ter sido escrita mais de cem anos antes da grande queima de livros promovida pelos nazistas, o pensamento de Heine — considerado um subversivo que sofreu perseguições no século XIX — se tornou a antecipação do que aconteceria na Alemanha nazista, onde a censura ao livre pensar prepararia o terreno para que os horrores do Holocausto pudessem acontecer.

Tendo os estudantes de direita como principais atores daquele evento promovido pelo governo em prol de uma "limpeza literária", na noite de 10 de maio de 1933 a queima de livros aconteceu em diversas cidades alemãs com o objetivo de eliminar obras que se opusessem ao espírito germânico tal como concebido pelos nazistas. Entre os milhares de livros queimados naquela noite, estavam obras do próprio Heinrich Heine e de Bertolt Brecht, Ernest Hemingway, Karl Marx, Arthur Schnitzler, Thomas Mann e Erich Maria Remarque. No ano seguinte à queima, mais de 3 mil títulos considerados subversivos foram proibidos, compondo um verdadeiro cenário de "inquisição literária". Aliás, nas décadas seguintes, inúmeras fogueiras também se acenderiam durante as ditaduras militares latino-americanas, queimando discos e livros que se opusessem aos ideais doentios dos detentores do poder; pessoas comuns seriam obrigadas a esconder ou se desfazer dos próprios livros, pois bastava ter na estante um dos tantos títulos considerados subversivos para ser preso ou perseguido por governos inimigos do conhecimento e das revoluções que um único livro é capaz de promover.

Na Bebelplatz, em Berlim — onde, em clima de celebração com direito a discurso do ministro da propaganda Joseph Goebbels, os livros alimentaram uma das maiores fogueiras daquela noite em 1933 —, junto da obra *A biblioteca vazia* (1995), do artista israelense Micha Ullman, hoje está gravada a frase de Heine, para não deixar que a barbaridade que ali aconteceu caia no esquecimento e para nos lembrar de uma lição que ainda nos falta aprender: o extermínio de pessoas sempre começa pelo extermínio de suas ideias.

Ler torna as pessoas mais críticas e conscientes, o que explica a proposital falta de interesse em formar leitores ao longo das últimas décadas. A desvalorização do conhecimento, da leitura e da própria profissão do escritor criou um clima de desinteresse tão grande pelos livros e por seu conteúdo, que já não é mais preciso acender fogueiras: as respostas para todas as perguntas do mundo estão guardadas em estantes que pouquíssima gente se interessa em visitar. Com isso, a perseguição e a censura aos livros se tornam cada vez menos necessárias, pois já faz um bom tempo que eles andam um tanto fora de moda. Sem leitores, os livros perdem sua força e sua razão de ser, enquanto os fascistas economizam fósforos e esforços.

A partir do momento em que aprendi a ler e a escrever, os livros se tornaram meus melhores amigos e mestres com quem pude aprender tudo aquilo que minha realidade naquele momento não teria permitido que eu aprendesse de outra maneira. Foram os livros também que me ensinaram a sonhar e a acreditar em um futuro melhor, e eu devorava centenas de páginas com a sede e a urgência de quem queria dar uma verdadeira *Volta ao mundo em 80 dias* [Júlio Verne, publicado originalmente em 1872] sem que para isso fosse preciso sair do lugar. É claro que, como boa leitora, não demorou para que eu também começasse a enxergar na escrita a possibilidade de expressar tudo aquilo que via, vivia e sentia naquela vida que ainda estava só começando. Aos 9 anos, já escrevia minhas primeiras crônicas e poesias; logo estava ganhando os primeiros concursos literários e vendo meus textos serem publicados em antologias.

Meus colegas queriam ser médicos, engenheiros e advogados, e naquela época eu não conhecia nenhuma outra criança ou adolescente que também cogitasse seguir a carreira com a qual tanto sonhava. Em minha inocência pueril, acreditava que não seria tão difícil trilhar os caminhos da profissão, pois não enxergava uma grande concorrência na área que havia escolhido seguir. O que eu não havia observado era que, de todos os meus colegas, eu era também a única que lia avidamente. Se existem estudos indicando que, para que possamos criar o hábito da leitura, é necessário ler durante pelo menos 4 mil horas ainda na infância, aqui no Brasil — onde o hábito da leitura é coisa rara de se ver, muitos jovens terminam o ensino médio sem ter lido um único livro. E então, quando iniciei minha carreira literária, percebi o quanto seria difícil ser escritora em um país onde os leitores parecem estar em extinção.

Para ser um bom leitor e tirar bom proveito daquilo que se lê, não basta apenas praticar a leitura com qualquer coisa que caia em nossas mãos: é preciso aprender a selecionar o que se lê. E é por isso que sempre que alguém — seja um jovem ou adulto — pergunta para mim quais são as leituras essenciais para quem deseja iniciar uma viagem pelo mundo da literatura brasileira, entre minhas indicações sempre está Machado de Assis. Extremamente reflexivo, inteligente, acessível e atual — apesar das tantas décadas que nos separam de sua produção —, Machado é um autor apaixonante. De todos os seus contos, meu preferido talvez seja "O espelho", no qual ele fala sobre a existência de duas almas na composição de cada indivíduo: a alma exterior e a alma interior. A primeira seria nossa imagem — aquela que é mutável, que se cria no imaginário das pessoas a partir do status e do poder que conquistamos em nosso núcleo social —, enquanto a segunda seria nossa identidade — aquela que é imutável e representa nossa essência mais pura e verdadeira, não dependendo de status ou poder para existir.

Em resumo, enquanto a primeira representa a superficialidade do "parecer", a segunda engloba toda a profundidade do "ser". No conto, Machado reflete sobre o quanto a alma exterior — criada a partir da opinião que os outros formam sobre quem somos — tem o poder de interferir e deturpar a imagem que temos sobre nós mesmos, podendo causar um dano irreversível em nossa capacidade de autopercepção. No instante em que a alma exterior passa a dominar a alma interior, perdemos imediatamente a capacidade de nos expressar de maneira genuína e nos tornamos impostores em nossas próprias vidas. Por outro lado, quando alma interior e exterior estão em consonância, ao longo do tempo cria-se uma reputação — que é a consolidação da imagem após verificar-se que ela condiz com a identidade daquele indivíduo.

Machado demonstra como o personagem Jacobina — um jovem pobre que, ao ser nomeado alferes da Guarda Nacional, perde-se de si mesmo ao alcançar tal status — deixa de ser quem era ao vestir a máscara do cargo que passa a ocupar, sendo celebrado pelos seus, que se realizam por meio do status alcançado por ele. Com isso, o autor lança um olhar sobre o quanto, por vezes, as máscaras e personagens que interpretamos são mais valorizados pela sociedade do que o ser humano que existe detrás do cargo que ocupamos. Quase 150 anos se passaram desde a primeira publicação desse conto; os tempos mudaram, dezenas de palavras caíram em desuso e até mesmo o "alferes" hoje se chama "segundo-tenente". Mas, se teve algo que não mudou nada desde então foi a importância do pensamento atemporal explorado por Machado sobre esse eterno conflito entre "ser" e "parecer" — algo cada vez mais evidente em tempos dominados por influenciadores e redes sociais.

Ao longo de minha trajetória como professora, vi muitos alunos manifestarem o desejo de escrever somente para alcançarem o "status" da publicação de um livro. Para mim, essa nunca foi — e nunca será — uma boa razão para que se escolha fazer da escrita um caminho e uma missão de vida. Escrever é comunicar, promover a reflexão, compartilhar ideias, pensamentos, sonhos e projetos; é puxar uma cadeira e convidar o leitor para sentar-se à mesma mesa e com ele aprender e para ele ensinar em uma troca singular. Acredito que escrever seja algo que fazemos atendendo a um chamado muito profundo e pessoal, a partir de uma necessidade visceral de compartilhar nossos pensamentos e percepções. Não se escolhe ser escritor; descobre-se escritor no momento em que esse chamado faz brotar um grito de dentro do peito que se converte em palavras derramadas no papel.

Você pode achar que estou errada — ou que sou idealista demais, o que é verdade também —, porém sigo acreditando que o desejo de ser rico ou famoso não é, e nunca foi, motivo plausível para se escolher uma profissão. E, para mim, o mesmo conceito se aplica a essa nova "carreira" que nasceu com o boom das redes sociais: a de influenciador. Iludidos com as ideias que criam sobre o mundo dos famosos e poderosos, muitos enxergam nas redes sociais um atalho para a fama sem pensar que, antes de tudo, é preciso ter o que oferecer para o público. O bom influenciador é aquele que influencia naturalmente, inspirando pessoas a partir de seu exemplo e de sua capacidade mais genuína de agir e de falar sobre seus pensamentos e vivências. Portanto, não há um curso ou treinamento para ser influenciador de verdade.

Diz o ditado que "quem não é visto não é lembrado". Mas até onde somos capazes de chegar para garantir que seremos vistos? Desde que o mundo é mundo, o ser humano realiza as mais inusitadas proezas em busca de um quadradinho nas páginas do jornal, por uma posição no *Guinness*

World Records ou até mesmo para chamar a atenção da sociedade para uma causa nobre — nem que, para isso, seja necessário arriscar a própria vida ou reputação. Nessa jornada vale tudo: descer as cataratas do Niágara em um barril, cruzar oceanos em um carro flutuante ou até mesmo voar amarrado a balões cheios de gás hélio. Quando aplicamos essa mesma lógica ao mundo das redes sociais, o que vemos são pessoas muitas vezes dispostas a mentir ou a gastar o dinheiro que frequentemente não têm para comprar seguidores e, assim, transmitir a ideia de que são capazes de alcançar um número elevado de pessoas com suas publicações.

Aliás, essa compra de seguidores é algo que se tornou tão comum que até mesmo aqueles que já têm uma carreira consolidada por vezes se deixam levar pela ilusão de aumentar de forma rápida e fácil sua popularidade nas redes sociais. Afinal, estamos vivendo um momento no qual se torna cada vez mais frequente associarmos diretamente nosso valor como pessoas, profissionais ou artistas ao número de contas que nos acompanham nas redes sociais. Dependendo da área de atuação de um profissional, quanto mais seguidores, maiores se tornam suas chances de assinar novos contratos e de, consequentemente, ganhar dinheiro. Mas de nada adianta ter "um milhão de amigos" [**"EU QUERO APENAS" (Roberto Carlos/Erasmo Carlos), com Roberto Carlos**] nas redes sociais se esses seguidores não forem pessoas que realmente acompanham e admiram o trabalho de determinado influenciador. Aí, a ideia da influência vai por água abaixo, pois esses seguidores — muitas vezes provenientes de perfis falsos ou inativados — não se engajarão com aquele perfil e, muito menos, irão consumir seu conteúdo, produtos ou serviços.

Por falar em produtos, dia desses, recebi a ligação de um influenciador pedindo indicação de um *ghost writer* que pudesse escrever um livro para ele. Quando perguntei sobre o que desejava escrever, ele respondeu simplesmente que tanto fazia o tema, porque seu único objetivo era ter um produto para oferecer a seus seguidores. Munida da transparência que me caracteriza, respondi que um livro só deve ser escrito se existirem ideias e razões que sustentem sua existência. Como não era esse o caso, sugeri a ele que fizesse qualquer coisa para vender a seus seguidores: camisetas, eco bags ou canecas, menos um livro. Para mim, que levo minha profissão muito a sério, é chocante ver como muitos influenciadores têm produzido livros descartáveis, que nada têm a dizer, visando somente aos possíveis lucros ou tentando conferir legitimidade a coisas que nunca foram legítimas.

Ainda que esse cenário em que vivemos por vezes seja um tanto desanimador para o autor que escolheu fazer dos livros sua profissão, com dignidade e compromisso, sempre me lembro do quanto os livros — e as ideias que expressam em palavras — são fundamentais; se não fossem, não teriam sido perseguidos em tantos momentos da história. Como disse Machado de Assis em seu conto "Primas de Sapucaia!" [*Histórias sem data* (1894)], "Palavra puxa palavra, uma ideia traz a outra, e assim se faz um livro, um governo, ou uma revolução". E não foi à toa que ele colocou os livros, governos e revoluções dentro de uma mesma frase: governos que queimam livros são inimigos declarados da revolução que eles são capazes de promover.

AS PALAVRAS CERTAS SÃO OS ALICERCES DO FUTURO

OU "NA BOCA DO DITADOR, TODA PALAVRA CALA"

["Mama palavra" (Francisco Bosco/João Bosco), com João Bosco]

Quantas palavras existem no mundo? Eu me fazia essa pergunta sempre que olhava para a estante de minha mãe que, por ser tradutora desde a época do telex, não contava com essas facilidades digitais que hoje estão ao alcance de todos aqueles que têm acesso à internet. Eram prateleiras e mais prateleiras de dicionários técnicos, cada um especializado no vocabulário de uma área distinta: medicina, direito, metalurgia, engenharia e tantas outras que eu já nem lembro mais. Antes de começar a trabalhar em um texto, ela separava todos os dicionários de que precisaria, e eu achava tão bonito assistir àquele ritual em que ela escolhia cuidadosamente seus companheiros de trabalho, com a atenção de quem é consciente da responsabilidade que tem nas mãos ao exercer seu ofício. Vez ou outra, eu me pendurava na estante para tentar alcançar um daqueles livros que viviam fora de meu alcance e, quando conseguia, ficava fascinada com a quantidade de palavras interessantes, curiosas e desconhecidas que preenchiam aquelas páginas.

Não demorou para que ela notasse minha aptidão para as letras, e logo cedo comecei a auxiliá-la com pequenas tarefas relacionadas a seu dia a dia de tradutora — fosse separando os dicionários ou lendo em voz alta o texto original para ajudá-la no processo de revisão do texto (o que foi um exercício e tanto e fez muito bem para minha dicção). Como não poderia deixar de ser, quando minha vida profissional teve início, foi com ela que comecei a trabalhar. Então, antes mesmo de publicar meus primeiros livros, eu já estava familiarizada com o mundo das palavras e havia começado a construir minha relação com as nuances e complexidades do idioma.

Entre as mais diversas etapas que compõem o serviço de tradução, uma das mais interessantes para mim sempre foi o estudo do vocabulário de cada empresa para a qual prestávamos serviço de tradução técnica. Afinal, existem muitas maneiras de expressar uma mesma ideia e existem diversos nomes possíveis para um mesmo produto ou serviço, o que confere a cada organização a liberdade de adotar aqueles termos mais adequados à realidade do núcleo no qual está inserida, para que sua comunicação seja acessível a funcionários, fornecedores e clientes.

Devido à diversidade de realidades regionais que coexistem dentro de um mesmo país, também é bastante comum que uma mesma empresa adote vocabulários distintos a fim de dialogar com clientes de diferentes praças. Quer ver? Uma mesma indústria alimentícia que fabrica e comercializa pães congelados, de acordo com a abrangência de seu plano de vendas, frequentemente precisa nomear seu produto de maneiras distintas, visto que nosso pão francês, de São Paulo, se chama "pão carioquinha", no Ceará, e "pão cacetinho", no Rio Grande do Sul. Essa mesma lógica se aplica aos mais variados segmentos, então, antes de iniciarmos um serviço, sempre tivemos a preocupação de compreender as particularidades do vocabulário de cada empresa a fim de adotá-las na tradução, pois a utilização de palavras que não estejam em consonância com o vocabulário próprio da organização pode dificultar a compreensão que o cliente terá sobre determinado produto ou serviço, atrapalhando sua oferta. Considerando também que palavras que são neutras em determinados lugares podem ser uma ofensa em outros, em casos mais extremos, a escolha errada de termos pode ofender minorias, criar polêmicas e gerar um boicote à empresa — o que explica a razão de muitos produtos precisarem ser renomeados quando exportados para outros países.

E foi assim que, antes mesmo de me tornar a escritora que sou, já convivia diariamente com as palavras, o que fez com que, desde cedo, tivesse dimensão do peso e do poder que exercem em nossas vidas. Observe que cada núcleo social, religioso ou cultural também tem o próprio vocabulário e, para bom observador, o emprego de determinado conjunto de palavras oferece pistas claras sobre o indivíduo e sobre os grupos aos quais ele está conectado. Pense bem: quantos vocabulários distintos convivem lado a lado dentro de uma única cidade? Ao mesmo tempo, como nossa língua é mutante e se transforma com o passar dos anos, basta comparar a linguagem de um livro escrito nos dias de hoje com a de uma obra escrita há dez, cinquenta ou cem anos para observar a quantidade de mudanças que o idioma é capaz de sofrer como uma consequência das transformações ocorridas no pensamento da sociedade — visto que palavras são escolhidas pelo autor de acordo com seu contexto. Sendo assim, podemos admitir que um texto também pode ser uma valiosa transcrição de seu tempo.

Sozinhas, palavras não têm valor algum: só adquirem esse valor quando acompanhadas de uma ideia capaz de conferir sentido àquele agrupamento de letras. Portanto, é preciso ter consciência de que os discursos aos quais estamos o tempo inteiro expostos carregam em si palavras que nunca são usadas em vão, mas sim com o intuito de reforçar, defender, rejeitar ou normalizar determinado pensamento. Quando repetidas de forma incansável, palavras se convertem em verdades inquestionáveis tão logo nos adaptamos a sua presença. Se não desenvolvemos a consciência do poder de manipulação que são capazes de exercer sobre quem as repete sem questionar, ficamos à mercê daqueles que, munidos dessa percepção, delas se utilizam fazendo de nós vítimas fáceis daqueles discursos produzidos por líderes, políticos ou veículos de comunicação, por exemplo. Quando esse poder é exercido de forma ampla e massiva, os resultados podem ser catastróficos, gerando prejuízos inestimáveis à humanidade.

Talvez você nunca tenha ouvido falar em Michael King: ele era um pastor que, ao visitar a Alemanha em meados do século XX e entrar em contato com a história inspiradora de Martin Luther — ou "Martinho Lutero", para nós —, um monge que, com suas palavras e ideias, abalou as estruturas de uma religião milenar com sua Reforma Protestante, ao voltar para casa, decidiu trocar seu nome e o de seu filho. E assim nasceu Martin Luther King Jr., um dos maiores ativistas políticos da história, que foi capaz de questionar e revolucionar tanto quanto seu xará do século XVI. Em seu sermão "Uma mente rigorosa e um coração sensível", o pastor fala sobre a importância de desenvolvermos uma "mente rigorosa", capaz de pensar e refletir, para não cairmos nos erros em que caem as pessoas dotadas de uma "mente permissiva". A mente permissiva seria aquela que tudo aceita sem se dar ao trabalho de pensar ou questionar, se tornando presa fácil para a manipulação daqueles que têm domínio sobre a palavra e o discurso. Nesse mesmo sermão, ele responsabiliza as pessoas de mente permissiva pela ascensão de tiranos como Adolf Hitler. Ironicamente, seria o incômodo causado por suas palavras justas e sensatas o que faria com que Martin Luther King Jr. fosse assassinado em 1968.

Em seu livro *LTI: a linguagem do Terceiro Reich*, um dos maiores — se não o maior — estudo sobre a questão linguística no contexto do nazismo, o filólogo judeu alemão Victor Klemperer defendeu a ideia de que o nazismo somente teve condições de atingir as proporções que atingiu a partir do momento em que dominou a linguagem. Afinal, quem domina nossa fala e a forma como nos expressamos, inevitavelmente, domina também nossa forma de pensar e agir. Para ele, "o nazismo se embrenhou na carne e no sangue das massas por meio de palavras, expressões ou frases, impostas pela repetição, milhares de vezes, e aceitas mecanicamente".

Certas palavras se infiltram discretamente em nosso discurso e, sem perceber, adotamos um vocabulário de cujo significado nem sempre temos consciência. Quando o assunto é política, a questão da palavra é notória: você consegue se lembrar das palavras mais populares em cada um dos governos das últimas décadas? Observe que cada um deles tinha seu próprio vocabulário, pautado em seus ideais, programas de governo e, principalmente, nos "inimigos" — reais ou não — que cada um se propôs a combater. Esse discurso, durante o período eleitoral ou mesmo durante o próprio governo, é amplamente difundido por meio da propaganda, das artes e de quaisquer linguagens e plataformas que determinado líder ou partido tiver à disposição para transmitir sua mensagem.

De tempos em tempos, é preciso que a humanidade reflita sobre seu vocabulário, pois, conforme o mundo se transforma, se faz necessário mensurar se esse vocabulário tem evoluído em consonância com os valores e conquistas do tempo presente. Essa é uma reflexão que se torna ainda mais urgente nos dias de hoje — quando tantos direitos foram conquistados por grupos e minorias que durante tanto tempo viveram marginalizados; é preciso repensar o uso de termos alinhados com o racismo, a homofobia e a xenofobia, por exemplo. São muitas as palavras e expressões que durante décadas fizeram parte da cultura popular, mas que hoje já não cabem mais no contexto do mundo no qual vivemos e precisam urgentemente sair de nossa boca e de nosso vocabulário. São palavras e expressões que podem ser facilmente substituídas, e eu tenho notado cada vez mais o movimento de pessoas, coletivos e instituições preocupados em difundir informações sobre esses termos, que carregam em si o peso histórico da escravidão, da desigualdade, do preconceito e da exclusão. Afinal, não podemos esquecer que "A língua tem seu lado mau/Calunia, desonra, deboche, esculacha até iorubá..." [**"A LÍNGUA PROVA QUE" (Tom Zé), com Tom Zé**].

Mesmo assim, ainda há um grupo de pessoas — muito maior do que eu gostaria de admitir — que, por falta de conhecimento, consciência ou empatia, ainda insiste em manter-se apegado a palavras e expressões que há muito deveriam ter sido riscadas de nossas vidas. É frequente ver pessoas comentando nas redes sociais sobre o assunto, dizendo o quanto esse mundo "politicamente correto" é chato por ter se tornado intolerante a uma série de palavras e expressões. Já perdi as contas de quantas vezes li e ouvi pessoas dizendo de forma saudosista que, na época de sua infância, "todo mundo" chamava o negro de "negão" ou de "macaco" e que, mesmo assim, "todos eram amigos porque não havia maldade nesses apelidos". Será mesmo? Se a gente perguntasse para essa criança negra como era ser inferiorizada e subjugada por esses "amigos" em razão da cor de sua pele, o que será que ela teria a dizer para nós? Cor de pele, gênero ou deficiências não são — e nunca foram — motivo para zombaria.

Para gerações que, logo nos primeiros anos de vida, aprenderam a cantar "Atirei o pau no gato" — uma letra que, embalada pela melodia bonitinha e grudenta que todo mundo conhece, incita a violência contra os animais — ou pularam Carnaval ao som de marchinhas homofóbicas como "Cabeleira do Zezé" e "Maria Sapatão", talvez seja realmente muito difícil compreender o peso real de certas palavras e expressões. É por essa razão que é preciso pensar cada vez mais na forma como estamos nos comunicando com as crianças, pois é a cultura popular que a elas transmitimos uma das grandes responsáveis por formar o pensamento e as ações dos adultos do futuro. Não é possível desejar um amanhã melhor sem abolir do universo infantil esses conteúdos que incitam a violência, a homofobia, a misoginia, o racismo ou qualquer tipo de preconceito.

Quando o assunto são as polêmicas mudanças que vêm sendo promovidas nos clássicos da literatura infantil a fim de adaptá-los ao contexto de um mundo um pouco mais livre, inclusivo e pautado pela proteção e pelo respeito aos direitos humanos, sempre me posiciono a favor da adaptação dessas histórias. Os valores de nossa sociedade estão se transformando e já não se pode mais plantar indiscriminadamente a semente do racismo e do preconceito no coração das crianças como acontecia em um passado recente. Penso que devemos deixar os textos originais para que adultos e estudiosos possam refletir e produzir conteúdo sobre o contexto histórico no qual determinado discurso estava inserido. Aliás, esse tipo de estudo tem sido cada vez mais frequente, realizado a fim de chamar a atenção do público para episódios de nossa história passada que não deveriam jamais se repetir — como é o caso dos quadros produzidos pelo pintor francês Paul Gauguin, que hoje são utilizados como vias para a educação e conscientização do público sobre aquele comportamento machista e pedófilo eternizado em seus retratos como uma consequência de sua própria biografia.

Klemperer nos alertou um dia que "palavras podem ser como minúsculas doses de arsênico: são engolidas de maneira despercebida e aparentam ser inofensivas; passado um tempo, o efeito do veneno se faz notar". Da mesma maneira, palavras também podem ser remédios capazes de nos curar um pouco mais a cada novo dia. O comunicador não pode perder de vista o fato de que está em suas mãos escolher entre compartilhar veneno ou remédio com o público — e as respectivas consequências e responsabilizações que cada uma dessas escolhas irá gerar tanto no âmbito pessoal como no profissional. Ao mesmo tempo, como ouvintes que somos, precisamos constantemente refletir sobre as palavras que nos são dirigidas, deixando de lado o hábito de agir como pessoas de mente permissiva, concordando e repetindo sem antes questionar as intenções que embasam os discursos que chegam até nós. Não podemos nos esquecer de que as palavras — e as ideias que representam — somente encontram espaço para germinar quando há o consentimento do receptor.

O DISTANCIAMENTO SOCIAL JÁ EXISTIA ANTES DA PANDEMIA

OU "VOCÊ SABE QUE A GENTE PRECISA ENTRAR EM CONTATO"

["Por quem os sinos dobram" (Raul Santos Seixas/Oscar Eduardo Rasmussen), com Raul Seixas]

Uma mulher extremamente destemida, Martha Gellhorn foi uma das principais correspondentes de guerra do século XX e, até poucos anos antes de sua morte, em 1998, aos 89 anos, ela ainda viajava pelo mundo cobrindo guerras e conflitos, arriscando a vida o tempo inteiro para ver com os próprios olhos o que acontecia no planeta. Muito mais do que apenas a terceira esposa do escritor Ernest Hemingway — como costuma ser lembrada com frequência —, ela também cobriu a Guerra Civil Espanhola como jornalista. Foi após retornar da Espanha que o casal oficializou a união e foi viver em Cuba, onde Hemingway alugou um quarto no charmoso Hotel Ambos Mundos, na esquina da calle Obispo com a calle Mercaderes, no tradicional bairro histórico de Habana Vieja. Foi lá também que dia desses tentei tomar café da manhã, mas, na confusão que tem marcado a entrada de Cuba no universo da tecnologia, o restaurante do hotel não estava aceitando dinheiro em espécie e, por algum problema de conexão, nem cartão de crédito: e foi assim que saí de lá com fome e dinheiro no bolso.

Decidida e não passar a vida de recém-casada dentro de um quarto de hotel, Martha imediatamente começou a buscar um bom lugar onde o casal pudesse viver e trabalhar. Nessa busca, ela encontrou a Finca La Vigía, uma propriedade rural no bairro San Francisco de Paula, na região metropolitana de Havana, que estava disponível para locação. Localizada na parte alta da cidade, do alto da torre onde Hemingway estabeleceu seu escritório, se tem da janela uma vista privilegiada dessa que eu considero a cidade mais encantadora que já conheci. E foi tendo essa belíssima paisagem como pano de fundo e testemunha de sua rotina de escritor que, inspirado por sua recente experiência na Guerra Civil Espanhola, ele escreveu *Por quem os sinos dobram* (1940). Sucesso imediato de vendas, foi com a remuneração recebida pelos direitos autorais dessa obra que Hemingway adquiriu a propriedade que por mais de vinte anos seria seu lar e refúgio em Havana, onde escreveria algumas de suas obras mais significativas, incluindo *O velho e o mar* (1951).

Como acontece em todas as casas e nas melhores famílias, apesar de termos sido criados em um mesmo contexto, meu irmão Alvaro e eu temos modos completamente diferentes de ver a vida, mas também cultivamos uma série de afinidades que constroem sólidas pontes entre esses abismos que poderiam nos afastar. Entre elas, a fotografia e a paixão pela literatura de Hemingway, o que nos levaria a fazer uma viagem juntos para Havana. Era a terceira vez que eu visitava a cidade e, acompanhada de meu irmão, dessa vez decidi refazer o percurso do escritor através dos lugares que ele frequentava, que inspiraram e influenciam suas obras. E é claro que uma visita à Finca La Vigía não poderia ficar de fora.

O museu ainda estava fechado quando chegamos por lá e, enquanto esperávamos o horário de abertura debaixo de um sol escaldante, nos refugiamos sob uma grande folha de bananeira com nosso motorista, Javier — um engenheiro que ganha menos de trinta dólares por mês, mas não abandona seu trabalho porque, de acordo com suas próprias palavras, enxerga "uma função social importante naquilo que faz", e, para dar conta de sustentar a família, ocupa as horas livres como taxista. Fazia exatamente uma década que eu não ia a Cuba, e passamos aquele tempo conversando sobre as mudanças — algumas boas, outras nem tanto — que aconteceram durante esse período e fizeram com que os jovens trocassem livros, instrumentos e boas conversas pelas recém-descobertas telas. Não foi difícil perceber que o acesso à tecnologia e a chegada de uma conexão ainda que precária já haviam tratado de transformar completamente os hábitos e o comportamento dos havaneses.

Em um tempo em que os smartphones ainda não haviam chegado às mãos da população, na primeira vez que estive em Havana, fiquei encantada com o hábito que as pessoas tinham de se reunir no Malecón. Uma grande avenida que corre alinhada com o mar, o Malecón tem um muro que separa a água do asfalto e impede que as ondas engulam Havana (o que não impede que, na temporada de furacões, a avenida se transforme em um espelho d'água sem fim, que reflete as cores vivas dos prédios no chão). Como se fosse uma grande poltrona com vista para o mar, era comum que, no final da tarde, pessoas de todas as idades se apinhassem ali para conversar, namorar ou simplesmente ver o tempo passar embaladas pela luz dourada do poente. E qual foi minha decepção ao chegar à cidade e ver que agora poucas pessoas se reúnem no Malecón, que parece cinza demais sem as conversas e risadas que davam vida a cada pedaço de seus 8 quilômetros de extensão.

Naquela noite veríamos um show do Moneda Dura, um dos maiores grupos de música cubana, que o Brasil desconhece, e eu comentava com Javier sobre as mudanças que uma das canções deles já havia denunciado anos antes. Lembro que, quando ouvi pela primeira vez **"MI TELEVISOR" (Nassiry Lugo), com Moneda Dura** — uma música que fala sobre o desejo de consumo que estava penetrando nas casas cubanas pela televisão —, imediatamente pensei em **"TELEVISÃO" (Arnaldo Antunes/Marcelo Fromer/Toni Bellotto), com Titãs**, que já na década de 1980 denunciava os efeitos alienantes da presença desmedida da televisão na vida das pessoas. E gente alienada não luta por seus direitos, é facilmente manipulada — seja pela mídia, pelo governo ou pela indústria — e acredita sem pestanejar nos maiores absurdos que escuta, além de disseminar fake news sem moderação, prestando um verdadeiro desserviço à sociedade.

Ao mesmo tempo em que pode ser uma grande janela para o mundo, quando não é usada de forma consciente, a televisão — e todas as outras telas que fazem parte de nossas vidas hoje —, acaba se tornando um potente instrumento de controle e manipulação de massa. Essa é uma realidade na qual o aparente consumidor, na realidade é o produto. Somos o tempo inteiro bombardeados com propagandas que incentivam o consumo desenfreado e criam demandas desnecessárias. E assim, em vez de estimular o raciocínio, boa parte do conteúdo ao qual temos acesso por meio das telas, visa exclusivamente incentivar o consumo. Pensar nisso me faz lembrar de minha própria infância: ver televisão nunca foi um hábito em minha casa, então havia tempo de sobra para tantas coisas que preenchiam nosso rico universo de experiências reais.

Lembro que, quando eu era criança, ocasionalmente meu pai visitava um casal de tios seus que tinham uma mercearia na esquina da casa onde viviam. Aquelas visitas eram uma verdadeira festa para mim: era uma daquelas mercearias que a gente já não encontra mais por aí, com prateleiras altas de madeira — sempre muito bem abastecidas de tudo aquilo que o freguês poderia precisar — e um balcão comprido, cheio de caixas de chocolate, balas e Polenguinho, capaz de fazer qualquer criança muito feliz. No mesmo terreno da casa deles, moravam os pais de meu tio-avô — dona Deolinda e seu Antônio, meus tios-bisavós — um casal de portugueses já bastante idosos. Dela eu tenho poucas lembranças, mas me lembro de que costumava passar bastante tempo sentada na cozinha de minha tia-avó conversando com seu Antônio.

Eu me recordo com muito carinho de nossas conversas, mas, principalmente, da forma como ele falava comigo, como se estivéssemos exatamente no mesmo nível, e não com aquela aura de superioridade que os adultos costumam usar para falar com crianças. Ele contava histórias de sua vinda para o Brasil e compartilhava suas ideias e pensamentos, fazendo com que eu pudesse vislumbrar mundos que ainda desconhecia, habitados por dores, conquistas e valores completamente distantes da criança de 6 ou 7 anos que eu era. Aquelas conversas transmitiram ensinamentos tão profundos que, veja só: tantos anos depois, cá estou recorrendo a essas memórias para escrever um texto, memórias que eu tive a chance de registrar em minha mente por ter crescido em um mundo onde tablets e smartphones ainda estavam distantes de existir. Hoje, esse tipo de interação acontece com uma frequência cada vez menor, pois cada um — da criança ao idoso — se entretém com o próprio aparelho de estimação.

Antes que você pense que estou aqui para demonizar a tecnologia — ou para levantar bandeiras contra os avanços tecnológicos das últimas décadas —, me permita esclarecer de antemão que não é esse meu objetivo, pois sou completamente a favor da tecnologia — desde que seja usada de forma consciente, sábia e equilibrada para que possa atuar como a grande aliada que tem o potencial de ser para nós. Infelizmente, o que vemos com maior frequência é que, em vez de usar a rede para promover um bom debate [**"PELA INTERNET" (Gilberto Gil), com Gilberto Gil**], estamos criando um vínculo tóxico com as telas e fazendo delas uma grande barreira para o aprofundamento do contato entre seres humanos. Para aqueles que já nasceram inseridos nessa realidade, o problema é ainda maior: para os nativos digitais, infelizmente a presença das telas acaba sendo muito mais constante do que abraços e carinhos de pais, tios e avós.

Apesar de ser uma realidade cada vez mais comum, confesso que não consigo normalizar essa ideia de crianças ainda na primeira infância serem donas dos próprios aparelhos eletrônicos, com tablets e smartphones nas mãos enquanto deveriam estar brincando na terra, desenhando ou modelando massinha, sendo expostas a situações e experiências reais a fim de desenvolverem plenamente seu potencial. Pela primeira vez na história, estamos vendo, em países desenvolvidos como Finlândia e Noruega, crianças apresentarem QI mais baixo em relação a seus pais, e a razão desse retrocesso é o tempo que elas passam em frente às telas.

Tanto Bill Gates quanto Steve Jobs — fundadores, respectivamente, da Microsoft e da Apple, gigantes da tecnologia e da comunicação em rede — em algum momento, ao serem questionados sobre suas respectivas relações com a tecnologia que fabricavam, declararam restringir o acesso dos próprios filhos aos aparelhos eletrônicos. Se para o cidadão comum a tecnologia por vezes é vista como a babá ideal, desenvolvedores e fabricantes sempre tiveram consciência dos impactos negativos que a inserção no mundo tecnológico e digital antes do tempo pode causar à mente humana. Na infância, temos um grau elevado de plasticidade cerebral, que permite o desenvolvimento de talentos e habilidades com muito mais agilidade e facilidade do que na vida adulta. Você já deve ter ouvido falar que aprender na infância é sempre mais fácil, não? Isso é verdade, mas, para que esse potencial possa ser exercido, o cérebro precisa receber estímulos, aprendizados e experiências sensoriais e intelectuais a fim de desenvolver a inteligência.

Portanto, os estímulos que recebemos — ou deixamos de receber — em nossos primeiros anos de vida são responsáveis por pavimentar os caminhos dos adultos que potencialmente iremos nos tornar. Frequentemente vemos pessoas que, cansadas por conta das preocupações e rotinas de trabalho — ou até mesmo por falta de paciência ou aptidão para lidar com crianças —, permitem que seus filhos, sobrinhos e netos sejam criados pela tecnologia, deixando de transmitir a eles toda essa carga impagável de saberes e histórias. A transmissão desse conjunto de experiências é fundamental para o desenvolvimento do indivíduo e jamais poderá ser oferecida ou substituída por telas.

Em seu livro *A fábrica de cretinos digitais*, o neurocientista francês Michel Desmurget atesta que, com base em seus estudos, atualmente crianças de 2 anos passam em média duas horas por dia em frente às telas; um período que cresce para cinco horas aos 8 anos e para sete na adolescência. Quando as experiências que essas crianças e esses adolescentes poderiam viver são trocadas por momentos em frente às telas, que apresentam uma baixa capacidade de estímulo cerebral, as perdas são irreparáveis: o desenvolvimento intelectual e emocional é prejudicado, fazendo com que a potencialidade da criança ou do adolescente não seja satisfatoriamente desenvolvida. Devido à falta de estímulos, o desenvolvimento linguístico e o repertório cultural também acabam sendo afetados. Além do mais, aparelhos com acesso à internet se tornam portas abertas para um mundo extremamente complexo e perigoso para aqueles que ainda não têm maturidade para navegar com segurança; ao permitirmos livre acesso ao mundo virtual, a criança fica inevitavelmente exposta à ação de criminosos e pedófilos.

Para os antigos egípcios, nós teríamos não cinco, mas seis sentidos: além de tato, olfato, paladar, visão e audição, eles consideravam o pensamento como um sexto sentido do ser humano, já que é a nossa capacidade de raciocinar — e, consequentemente, de criar — o que nos diferencia dos outros seres vivos. O famoso olho de Hórus é uma representação simbólica dessa ideia, já que as cinco partes que o compõem representam os cincos sentidos que tão bem conhecemos, e a sobrancelha representa o pensamento. E não é à toa que o pensamento foi posicionado acima do olho: são os cinco sentidos básicos que norteiam nossa percepção e guiam nossa experiência no contexto do mundo no qual estamos inseridos. Assim, o pensamento seria a consequência das vivências e dos estímulos que recebemos por meio dos cinco sentidos. Sendo o pensamento resultado das experiências sensoriais que colecionamos ao longo da vida, podemos concluir que, quanto mais profundas forem essas experiências, maior será nossa capacidade de raciocinar.

Tudo aquilo que existe no mundo é fruto do pensamento de alguém: o desenvolvimento da tecnologia e o domínio das leis da física capazes de nos fazer voar, os quadros e estátuas que preenchem os espaços dos museus, o design dos móveis sobre os quais trabalhamos e nos alimentamos. Tudo nasceu dentro do cérebro de alguém porque essa pessoa teve capacidade de pensar e criar. Portanto, sem desenvolvermos o pensamento, retornamos ao estágio selvagem no qual nada de novo se cria. E é por essa razão que eu peço a você, que convive com uma criança, que reflita bastante sobre o quanto suas próprias escolhas podem estar atrapalhando o desenvolvimento humano, cultural, sentimental e intelectual desses adultos do futuro: deixar crianças serem criadas pela tecnologia pode facilitar muito sua rotina atual, mas não tenho dúvidas de que, em longo prazo, os resultados dessa prática serão extremamente tristes para nossa sociedade como um todo.

Apesar das preocupações em relação à criança no contexto do mundo digital, não podemos nos esquecer do quanto essa realidade afeta também o adulto, que, quanto mais tempo passa em frente às telas, menos exercita a capacidade de pensar e questionar. Para refinar cada vez mais nossa capacidade de raciocinar — e fazer um bom uso dessa máquina extraordinária resultado de milhares de anos de evolução, nosso cérebro —, é preciso sair da zona de conforto. Para isso, é fundamental que você se exponha constantemente a novas situações, aprendizados e conversas a fim de ampliar as experiências sensoriais e intelectuais. Transitar exclusivamente pelos mundos que nos são familiares oferece uma confortável sensação de segurança, mas também faz de nós pessoas estagnadas: é a partir do momento em que nos dispomos a explorar o novo que somos desafiados a ampliar nossos horizontes.

Se durante a pandemia parecia que estávamos tomando consciência dos efeitos tóxicos de uma vida integralmente conectada, e tanto se falou sobre as mudanças de comportamento que iriam acontecer quando enfim passasse aquela realidade que restringiu nossas relações pessoais e profissionais ao mundo virtual, não é esse o cenário que temos vivenciado. Pelo contrário: muitos parecem ter adotado o estilo de vida sem grandes dificuldades, sofrendo agora sempre que precisam interagir com o outro presencialmente. Vemos pessoas que teriam condições de ter experiências interessantíssimas se encarcerarem em suas realidades virtuais e seguimos assim, sendo os mesmos robôs de **"TECHNOLOGIC" (Guy-Manuel de Homem-Christo/Thomas Bangalter), com Daft Punk**, hipnotizados pelo mundo da tecnologia, repetindo comandos de forma robótica em frentes às telas.

Seja por meio de livros ou conversas, ouvir e contar histórias sempre foi — e continua sendo — a melhor maneira de ensinar, aprender e promover verdadeiras revoluções. Se as grandes transformações da humanidade somente aconteceram porque as pessoas se reuniram, não podemos nos deixar enganar pela sensação artificial de proximidade que a realidade virtual cria o tempo inteiro. Então, por que não começar ainda hoje a trocar os momentos excessivos em frente às telas por bons livros ou conversas prazerosas? Estou certa de que você perceberá os ganhos dessa troca imediatamente. Assim, quando o futuro chegar, alguém poderá se recordar de você com o mesmo carinho com o qual me recordo de seu Antônio: acho que nenhum de nós quer ser lembrado no futuro por ter deixado os momentos mais encantadores da vida real serem substituídos pela artificial ilusão de uma tela, um campo de vidro onde flores não perfumam e abraços não aquecem a alma.

NÃO PODEMOS FECHAR OS OLHOS PARA AS DORES DO MUNDO

OU "LOS DERECHOS HUMANOS LOS VIOLAN EN TANTAS PARTES EN AMÉRICA LATINA"
(OS DIREITOS HUMANOS SÃO VIOLADOS EM MUITAS PARTES NA AMÉRICA LATINA)
["Zamba del Che" (Rubén Ortiz), com Victor Jara]

Existem alguns assuntos que quem é de Santo André, principalmente aqueles que têm mais idade, adora comentar. Um deles é o fato de o primeiro gol do Pelé — aquele mesmo que, no dia de sua aposentadoria, disse: "Love, love, love" ["**LOVE LOVE LOVE**" **(Caetano Veloso), com Caetano Veloso**] —, como jogador profissional do Santos, ter sido feito aqui, no extinto Estádio Américo Guazzelli, em uma partida contra nosso Corinthians Futebol Clube de Santo André, em um feriado de 7 de setembro de 1956. Outro assunto que também se repete bastante é o período em que o compositor Adoniran Barbosa viveu na cidade, onde exerceu diversos ofícios, entre eles, o de lanterninha do Cine Theatro de Variedades Carlos Gomes — vizinho do Cine Tangará, onde Adolfo, meu tio-avô, também trabalhava como lanterninha e porteiro. Inclusive, quando o assunto é o famoso "**TREM DAS ONZE**" **(Adoniran Barbosa), com Demônios da Garoa**, nós não podemos deixar de comentar que a música lançada no mesmo infame ano de 1964, quando acontecia o golpe militar, conta as memórias do tempo em que Adoniran vivia em Santo André, e não em Jaçanã. Apesar de a composição dizer "Moro em Jaçanã/Se eu perder esse trem/Que sai agora às onze horas/Só amanhã de manhã", a opção por "Jaçanã" se deu por ser um nome que, além de caber perfeitamente na métrica, rimava com "amanhã de manhã".

Adoniran foi esse grande nome do samba paulista que teve diversas composições censuradas ao longo do período ditatorial, não porque os censores tivessem sensibilidade para compreender as tantas críticas sociais que permeavam sua produção musical, mas porque julgavam ser de mau gosto a linguagem simples usada por ele em suas canções, como um retrato fiel das pessoas humildes que eram protagonistas das histórias que cantava. Como em **"SAUDOSA MALOCA" (Adoniran Barbosa), com Elis Regina**, em que dá voz aos despejados ao falar sobre a insegurança habitacional que já existia na São Paulo da década de 1950, quando a cidade ainda estava nos primeiros passos de seu irrefreável processo de verticalização, mas já era perceptível que seus abismos sociais cresceriam na velocidade dos pisos levantados pela construção civil. Ou como em **"IRACEMA" (Adoniran Barbosa), com Clara Nunes e Adoniran Barbosa**, na qual dá voz a um viúvo que perde a esposa em um atropelamento, em uma passagem que parece ter sido tirada da página da biografia de tantos brasileiros — incluindo a de seu Luiz, frentista do posto de gasolina aqui perto de casa, que um dia me contou, emocionado, da noite que passou em claro esperando pela chegada da esposa que era faxineira, até ser avisado que ela tinha sido a vítima fatal de um atropelamento no caminho de volta para casa. A obra de Adoniran é um verdadeiro retrato da vida comum vivida pelos tantos anônimos que fazem o dia a dia das grandes cidades acontecer, carregando consigo o peso de suas dores enquanto correm para não perder o último ônibus da linha — ou o último trem das onze.

Como minha mãe vem de uma família que também convivia com o peso de suas dores, para ela sempre foi importante mostrar para nós as mais diversas realidades que cercavam nossa vida, que, apesar da simplicidade, era rica de afeto e cultura. Quando meu irmão e eu éramos pequenos, ela nos levava com um grupo de voluntários que mensalmente fazia visitas dominicais a lugares como orfanatos e asilos, levando doações e emprestando os ouvidos para pessoas que em geral estavam esquecidas e isoladas. De todos os lugares que visitávamos, certamente o que mais me marcou foi o Asilo Colônia Santo Ângelo, de Mogi das Cruzes, um local que durante décadas funcionou como sanatório para pessoas com hanseníase. Curada a doença, muitas delas já não tinham mais uma vida para a qual voltar, já que os estigmas e preconceitos da doença dificultavam a reinserção tanto no âmbito familiar quanto no âmbito social. As casas simplesinhas com as portas abertas pareciam implorar por uma visita e, detrás de suas soleiras — onde o sentimento de desemparo e solidão que pairava no ar era tão denso que quase podia ser tocado —, cada qual convivia com as sequelas que mutilaram corpos e desfiguraram expressões, transformando as possibilidades de outrora em constante saudade de um passado tão impossível de ser reconstituído quanto os danos irreversíveis causados pela doença.

Algum tempo depois, passei a estudar em um colégio público que ficava na rua de nossa casa. Na porta de entrada, um enorme grafite colorido de um homem que olhava para o horizonte — exatamente como tinha sido retratado na fotografia de Alberto Korda — diariamente me dava bom dia. E foi ali que eu entrei em contato com a figura tão inspiradora daquele que era o escritor, fotógrafo, revolucionário e idealista que eu conheceria cada vez mais nos anos seguintes a partir de seus escritos, que há muito têm um lugar próprio na prateleira de minha estante. Seria por meio de um de seus livros que eu reafirmaria o tamanho da importância que tem nossa disposição em deixar eventualmente o conforto de nossas casas em busca daquelas vivências capazes de abrir nossos olhos um pouco mais a cada dia.

O ano era 1952 e Ernesto Guevara era apenas um jovem estudante de medicina quando decidiu viajar de moto da Argentina até a Venezuela com o amigo Alberto Granado, provavelmente sem saber o quanto aqueles meses de convivência com indígenas, doentes e camponeses mudariam os rumos de sua vida. Após mergulhar a fundo nas injustiças e desigualdades que existiam além das fronteiras de sua própria realidade, o argentino que passaria a ser conhecido simplesmente como "Che" se envolveria diretamente na luta pela libertação dos povos latino-americanos contra o imperialismo norte-americano vigente em tempos de Guerra Fria. Essa luta o transformaria em uma peça-chave da Revolução Cubana de 1959.

A viagem de Che Guevara seria retratada por ele mesmo no livro *De moto pela América do Sul: diário de viagem*, que décadas depois receberia uma belíssima adaptação cinematográfica — *Diários de motocicleta* (Dir. Walter Salles, 2004), dirigida pelo brasileiro Walter Salles, com o mexicano Gael García Bernal como protagonista. A música-tema do filme **"AL OTRO LADO DEL RÍO" (Jorge Drexler), com Jorge Drexler**, projetaria a carreira do cantor e compositor uruguaio Jorge Drexler, que veria sua composição se tornar a primeira música de língua não inglesa a ganhar o Oscar de Melhor Canção Original em 2005. Porém, em uma decisão arbitrária, a Academia impediu Jorge de interpretar sua própria obra na premiação, deixando a tarefa a cargo de Antonio Banderas e Carlos Santana, que não tinham qualquer vínculo com a produção ou com a história.

Curiosamente, uma passagem com Che — que na época era ministro da Indústria em Cuba —, que aconteceu em 1961, interferiria no andamento da política em terras brasileiras: no auge da Guerra Fria, o então presidente Jânio Quadros decidiu condecorá-lo com a Ordem do Cruzeiro do Sul, gerando um mal-estar no cenário político brasileiro. Uma das tantas polêmicas protagonizadas por Jânio durante seus breves 207 dias de governo, uma semana após o evento, ele renunciaria ao cargo dando lugar a seu vice, João Goulart, que três anos depois seria deposto pelos militares.

Um idealista incurável, em 1965, Che abandonou seu posto como ministro em Cuba para seguir o sonho de fomentar os ideais revolucionários no exterior, mas sem sucesso. Após passar uma temporada no Congo e posteriormente na Bolívia, seria capturado e assassinado em outubro de 1967, vítima de uma emboscada que contou com o envolvimento da CIA, para quem sua figura e sua crescente popularidade haviam se tornado uma grande pedra no sapato. Logo após a sua morte, nasceria a composição **"SOY LOCO POR TI AMÉRICA" (José Carlos Capinam/Gilberto Gil), com**

Caetano Veloso, em que Capinam, como um dos maiores letristas de nossa música, recorreria às metáforas para não ter censurada aquela composição que falava da morte do Che como uma das últimas estrelas que se apagavam antes que a América Latina mergulhasse na escuridão total de seus anos de chumbo: "Antes que a definitiva noite/Se espalhe em latinoamérica/El nombre del hombre, es pueblo." Com sua morte, desabava um pilar fundamental da utopia e da esperança cultivada pela esquerda latino-americana.

Numa das tantas tardes que passei em Havana em 2013, descobri o endereço da última casa onde Che viveu e decidi ir até lá para ver se conseguia falar com sua filha — a pediatra e revolucionária Aleida Guevara —, que gentilmente me recebeu para uma conversa naquela mesma varanda de onde ele se despediu da mulher e dos filhos antes de partir para uma viagem sem volta. Passamos algum tempo discutindo sobre a forma como os ideais disseminados por seu pai sobreviveram à passagem do tempo, fazendo dele uma inspiração que atravessou gerações e que segue influenciando também a música e as artes em geral, que, volta e meia, recorrem à força que reside em sua história e em sua figura tão simbólica. Falamos também sobre a situação econômica de Cuba, que nunca deixou de viver as consequências do embargo econômico imposto pelos Estados Unidos em 1962 e que, em minha opinião, nunca deu a chance para que o país realmente vivenciasse as possibilidades de sua Revolução da forma justa e digna que seu povo tanto merece.

Naquele ano de 2013 em que conheci Aleida, como o governo havia ampliado as permissões para a abertura de comércios privados — o que até então era limitado, já que esse setor pertencia quase que exclusivamente à administração pública —, ao cubano foi conferida pela primeira vez a possibilidade de empreender e, assim, começar a modificar pouco a pouco sua realidade. A economia cubana operava simultaneamente com duas moedas oficiais: o CUP, a moeda utilizada pela população e completamente desvalorizada em relação à economia mundial; e o CUC, a moeda que tinha seu valor equiparado ao dólar americano e era utilizada essencialmente por turistas. A partir da ampliação dessas permissões, os cubanos passaram a ter acesso também ao CUC, aumentando assim seu poder de consumo.

Se anteriormente os ganhos da população se limitavam exclusivamente a salários equivalentes a menos de trinta dólares mensais recebidos em CUP — que permitiam o acesso a uma reduzida variedade de produtos e bens de consumo —, ao prestar serviços e comercializar itens para turistas, seus ganhos começaram a crescer. Essa camada da população que passou a receber em CUC adquiriu certo poder aquisitivo para consumir itens e frequentar locais que até então eram restritos aos turistas e às camadas mais privilegiadas da sociedade cubana. Como ainda não havia um mercado competitivo formado, aqueles que haviam sido pioneiros na abertura de negócios próprios lucravam quantias sem precedentes para sua realidade, em um momento em que ainda não havia um cenário de concorrência devidamente desenvolvido.

Ao retornar a Havana seis meses depois, ainda no final daquele mesmo ano de 2013, a quantidade de carros mais modernos nas ruas era nitidamente maior, e até mesmo itens como celulares — que eu não havia visto em minha viagem anterior — surgiram nas mãos dos cubanos, enquanto o segmento de comercialização de serviços se organizava para atender ao mercado nacional oferecendo acesso à internet e à telefonia. Em menos de seis meses havia se modificado não somente a paisagem, mas também a atmosfera, o discurso e o comportamento das pessoas. As preocupações e os temas do dia a dia haviam se deslocado para outras esferas, enquanto os turistas passaram a ser frequentemente assediados para que vendessem seus celulares e eletrônicos — mesmo que não fosse possível utilizar todas as funcionalidades por não haver ainda acesso a conexões wi-fi ou chips telefônicos para todos.

Naquele momento, Cuba — que durante um longo período permanecera congelada no tempo — parecia finalmente caminhar em direção ao século XXI, em um processo que, nos anos seguintes, culminaria em uma intervenção do papa Francisco — o primeiro papa latino-americano da história, eleito naquele mesmo ano de 2013 — que resultaria na visita do ex-presidente Obama após quase noventa anos desde a última visita de um presidente norte-americano à ilha. Essa aproximação levaria à reabertura da embaixada norte-americana em Havana e até na realização de um show dos Rolling Stones para um público de mais de um milhão de pessoas, colocando em evidência aquela ilha que por tanto tempo permanecera isolada do mundo contemporâneo.

No entanto, os acontecimentos dos anos seguintes fariam com que aqueles ventos da mudança que pareciam ter se aproximado da ilha se dissipassem de um dia para o outro: o cenário de polarização política que elegeria Donald Trump como presidente dos Estados Unidos faria com que se fechasse o espaço para diálogo que parecia estar se criando entre os dois países. Isso aconteceria em um momento extremamente delicado, no qual os cubanos perdiam Fidel Castro, que, apesar de já não exercer a função de presidente, era uma presença necessária para gerações de cubanos que nasceram e cresceram tendo sua figura como norte. Em meio aos tantos acontecimentos que desestabilizariam os ânimos, a política e a economia de Cuba, a chegada da pandemia de covid-19 agravaria ainda mais a situação econômica do país, impedindo o acesso da população a itens básicos para sua sobrevivência.

Ao retornar a Cuba em 2023, dez anos depois de minha última visita, pude ver com meus próprios olhos o quanto aquelas expectativas frustradas castigaram um povo que hoje se encontra em uma situação muito mais difícil do que aquela que conheci. Apesar da constante presença da música, que torna a atmosfera um tanto mais leve e colorida, existe uma tristeza no olhar das pessoas que denuncia a miséria e as frustrações que se repetem diariamente dentro de suas casas e sobre suas mesas. Apesar dos tantos turistas que ainda caminham pelas suas ruas centenárias, a Havana que encontrei agora esfrega o tempo inteiro na cara de quem a visita a dura realidade de um povo que vive assombrado pela tristeza, pela insegurança e pela escassez.

O clima de desesperança tomou conta e está presente no português perfeito do veterano da Guerra da Independência de Angola que hoje varre ruas para sobreviver; está presente nas lembranças do segurança do museu que um dia foi um maratonista nas Olímpiadas de Barcelona, de 1992, mas na hora de comer encontra apenas um punhado de arroz e uma fatia de abacate na marmita; está na tristeza do porteiro do teatro que passa seus dias à espera de um público que não vem ver os cantores cansados de cantar para poltronas vazias. Enquanto uns cantam e outros varrem ruas, os índices de criminalidade estão subindo e eu ouvi algumas pessoas repetirem entristecidas que, no momento, só conseguem enxergar dois caminhos para seus jovens: entrar para o crime ou sair do país.

Em novembro de 2023, a Assembleia Geral da ONU votou mais uma vez pelo fim do embargo, com uma ampla maioria de 187 votos a favor. Seguir sustentando essas sanções que afetam o acesso da população a alimentos, medicamentos e itens básicos para a sobrevivência é no mínimo cruel e desumano: existe um povo inocente sofrendo diariamente as consequências de acontecimentos e decisões que nunca estiveram em suas mãos. Por ser um lugar com o qual eu tenho uma relação tão profunda, para mim é extremamente difícil ver, sem sofrer, a escassez na qual Cuba vive mergulhada, e eu voltei de lá pensando no quanto a vida realmente pode parecer mais bonita para quem escolhe lançar sobre ela seu olhar de turista, através do qual tudo tem potencial para aparentar ser uma grande festa.

Frequentemente, evitamos entrar em contato com a realidade que nos cerca e com as histórias que dela emergem porque, nesse processo, nosso coração inevitavelmente sangra de dor. Mas, mesmo sabendo disso, confesso que ainda prefiro ser a pessoa que não fecha os olhos para as dores do mundo, disposta a entrar pelas portas abertas que pedem uma visita para ouvir o que seus moradores têm a dizer. E foi exatamente por isso que, mesmo tendo meus dias marcados pelas dificuldades e pela tristeza que nesse momento fazem parte do dia a dia de Havana, ao andar pelas ruas e conversar com aquela gente tão amorosa, receptiva e carinhosa que vê no brasileiro um irmão, lembrei o porquê de aquele lugar me fazer sentir em casa. Na realidade dos Mato Grosso, e de Joca e Iracema, que ali vivem, eu encontro um pedaço desse Brasil de Adoniran, que me fez escrever um texto na primeira vez que estive em Havana, com o qual encerro estas linhas:

ENCONTROS (2013)

Eu encontro o Brasil no olhar do moleque que, quando veste a camisa verde-amarela e bota uma bola no pé, fantasia que é craque da seleção; na brincadeira das crianças que têm o dom de fazer do barraco um palácio e que na feiura enxergam beleza sem deixar espaço vazio para a tristeza chegar; no caminhar despreocupado da menina que anda por aí como quem sabe exatamente onde essa ou aquela rua desconhecida vai dar.

Eu encontro o Brasil na expressão dessa gente trabalhadora que não se cansa de acreditar que o amanhã pode ser sempre melhor do que hoje; no suspiro distraído de quem encontrou nas pequenas coisas da vida um bom motivo para sorrir outra vez; em quem não deixa de acreditar nas boas intenções das pessoas e não desiste nunca de buscar o melhor que existe dentro de cada um.

Eu encontro o Brasil na gente que faz da desgraça, poema, e da tristeza, uma nova canção; em quem vai para as ruas e faz toda a gente dançar sem nada em troca pedir; em quem esquece dos problemas todos que tem e dança no meio da avenida como se a vida fosse um poema colorido a repetir a todo o instante um momento sem fim.

Eu encontro o Brasil no Cristo que, de braços abertos ou não, na beira do mar abençoa e abraça a toda essa gente; em quem acredita na sorte, pede para o santo, faz oferenda e reza um pai-nosso; em quem entende que a vida é uma roda gigante, mas tem certeza de que em momento algum está sozinho.

Eu encontro o Brasil na diversidade que depois de tanto penar, finalmente parece estar aprendendo a caminhar na mesma calçada.

Eu encontro o Brasil nessa gente que não nega sua origem e tem orgulho de ter nascido onde nasceu.

ALGUMAS CANÇÕES COMPOSTAS AO LONGO DO TEMPO EM HOMENAGEM A CHE GUEVARA:

"EL APARECIDO"
(Victor Jara), com Victor Jara

"HASTA SIEMPRE, COMANDANTE"
(Carlos Puebla), com Carlos Puebla y sus Tradicionales

"SOY LOCO POR TI AMÉRICA"
(José Carlos Capinam/Gilberto Gil), com Caetano Veloso

"ZAMBA DEL CHE"
(Ruben Ortiz), com Victor Jara

"NADA MÁS"
(Atahualpa Yupanqui), com Atahualpa Yupanqui

"UNA CANCIÓN NECESÁRIA"
(Vicente Feliú), com Vicente Feliú

"FUSIL CONTRA FUSIL"
(Silvio Rodríguez), com Silvio Rodríguez

"LA ERA ESTÁ PARIENDO UN CORAZÓN"
(Silvio Rodríguez), com Silvio Rodríguez

O SÉCULO QUE NÃO TERMINOU

OU "SI NO APRENDEMOS DE NUESTRA HISTORIA NO HABRÁ FORMA DE PROGRESAR" (SE NÃO APRENDERMOS COM NOSSA HISTÓRIA, NÃO HAVERÁ FORMA DE PROGREDIR)

["Latinoamérica" (Alex Gonzáles), com Maná]

Um dos tantos lugares incríveis que minha amiga Tita Parra me apresentou, Horcón é um povoado de pescadores localizado na província chilena de Valparaíso, onde homens do mar, hippies e pelicanos convivem há décadas. Como consequência natural dessa convivência, ao longo do tempo pescadores se tornaram artesãos e artesãos se tornaram pescadores, um encontro que colaborou para definir a identidade pitoresca do povo *horconino*. A presença do artesanato local, as cores e a estética datada conferem a Horcón um ar setentista que denuncia que pouca coisa mudou na paisagem ao longo das últimas décadas; se, num primeiro momento, a sensação que temos é de que ali a vida parece acontecer numa dimensão diferente daquela à qual estamos acostumados, com o passar dos dias, a sensação se transforma em certeza. Afinal, foi com essa intenção que os hippies se instalaram naquela pacata vila de pescadores ao longo da década de 1970: para criar um refúgio, uma realidade paralela, onde tivessem o direito de viver em paz com suas famílias e amores, exercendo seus ofícios longe da repressão e da violência que tomou conta do país a partir do golpe militar que depôs o presidente socialista Salvador Allende. Uma espécie de "Shangrilá chilena" — como aquela cidade descrita no livro *Horizonte perdido* (1933), do escritor inglês James Hilton —, naquele tempo em que muitos tiveram que deixar o país para poder viver em liberdade, Horcón se tornou uma opção viável para quem não desejava ou não tinha a possibilidade de se exilar.

Por viver relativamente afastado e não perturbar a ordem, o povo de Horcón foi considerado inofensivo pelos militares, o que ajudou a preservar a tranquilidade vivida no povoado. Uma das poucas coisas que exigia mais esforço e atenção no dia a dia era driblar o toque de recolher: minutos antes da chegada dos carabineiros, os estabelecimentos eram fechados e as luzes, apagadas. Feita a ronda, quando a viatura se afastava, o povoado retomava sua vida noturna nos bares e no El Gloria, a discoteca que ficava onde hoje existe um mercadinho. Em nome de manter viva a tradição daquele lugar histórico, os filhos do dono eventualmente reuniam amigos para dançar após o fim do expediente, e foi assim que de repente me vi entre gôndolas de biscoito e pacotes de macarrão bailando uma cúmbia chilena [**"VARGA-VARGA" (Victor Vargas), com Chico Trujillo**] com um copo de Fernet na mão — a bebida italiana que inspiraria os versos "Como beber dessa bebida amarga?" [**"CÁLICE" (Chico Buarque/Gilberto Gil], com Chico Buarque e Milton Nascimento**].

Quando a pandemia da covid-19 começou, sete anos haviam se passado desde minha visita ao povoado e, durante o período de isolamento social, eu pensava frequentemente em Horcón como um ideal de refúgio que precisava criar simbolicamente em minha rotina para conseguir sobreviver e manter a sanidade naquele período difícil. Foi um tempo em que não apenas o vírus era uma preocupação e um problema, mas também o contexto político completamente desfavorável no qual ele surgiu — afinal o negacionismo propagado no período atrasaria tanto a adoção de medidas de prevenção quanto o início da vacinação. Esse atraso que causou milhares de mortes que poderiam ter sido evitadas caso o país estivesse nas mãos de alguém que levasse a ciência, ou pelo menos os próprios ministros da Saúde, a sério. Alimentada pelo cenário em que vivíamos, a polarização política que já existia se intensificou ao longo da pandemia, embasada em temas como o movimento antivacina e o negacionismo científico, que, na mesma velocidade em que o próprio vírus se alastrava no mundo real, se propagavam em forma de fake news nas redes sociais. Essa mesma polarização foi capaz de causar rupturas profundas nas relações sociais e familiares, afastando aqueles que já se encontravam fisicamente distantes naquele momento delicado, em que a união era mais necessária do que nunca.

Com a aproximação das eleições presidenciais de 2022, entre as fake news exaustivamente repetidas pelos opositores de Lula e do Partido dos Trabalhadores, o bom e velho "fantasma do comunismo" pairava no ar, me fazendo pensar no quanto as questões do século XX ainda estão de tal maneira presentes em nossas vidas. A própria polarização que eventualmente se manifesta em forma de discursos que remetem à Guerra Fria — mesmo passadas mais de três décadas da queda de seu símbolo maior, o Muro de Berlim —, comprova que ela não terminou quando o Muro foi derrubado: afinal, a polarização real não está gravada no concreto, mas sim enraizada em nossas mentes. Do século passado, herdamos uma série de conflitos, tensões e pendências que ainda não se resolveram, pois certas coisas precisam da distância do tempo para se revelar, como os documentos sigilosos que passam a ser divulgados décadas depois de determinado evento ou as informações que emergem da quebra dos pactos de silêncio que alguém decide fazer no final de sua vida.

Provas do tempo que às vezes precisamos esperar para ver a justiça finalmente se concretizar são a condenação e a prisão dos militares envolvidos no sequestro e no assassinato do cantor e compositor Victor Jara, que só aconteceu em agosto de 2023, a poucos dias do cinquentenário de sua morte. Três meses após a condenação, a bailarina britânica e defensora dos direitos humanos Joan Jara — a viúva de Victor que passou a vida buscando justiça pela morte do marido —, morreu aos 96 anos, certamente em paz ao ver sua missão enfim cumprida. O trabalho de Joan, que também é autora da biografia *Uma canção inacabada* (1984), manteve vivas a história, a música e a memória de Victor ao longo das décadas, impedindo que seu assassinato caísse no esquecimento e inspirando outros artistas a se tornarem seus porta-vozes, amplificando sua causa.

É o caso de Bono Vox, que, após ler a biografia escrita por Joan, homenageou Victor na canção **"ONE TREE HILL (Adam Clayton/Larry Mullen/Bono/The Edge), com U2**: "Jara sang his song/A weapon/In the hands of one/Though his blood still cries/From the ground" ("Jara cantou sua canção/Uma arma/Nas mãos de alguém/Embora seu sangue ainda chore/No chão"), lançada pela banda irlandesa em 1987. A banda escocesa Simple Minds também dedicaria a ele a canção **"STREET FIGHTING YEARS" (Charlie Burchill/James Kerr/Mick MacNeil), com Simple Minds** — que dá nome a um de seus principais discos, lançado em 1989. Esse disco também inclui em seu repertório **"MANDELA DAY" (Charlie Burchill/James Kerr/Mick MacNeil), com Simple Minds**, composta em celebração aos 70 anos de Nelson Mandela, quando ele ainda se encontrava na prisão. Minha amiga Tita também comporia **"A LOS CANTORES DEL MUNDO — A VICTOR JARA" (Tita Parra), com Tita Parra**, uma belíssima homenagem a Victor lançada em 1978. Como a função do artista também é impedir que histórias e pessoas caiam no esquecimento, certamente essas canções tiveram uma importância fundamental no processo que finalmente fez a justiça pela morte de Victor acontecer.

No entanto, o tempo que levou para essa condenação chegar — que é apenas um exemplo dentre as centenas de casos que poderíamos recordar —, nos faz pensar no tamanho do rastro de destruição que um governo autoritário é capaz de deixar e no tempo que é necessário para que a justiça se cumpra e a democracia se reestabeleça, atrasando determinantemente o progresso e o desenvolvimento de um país. Afinal, não se trata apenas de punir os crimes cometidos por quem estava no poder, mas também de compensar os impactos políticos, econômicos, sociais, educacionais e culturais herdados daquele período. Além do mais, quando gerações inteiras têm o pensamento construído no contexto de um governo autoritário, que molda e deturpa sua percepção de mundo, nesse processo de reconstrução da democracia, frequentemente o próprio povo se torna um obstáculo; basta ver os discursos que emergiram no Brasil ao longo dos últimos anos, quando nos demos conta de que, por trás do sorriso simpático daquele tio querido, habitava um fascista devidamente formado pelos acontecimentos do século passado.

Ao longo do século XX, o Brasil viveu mais de três décadas sob governos autoritários e ditatoriais [Estado Novo (1937-1945)/Ditadura Militar (1964-1985)], as quais deixaram marcas profundas em nossa sociedade e em nossa jovem e frágil democracia, que, apesar de ter dado passos fundamentais com a promulgação da Constituição Brasileira de 1988, ainda não teve a chance de se consolidar. Nesse exato momento em que estamos prestes a completar seis décadas do golpe militar de 1964, aos trancos e barrancos, estamos vivendo o maior período democrático na história do Brasil, o que me leva a refletir que todas as vezes que o brasileiro normaliza discursos que propagam ideias como aquela que dizia que um soldado e um cabo bastariam para fechar o Supremo Tribunal Federal, por exemplo, ele está abrindo a porta e convidando o autoritarismo para entrar, colocando em xeque essa mesma democracia conquistada a duras penas. Seja por pura maldade ou por ignorância, a realidade é que estamos o tempo inteiro flertando com o pensamento autoritário.

A democracia é um passaporte para a liberdade que não pode ser vendido ou trocado por nada; é por essa razão que não podemos deixar de preservar a "Memória de um tempo/Onde lutar por seu direito/É um defeito que mata" **["PEQUENA MEMÓRIA PARA UM TEMPO SEM MEMÓRIA" (Gonzaga Jr.), com Gonzaguinha]**, como um lembrete de uma realidade passada que não deve, de maneira alguma, se repetir. Para isso, é preciso zelar diariamente pela democracia; particularmente, eu gosto de pensar nela como um broto que precisa ser cuidado para que possa florescer e frutificar **["CORAÇÃO DE ESTUDANTE" (Milton Nascimento/Wagner Tiso), com Milton Nascimento]**.

Se, por um lado, a democracia é o sistema político no qual líderes são eleitos pelo povo como seus representantes — devendo satisfação a ele e podendo ser periodicamente substituídos por meio do voto quando deixam de cumprir as expectativas de quem os elegeu —, por outro, no autoritarismo a vontade individual não existe e o povo deve obediência absoluta e inquestionável a seus governantes, que exercem o poder de maneira abusiva. Em resumo, na democracia, governados e governantes caminham lado a lado, porque os anseios e necessidades do povo são ouvidos e defendidos por quem governa; no autoritarismo, governados temem seus governantes, que impõem suas vontades e decisões — frequentemente recorrendo ao uso da força e da violência — sem ouvir o próprio povo, sem considerar seus anseios e necessidades. Mas se democracia e autoritarismo são conceitos completamente distintos, qual é a razão que leva um país que vivencia a democracia a defender ou aceitar a presença do autoritarismo? O que explica os casos em que um governo aparentemente democrático se converte em um governo autoritário? A resposta para essas e para tantas outras questões está na visão que temos sobre o poder no mundo ocidental, onde ele é sinônimo de uma relação hierárquica de dominação e submissão, abrindo brechas para que o autoritarismo possa se manifestar.

Em seu *Seminário 14 — A lógica do fantasma*, o psicanalista francês Jacques Lacan afirmou que "O inconsciente é a política". E é também no inconsciente que reside a resistência humana à dominação e à submissão; a fim de compensar a frustração que nasce da impotência vivenciada em decorrência da opressão sofrida, o oprimido frequentemente passa a oprimir aqueles que enxerga como inferiores dentro da hierarquia estabelecida. Esse comportamento alimenta aquele ciclo da opressão que tantas vezes foi retratado em tirinhas e ilustrações, no qual o homem, ao ser oprimido pelo chefe, oprime sua esposa, que, por sua vez, oprime o filho, que então oprime o cachorro. Reforçando o pensamento freiriano que afirma que "Quando a educação não é libertadora, o sonho do oprimido é ser opressor", esse ciclo só acaba quando um elo dessa corrente se rompe — a partir da tomada de consciência que leva à quebra do padrão.

Durante anos, o antropólogo e etnógrafo francês Pierre Clastres se dedicou ao estudo da antropologia política, partindo de suas vivências e investigações sobre as populações indígenas sul-americanas. Sua intenção era compreender a ausência do poder autoritário na estrutura política desses povos, um acontecimento que não é mero fruto do acaso: existe um grande cuidado quanto à regulação e manutenção das relações entre líderes e seus grupos, a fim de impedir que o poder atribuído se transforme em autoritarismo. Para esses povos, o conceito de poder está completamente dissociado dos princípios de dominação e submissão e isento de hierarquia e autoridade. Mas o que possibilitou o surgimento e a manutenção dessa dinâmica política e social pautada pela horizontalidade? Creio que, para compreendermos essa questão, precisamos recorrer aos fundamentos da religiosidade indígena e à relação que esses povos têm com a figura do Criador.

Na cultura indígena, o Criador é um amigo, alguém que nos presenteou com todas essas maravilhas que nos cercam e com tudo aquilo que a natureza o tempo inteiro nos oferece sem nada pedir em troca. Esse Criador seria incapaz de colocar uma armadilha em forma de árvore frutífera nesse paraíso, do qual jamais nos expulsaria, pois tudo o que criou foi para que pudéssemos viver bem e felizes. Esse Criador não está o tempo inteiro nos vigiando, esperando que cometamos um erro para então nos punir: ele está a nosso lado, caminhando de mãos dadas conosco. Portanto, se a figura que consideramos a maior e mais importante de todas — responsável pela criação de todos nós e de tudo aquilo que conhecemos, sem a qual não existiríamos —, está a nosso lado, não existe ninguém que possa estar acima. Nem mesmo nossos líderes e governantes, pois, com base nessa ótica, teríamos a consciência de que, respeitadas nossas particularidades, somos todos iguais. Considerando que só pode ser oprimido aquele que é considerado inferior, ao nos enxergarmos como iguais, os conceitos de superioridade e inferioridade deixam de existir. E, quando não há oprimido, tampouco há opressor.

Feita essa reflexão, é preciso lembrar que durante muito tempo o poder político esteve concentrado nas mãos das instituições religiosas e que o que sustentou essa visão ocidental do poder — pautado pela relação hierárquica de dominação e submissão —, foi a figura intimidadora e opressora de um Deus autoritário ao qual deveríamos ser tementes, representado pelas figuras dos líderes religiosos que seriam Seus autoproclamados representantes na Terra. A sustentação de nossa estrutura social e política hierarquizada ainda hoje está conectada com essa imagem de Deus que há séculos nos foi apresentada, já que foi deslocada para as figuras de autoridade religiosas e políticas às quais tememos de alguma maneira — seja consciente ou inconscientemente. Portanto, penso que, para superarmos o autoritarismo e compreendermos a forma como lidamos com as figuras de autoridade em nosso contexto social, precisamos fazer uma reavaliação urgente de nossa visão do Criador e de nossa relação com Ele.

Acredito que nossa relação com a Criação e com o Criador, independentemente do nome que receba, é determinante para a formação de nossa ideia sobre o poder. Afinal, a percepção de nosso tamanho em relação à grandiosidade do mundo que nos cerca pode ser uma experiência tão encantadora quanto intimidadora: ao mesmo tempo que podemos nos enxergar como seres grandiosos — já que o milagre divino da vida se manifesta através de nós —, podemos também nos enxergar como seres insignificantes, já que somos uma partícula efêmera em meio a tantas outras que compõem este universo. Essa visão determinará se iremos viver e agir como parte do todo ou como seres subordinados ao todo; se a primeira opção nos conduz a um equilíbrio democrático, a segunda nos inferioriza, e, ao nos sentirmos assim, passamos a ter a necessidade de oprimir para não sermos oprimidos. E é aí que passamos a tentar dominar o mundo, a natureza, os animais, o espaço sideral e nosso semelhante — o que explica também por que já não é mais novidade o fato de estarmos sempre em guerra [**"ALÔ, ALÔ MARCIANO" (Rita Lee/Roberto de Carvalho), com Elis Regina**].

E, por falar em guerra, se muitos pensaram que sairíamos da pandemia de covid-19 mais humanos e sensíveis, a quantidade de guerras e conflitos que estão em andamento neste exato instante em que escrevo este livro comprovam que continuamos exatamente iguais ao que éramos antes do vírus. E não são só as guerras que seguem fazendo suas vítimas: quantos cidadãos morreram somente no dia de hoje, vítimas da fome, da violência urbana, da intolerância ou da necropolítica praticada por tantos Estados — somente para citar alguns exemplos? Contrariando a ideia que os livros motivacionais propagam indiscriminadamente, a vida em si não *é* boa: ela *pode* ser boa, a depender das circunstâncias em que acontece. A partir do momento em que afirmamos que a vida *é* boa — como se só o fato de estarmos vivos bastasse —, automaticamente nos tornamos aquela "casta que dá costas à tragédia" [**"IDADE MÉDIA MODERNA (Carlos Rennó/ Pedro Luís), com Pedro Luís**], fechando os olhos para aquelas pessoas que vivem em situação de miséria, que carecem de oportunidades, de cuidados médicos, de um teto sobre a cabeça, de comida na mesa, de água potável para matar a sede. Infelizmente, para uma grande parcela da população mundial, a vida não *é* boa porque faltam políticas e iniciativas que possibilitem o exercício pleno do direito à vida e à integridade.

Nossa realidade atual mostra que nem mesmo todos os horrores que o mundo viveu no século XX foram suficientes para que nós aprendêssemos que, quando se zela pela vida por meio da garantia dos direitos fundamentais e da preservação dos direitos humanos, as bases das guerras e do autoritarismo se dissolvem. Infelizmente, "A história se repete/Mas a força deixa a história mal contada" [**"TODA FORMA DE PODER" (Humberto Gessinger), com Engenheiros do Hawaii**]: quem não aprende com a própria história está fadado a repeti-la sistematicamente, e é por essa razão que precisamos cada vez mais debater a história passada de nosso país, de nosso continente e do mundo. Somente assim teremos a chance de enfim compreender as passagens originalmente mal contadas ou suprimidas, que deixaram lacunas que têm nos levado a cair nos mesmos abismos. Concomitantemente, precisamos também rever nossa relação com a política: há algum tempo vivemos um momento de descrença extrema nas instituições, que tem levado muitos a se absterem da participação política. Nossa política é um reflexo de nossa sociedade, e se ela está doente, é porque nós também estamos doentes. Portanto, desacreditar na política, é desacreditar na humanidade. A política é o caminho para a transformação, e participar dela é garantir a preservação de nossa própria liberdade.

EPÍLOGO

EPÍLOGO

UMA MANHÃ DE DOMINGO EM 2024

OU "AMAR E MUDAR AS COISAS ME INTERESSA MAIS"

["Alucinação" (Antônio Carlos Belchior), com Belchior]

Um a um, os canteiros dos quintais — onde os pés de verdura orvalhados costumavam desabrochar —, deram lugar aos canteiros de obra, que, por sua vez, derramaram caminhões de concreto sobre a mesma terra onde raízes e tubérculos costumavam se espreguiçar e as galinhas não se cansavam de ciscar. Quem anuncia a chegada de mais um dia já não são os galos, que há muito não cantam por aqui, mas sim as buzinas impacientes e os pneus apressados dos ônibus, carros e motos que antes mesmo de o sol nascer começam a engarrafar ruas e avenidas. A paisagem, as pessoas e os costumes mudaram muito e a cidade certamente já não é mais a mesma daquela manhã de domingo em 1964 — um tempo em que ainda "havia galos, noites e quintais" [**"GALOS, NOITES E QUINTAIS"** (Antônio Carlos Belchior), com Belchior]. Mas, para quem chegou depois, aquela Santo André — que amanhecia com cheiro de terra e brisa de saudade no ar — nunca foi minha: hoje ela é apenas um retrato bonito de um tempo passado que mora na memória de minha mãe.

Em minha versão dessa cidade em que eu vivo e enxergo do alto do quarto andar, quando despontam os primeiros raios de sol que invadem as frestas da janela, uma revoada de maritacas passa cantando e anunciando que o dia raiou. E mesmo quando elas perdem a hora dançando com as flores do ipê e, distraídas com a própria folia, se esquecem de passar por aqui, é certo que religiosamente às sete horas da manhã o sino da Matriz dará a primeira badalada para lembrar a vizinhança que mais um dia acaba de começar. Apesar de essas cenas se repetirem a semana inteira, é na paz das manhãs de domingo que a algazarra das aves parece ter mais vida e o sino parece bater um pouco mais feliz. Ou talvez seja apenas impressão minha — coisa de quem gostaria de que todos os dias da semana se tornassem manhãs de domingo.

Com exceção da gentil vizinha do apartamento do andar de baixo — que vez ou outra deixa pão de queijo quentinho ou doces mineiros na porta de minha casa —, confesso que sei muito pouco ou quase nada sobre aqueles que vivem no mesmo mundo vertical de concreto onde moro: todos parecem estar sempre tão ocupados e apressados que nossos contatos se limitam aos breves cumprimentos e olhares impacientes que se encontram sem hora marcada no sobe e desce do elevador. Em tempos em que a boa e velha xícara de açúcar pode chegar num piscar de olhos via aplicativo, com exceção da Nanci do terceiro andar, parece haver pouca gente preocupada em cultivar relações e gentilezas em forma de pedaços de bolo ou potes de sopa. Sem mudinhas de roseiras para trocar — ou um local em frente à televisão do outro para pleitear —, também não parecem ter sobrado muitos motivos para prosear; pelo menos não da porta para fora, já que da porta para dentro de casa não faltam motivos nem histórias para contar.

Como uma solução para combater o isolamento e a solidão, durante a pandemia de covid-19, minha mãe e eu — que já éramos vizinhas de bairro — decidimos nos mudar para o mesmo apartamento e, como eu saí de casa cedo, essa é a primeira vez na vida que temos uma convivência tão próxima e só nossa. Certamente, a especialização em Psicanálise Clínica que fizemos juntas anos atrás — uma experiência tão constrangedora quanto curativa — ajudou a quebrar muitas das barreiras que existiam entre nós e que teriam tornado praticamente impossível a convivência debaixo do mesmo teto. Aqueles dois anos foram fundamentais para que conseguíssemos deixar para trás os estereótipos das figuras de mãe e filha — com todas as expectativas e frustrações que eles incluem como itens de série —, para então nos enxergarmos como as mulheres e amigas que somos hoje.

Depois de viver essa experiência na própria pele, penso que as relações entre pais e filhos somente têm a oportunidade de atingir um estágio mais profundo quando conseguimos deixar a idealização de lado e passamos a nos enxergar como pessoas reais. Pais são seres humanos de carne e osso, pessoas que convivem com os erros, medos e constrangimentos, herdados de um passado que os filhos não compreendem simplesmente porque desconhecem. Como sabiamente cantou Renato Russo, "Você me diz que seus pais não o entendem/Mas você não entende seus pais" [**"PAIS E FILHOS" (Dado Villa-Lobos/Marcelo Bonfá/Renato Russo), com Legião Urbana**]. Quando pais e filhos enfim decidem deixar os constrangimentos de lado para abrir os livros de suas vidas uns para os outros — dando assim o primeiro passo em direção ao entendimento mútuo —, finalmente começamos a desatar os nós desse novelo embolado que são as relações familiares.

Enquanto eu mesma desfazia um desses nós, dia desses sonhei que estava mergulhando no mar aberto no meio da madrugada, em busca de um naufrágio que eu não sabia exatamente onde estava. Meu irmão estava comigo e, como não estávamos usando nenhum tipo de equipamento, o tempo inteiro retornávamos à superfície para respirar. Quando enfim encontramos aquela embarcação de madeira que repousava no fundo do mar, entramos e, para nossa surpresa, lá dentro não havia água. No centro havia uma mesa com cadeiras cercada por diversas prateleiras cobertas por objetos e fotografias; passamos algum tempo observando, até que minha mãe se juntou a nós, dizendo que aquele barco havia sido de sua mãe. Um a um, ela começou a apresentar cada um daqueles objetos, dentre os quais muitos eram de nossa avó, mas outros tantos eram de seus ancestrais. Quando acordei, entendi a mensagem simbólica daquele sonho: minha mãe é nosso último elo com essa família que hoje só existe em fotografias, discos e cadernos de receita, e, enquanto desconheço a história desses objetos, eles são apenas objetos. Mas, quando escuto suas histórias, de alguma maneira eles passam a ocupar um espaço nas prateleiras de meu próprio barco. Ou seja, aquelas histórias — que poderiam estar perdidas para sempre — ganham vida e se tornam parte de minha própria história.

Duas mulheres extremamente ativas e ocupadas com os seus projetos, sonhos e ideias, durante a semana são raros os momentos em que minha mãe e eu conseguimos compartilhar, e é por isso que as manhãs de domingo têm um sabor diferente por aqui — a começar pelo cheiro de pão assando no forno, um hábito que ela criou nesse tempo que estamos compartilhando casa e cozinha. Além de ser o momento em que ouvimos e contamos nossas histórias, é nas manhãs de domingo também que os 78 rpm de meu bisavô se encontram com a enorme coleção de LPs de sua neta e com minhas playlists do streaming.

Para quem precisa de música tanto quanto precisa de ar, as décadas de 1970 e 1980 foram especiais para quem vivia no Grande ABC, um período histórico em que a região estava na rota das principais turnês dos maiores artistas da época. Vivendo o auge de sua adolescência naquele início dos anos de 1970, de tanto frequentar, minha mãe acabou fazendo amizade com o pessoal do Teatro Municipal de Santo André, onde assistia sem pagar a todos os shows que vinham para cá; afinal, numa época em que superlotação era rotina, bastava botar os amigos para dentro e mandar sentar no chão. E foi assim que ela viu e ouviu João Bosco, Caetano Veloso, Belchior, Alceu Valença — quando Zé Ramalho ainda tocava com ele —, Ivan Lins, Hermeto Pascoal e Zé Rodrix — que naquele momento estava lançando o sucesso **"SOY LATINOAMERICANO" (Zé Rodrix/Livi), com Zé Rodrix**, tempos depois de deixar o trio com Sá & Guarabyra. Estes, por sua vez, naquele momento estavam mesmo era preocupados em protestar contra a construção da Usina Hidrelétrica de Sobradinho, dando adeus às quatro cidades históricas baianas que foram alagadas pelas águas do Velho Chico: "Adeus Remanso, Casa Nova, Sento Sé/Adeus Pilão Arcado vem o rio te engolir/Debaixo d'água lá se vai a vida inteira" [**"SOBRADINHO" (Sá/Guarabyra), com Sá & Guarabyra**].

E foi numa dessas que, aos 16 anos, e familiarizada com a planta do teatro que era quase uma extensão de sua casa, ela e a amiga Rebeca foram parar no camarim dos Secos & Molhados, que estavam viajando pelo Brasil com a turnê de seu disco de estreia, que era da primeira — **"SANGUE LA-TINO" (João Ricardo/Paulinho Mendonça), com Secos & Molhados** — à última faixa — **"FALA" (João Ricardo/Luli) com Secos & Molhados** — uma verdadeira coleção de hits poéticos. Como ela tinha acabado de ganhar um gravadorzinho do pai, pendurou o aparelho no pescoço e se infiltrou no camarim, onde já chegou dizendo que precisava entrevistar o trio para o jornalzinho do colégio. Em um tempo em que não havia tantas barreiras entre público e artista, elas realmente entrevistaram Ney Matogrosso, Gérson Conrad e João Ricardo. É claro que não havia jornalzinho nenhum e a carreira jornalística de minha mãe acabou por ali mesmo, mas o papo foi bom e, enquanto minha mãe passava óleo Johnson's nas costas do Ney — que queria "entrar brilhando no palco" —, João acabou convidando as meninas para assistirem também à segunda sessão, que aconteceria mais tarde naquele mesmo dia.

Nascido em Portugal, João Ricardo chegou ao Brasil com a família poucos dias antes do golpe militar de 1964, quando seu pai — o poeta e jornalista João Apolinário — precisou fugir da ditadura salazarista. Juntos, pai e filho comporiam algumas das canções icônicas gravadas pelo grupo no breve período de existência da formação original; são de Apolinário os corajosos e potentes versos "Quem tem consciência para ter coragem/ Quem tem a força de saber que existe/E no centro da própria engrenagem/ Inventa contra a mola que resiste" [**"PRIMAVERA NOS DENTES" (João Apolinário/João Ricardo), com Secos & Molhados**]. Um grupo que surgiu no auge da ditadura militar, em tempos de AI-5, da música ao visual, Secos & Molhados era uma verdadeira afronta não somente aos militares que estavam no poder, mas também ao pai de Ney, que era um militar extremamente conservador.

Pouco depois desse episódio, minha mãe conseguiu o emprego dos sonhos de qualquer amante da música que viveu na era pré-streaming: durante algum tempo, foi vendedora de discos na histórica e extinta Discoteca Aldo, onde podia ouvir e conhecer todos os discos que quisesse sem, para isso, ter que comprá-los. E foi relembrando alguns dos discos mais marcantes que vendeu que, numa manhã de domingo, ela me apresentou *Naire* (RGE, 1974). O disco do cantor e compositor goiano Naire Siqueira é uma verdadeira pérola esquecida da música brasileira: com um belíssimo repertório autoral que nasceu de sua parceria com Paulinho Tapajós e Tibério Gaspar, a única composição não autoral do disco é **"AVE MARIA" (Roberto Menescal/Paulinho Tapajós), com Naire**, que, apesar de ser uma das composições menos conhecidas de Menescal — meu biografado e parceiro de composição —, é uma das mais bonitas que ele já compôs. Um dos álbuns que eu mais tenho escutado desde então, confesso que as mais repetidas por aqui são **"BENDITO SEJA" (Naire/Paulinho Tapajós), com Naire**, e **"QUINZE ANOS" (Naire/Paulinho Tapajós), com Naire** — que, antes de ser gravada por seu compositor, já havia sido gravada ao vivo por Nara Leão e incluída no álbum *Phono 73: o canto de um povo* (Philips, 1973).

Em meio a uma de nossas resenhas, discutíamos a sonoridade incômoda, disruptiva e revolucionária do disco *Ou não* (Continental, 1973) — o famoso "álbum da mosca" —, de Walter Franco, e eu então apresentei a ela a gravação de Alice Caymmi para **"ME DEIXE MUDO" (Walter Franco), com Alice Caymmi**. Não demorou para que, no prato da vitrola, surgisse também a gravação de Chico Buarque para a música de Franco, lançada no histórico disco *Sinal fechado* (Philips, 1974). Gravado em um momento em que a perseguição sofrida por Chico havia impossibilitado seu trabalho como compositor — já que todas as suas letras acabavam sendo cesuradas —, o álbum reúne um repertório de composições de outros artistas, escolhido como uma forma de protestar por não poder gravar as próprias canções. Sob o pseudônimo "Julinho da Adelaide", Chico incluiria uma única composição sua no disco — **"ACORDA AMOR" (Julinho da Adelaide/Leonel Paiva), com Chico Buarque** —, que acabou sendo liberada pelos censores, ainda que a letra fosse pura provocação e subversão.

Na vitrola, mais um disco acabou de tocar e, entre pãezinhos e histórias sem fim, nos damos conta de que mais uma manhã de domingo passou. Como passaram os tantos domingos que nos separam daquela manhã em 1964 — quando era meu bisavô quem colocava seus discos para tocar, acompanhados das tantas histórias que ele também tinha para contar. Enquanto o cessar-fogo para todos não vem, eu sigo colecionando meus próprios domingos, amando as pessoas que cruzam meus caminhos e mudando todas aquelas coisas que aprendi que podia mudar no instante em que encontrei a voz revolucionária que tanto busquei: minha própria voz de mulher latino-americana. Com ela, planto minhas ideias nas páginas dos livros que escrevo, regando e cuidando para que um dia possam brotar.

ALGUNS DOS PRINCIPAIS CONFLITOS E GUERRAS QUE ESTÃO EM CURSO NESTE EXATO MOMENTO:

CONFLITO ARMADO NA COLÔMBIA
(1964-PRESENTE)

GUERRA CIVIL DA SOMÁLIA
(1991-PRESENTE)

GUERRA CIVIL NA SÍRIA
(2011-PRESENTE)

GUERRA CIVIL NO IÊMEN
(2014-PRESENTE)

INSURREIÇÃO JIHADISTA NO BURQUINA FASSO
(2015-PRESENTE)

GUERRA CIVIL DE MIANMAR
(2021-PRESENTE)

INVASÃO DA UCRÂNIA PELA RÚSSIA
(2022-PRESENTE)

CONFLITO NO SUDÃO
(2023-PRESENTE)

CRISE NIGERINA
(2023-PRESENTE)

GUERRA ISRAEL-HAMAS
(2023-PRESENTE)

CONFLITO ARMADO NO EQUADOR
(2024-PRESENTE)

CADERNO DE POESIAS

CASA DE PALOS, SANTIAGO DO CHILE, 2013

INQUIETAÇÕES POÉTICAS AOS PÉS DA CORDILHEIRA

Q uando cheguei a Santiago para minha temporada na casa da amiga Tita Parra, o Chile estava em ebulição: a campanha presidencial para as eleições daquele ano estava em andamento, com os discursos dos presidenciáveis divididos entre o conservadorismo — com ares bolorentos de saudosismo pinochetista, que insistia em sustentar os valores do governo ditatorial —, e o progressismo consciente da necessidade de reforma imediata nos mais diversos setores do país, a fim de curar os males causados pelos crimes e injustiças sociais repetidamente cometidos pelo governo ditatorial contra seu próprio povo. Para tanto, seria fundamental redigir uma nova Constituição construída sobre as bases sólidas dos direitos humanos, abrangendo pautas inegociáveis para a reconstrução da sociedade chilena e o bem-estar da população — como o acesso à educação, à saúde e à previdência social para todos, sem distinções, a igualdade de gênero, além da garantia e proteção aos direitos fundamentais das populações indígenas e LGBTQIAPN+.

Enquanto isso, as ruas de Santiago eram palco de uma série de protestos que frequentemente terminavam em violentos embates entre os manifestantes e os Carabineiros do Chile, por conta da ação dos "encapuzados" infiltrados entre os manifestantes. Formado em sua maioria por estudantes provenientes dos bairros mais pobres da cidade, esse grupo de jovens anarquistas estava acostumado a travar uma luta direta e violenta contra o sistema, enfrentando os Carabineiros que respondiam aos ataques com o uso de canhões de água, cassetetes e bombas de gás lacrimogênio, deixando centenas — ou milhares — de pessoas feridas ou detidas ao final de cada manifestação.

Da silenciosa paz que reinava na Casa de Palos construída por Violeta em um passado tão turbulento e desigual quanto nosso presente lá de 2013, Tita e eu acompanhávamos o desenrolar das manifestações e da campanha presidencial, discutindo e comparando as realidades políticas e sociais de nossos países e da América Latina. Cercada pelo colorido esperançoso dos quadros de Violeta, pela companhia sempre tão bem-vinda do violão de sua neta e pela presença dos amigos que religiosamente se juntavam a nós a cada novo entardecer, rapidamente meus cadernos começaram a florescer em versos que traduziam em palavras meus sentimentos e pensamentos durante aquele que foi um dos períodos mais férteis para minha escrita poética. Por essa razão, decidi encerrar estas páginas com uma seleção de cinco poemas que nasceram desse período e que são bastante simbólicos para mim.

"Inquietud poética" ["Inquietação poética"] foi o primeiro de todos os poemas que escrevi após minha chegada a Santiago e, como o próprio nome diz, retrata com fidelidade aquela onda potente de inquietações que crescia a cada dia dentro de mim e que, naturalmente, se transformava em palavras que eu vertia como lágrimas inesgotáveis no papel. Quase como um desdobramento dessa mesma ideia, logo na sequência nasceu "Hay palabras" ["Há palavras"], fruto de uma reflexão sobre o poder de transformação guardado em determinadas palavras e sobre a coragem que é preciso ter para escrevê-las, pronunciá-las e, principalmente, para sustentá-las.

Em meio a todas essas reflexões, me lembro de um amanhecer claro e sereno que precedeu uma violenta tempestade noturna. A água para o chá estava esquentando na chaleira quando comecei a ouvir notícias sobre os deslizamentos que haviam acontecido em alguns *pueblos*, destruindo plantações e pastagens e matando camponeses pelo caminho. Bastante sensibilizada com as histórias das famílias que choravam seus mortos, abri meu caderno e, antes que a água começasse a borbulhar, "Tormenta" ["Tempestade"] já havia nascido.

Após uma noite discutindo com amigos a questão indígena e a opressão que, há séculos, determinados grupos insistem em exercer sobre outros — perpetuando incansavelmente esse comportamento criminoso de colonizadores opressores e colonizados oprimidos —, lembro que acordei indignada, pensando sobre a falta de percepção que temos sobre nós mesmos. Afinal, independentemente da origem de cada um, basta um olhar cuidadoso para nossa ancestralidade para descobrirmos a mescla de cores e credos que carregamos nas veias. Desse pensamento nasceu "Piel amarilla" ["Pele amarela"].

Quase no final de minha temporada em Santiago, estávamos fazendo algumas compras no centro da cidade quando nos deparamos com uma manifestação. Eu lembro que um sentimento de desesperança imediatamente tomou conta de mim, e passei as horas seguintes pensativa e introspectiva. Em algum momento, me dei conta de que existe apenas uma única forma de revolução na qual não consigo deixar de acreditar nem por um instante: a revolução interior. De maneira um tanto utópica e sonhadora, comecei a imaginar essa revolução como uma pequena chama que se acende dentro de cada um e que se alastra a partir do respeito fundamental pela vida, que não deixa espaço para dominar ou subjugar nem a si nem ao outro. Desse sentimento nasceu "Por la revolución" ["Pela revolução"], em que clamo por essa que é, para mim, a única saída para uma revolução efetiva.

Escritos originalmente em espanhol, os cinco poemas que selecionei para encerrar este livro foram magistralmente traduzidos para o português pela tradutora Marisa Fonte — minha mãe e uma verdadeira artesã das palavras. Suas traduções acompanham meus escritos originais, que são também minha declaração de amor a essa língua que amo como se fosse a minha própria.

INQUIETUD POÉTICA

Hay una inquietación
que no me cabe en el pecho.
Mi corazón entonces
convierte inquietación
en sentimiento.

Hay un sentimiento
que no me cabe en la garganta.
Mi voz entonces
traduce sentimiento
en palabra.

Hay una palabra
que no me cabe en la boca.
Mis labios entonces
soplan la palabra
al mundo.

INQUIETAÇÃO POÉTICA

Há uma inquietação
que não cabe no meu peito.
Então, meu coração
transforma inquietação
em sentimento.

Há um sentimento
que não cabe na minha garganta.
Então, a minha voz
traduz sentimento
em palavra.

Há uma palavra
que não cabe na minha boca.
Então, meus lábios
sopram a palavra
para o mundo.

Hay un mundo
que no me cabe en el alma.
Mi bolígrafo entonces
transforma todo el mundo
en poesía.

Día tras día
cultivo mi poesía
en versos que escribo
solo para calmar
ese corazón de poeta
que late fuerte
haciendo temblar
hasta los más lejanos
rincones de la tierra.

De la misma tierra
por donde camino incansable
compartiendo con la gente
los más sencillos recuerdos,
ideas y pensamientos
que llenan de inquietud
cada gota de sangre
que habita las venas
de mi cuerpo.

(Un cuerpo de mujer
latinoamericana.)

Há um mundo
que não cabe na minha alma.
Então, a minha caneta
transforma o mundo todo
em poesia.

Dia após dia
cultivo a minha poesia
em versos que escrevo
somente para acalmar
esse coração de poeta
que bate forte
fazendo tremer
até os recantos mais
longínquos da terra.

Da mesma terra
por onde caminho incansavelmente
compartilhando com as pessoas
as mais singelas recordações,
ideias e pensamentos
que preenchem de inquietação
cada gota de sangue
que corre pelas veias
do meu corpo.

(Um corpo de mulher
latino-americana.)

HAY PALABRAS

Hay palabras capaces
de sembrar el amor,
hay palabras capaces
de quitar el dolor.

Hay palabras capaces
de denunciar a la injusticia,
hay palabras capaces
de renunciar a la infelicidad.

Hay palabras capaces
de quitar la guerra,
hay palabras capaces
de empezar una historia de paz.

Hay palabras de contestación,
hay palabras de revolución,
hay palabras capaces
de cambiar el mundo.

HÁ PALAVRAS

Há palavras capazes
de semear o amor,
há palavras capazes
de acabar com a dor.

Há palavras capazes
de denunciar a injustiça,
há palavras capazes
de repelir a infelicidade.

Há palavras capazes
de acabar com a guerra,
há palavras capazes
de começar uma história de paz.

Há palavras de contestação,
há palavras de revolução,
há palavras capazes
de mudar o mundo.

Hay palabras suficientes
para traducir todo lo que
es necesario decir,
pero se busca una voz
que sea capaz de pronunciarlas
— porque sin voz, palabras son solo
sílabas vacías que se disipan
en los murmullos del viento.

(Hay millares de palabras
impresas en las paginas
de los diccionarios
polvorientos guardados
en los estantes de las bibliotecas.
¿Pero quién tendrá
coraje de pronunciarlas?)

Sé que todos vinimos
al mundo porque tenemos
algo de importante que decir.
Pero aún tantos se prefieran
  callar
— ¿porque se callan? —
antes que me preguntes
te lo diré pronto:
yo no me voy a callar.

Nunca.

Há palavras suficientes
para traduzir tudo o que
é preciso dizer,
no entanto, procura-se uma voz
capaz de pronunciar essas palavras
— porque, sem voz, palavras são
  apenas
sílabas vazias que se dissipam
no sussurro do vento.

(Há milhares de palavras
impressas nas páginas
dos dicionários
empoeirados guardados
nas estantes das bibliotecas.
Mas quem terá coragem
de pronunciar essas palavras?)

Sei que todos nós viemos
ao mundo porque temos
algo importante para dizer.
Porém, ainda que tantos prefiram se
  calar
— por que se calam? —
antes que me perguntes
eu já te digo:
não vou me calar.

Nunca.

TORMENTA

Hoy llueve en la montaña
vientos soplan en el camino
hojas secas y sin vida
de la cosecha que se ajena.

Siete días, sol y lluvia
campesinos bailan agradecidos
tierra mojada y semillas
sobre el suelo de verdes pastos.

La noche trae la tormenta
las piedras giran por el valle
el agua corre como un río
entre las casas y el paisaje.

Un niño pide ayuda
pequeñito y asustado
nadie escucha su llamado
más un huérfano abandonado.

TEMPESTADE

Hoje chove na montanha
ventos sopram no caminho
folhas secas e sem vida
da colheita que vem vindo.

Sete dias, sol e chuva
camponeses bailam gratos
terra molhada e sementes
sobre o chão de verdes pastos.

Noite traz a tempestade
pedras rolam pelo vale
águas correm como rios
entre casas e paisagens.

Um menino pede ajuda
pequenino e assustado
ninguém escuta o seu chamado
mais um órfão abandonado.

Una madre aún resiste
con la vida en sus brazos
su hombre ha ido con el agua
su casa no más existe.

El agua lava toda la tierra
lleva centenas de almas
la mañana llega clara y bella
mañana ya no existe más.

Uma mãe ainda resiste
com a vida em seus braços
o seu homem foi com águas
a sua casa não existe.

Água lava toda a terra
leva centenas de almas
manhã chega clara e bela
o amanhã já não existe.

PIEL AMARILLA

Hija de una mezcla
que ni siquiera
el más sabio de todos los
alquimistas podría crear
en mi piel amarilla
llevo las marcas
de los acontecimientos
más bellos y de las
más grandes injusticias
que construyeran la historia
de nuestro continente.

En el espejo
puedo ver los rasgos
de los esclavos, blancos,
indígenas, gitanos y sufridores
de quien desciendo
— como semilla de una
nueva raza de la cual pertenezco —
que nasció de la mezcla
de amor y odio,
esclavitud y libertad,
alegría y tristeza.

PELE AMARELA

Filha de uma mistura
que nem mesmo
o mais sábio de todos os
alquimistas poderia criar,
em minha pele amarela
levo as marcas
dos acontecimentos
mais belos e das
maiores injustiças
que construíram a história
do nosso continente.

No espelho
posso ver os traços
dos escravos, brancos,
indígenas, ciganos e sofredores
dos quais descendo
— como semente de uma
nova raça à qual pertenço —
que nasceu da mistura
de amor e ódio,
escravidão e liberdade,
alegria e tristeza.

Conviviendo con la inevitable herencia de mis antepasados tengo la sangre del oprimido y del opresor corriendo juntas en las mismas arterias que cargan la vida desde mi corazón hasta las extremidades de mi cuerpo. ¿De cuántos individuos soy hija? Es cierto que no sé cuantos o quienes son pero lo que sé es que cuando estoy en silencio nunca estoy sola porque puedo escuchar la risa y el llanto de los millares de mujeres y hombres que viven adentro de mí.	*Convivendo com a inevitável herança dos meus antepassados tenho o sangue do oprimido e do opressor correndo juntos nas mesmas artérias que transportam vida do meu coração até as extremidades do meu corpo. De quantos indivíduos sou filha? Certamente não sei quantos ou quem são, mas sei que quando estou em silêncio nunca estou só, pois posso escutar o riso e o pranto de milhares de mulheres e homens que vivem dentro de mim.*

Cuando estoy en silencio
puedo escuchar el grito
de resistencia de todos
mis antepasados
brotando en mis venas
sin hacerlas sangrar
— un grito que se convierte
en fuerza para que yo siga
también gritando con mi
  propia voz
(que es de ellos también)
en los versos que escribo.
 	
(Si uno tuviera la capacidad
de reconocer las cicatrices
de la ancestral diversidad
que habita su cuerpo,
no habría la necesidad
de explicar a nadie
ni el bueno ni el malo
porque seríamos todos
capaces de reconocerlos
en el rojo de cada gota
de nuestra sangre.)
	Quando estou em silêncio
	posso escutar o grito
	de resistência de todos
	os meus antepassados
	brotando em minhas veias
	sem fazê-las sangrar
	— um grito que se converte
	em força para que eu continue
	também gritando com a minha
	  própria voz
	(que também é a voz deles)
	nos versos que escrevo.
	
	(Se alguém tivesse a capacidade
	de reconhecer as cicatrizes
	da diversidade ancestral
	que habita seu corpo,
	não haveria necessidade
	de explicar o bem ou o mal
	a ninguém,
	pois todos nós seríamos
	capazes de reconhecê-los
	no vermelho de cada gota
	do nosso sangue.)

POR LA REVOLUCIÓN

Que haya ahora mismo una revolución
que ella sea unanimidad entre todos
y juntos conquistaremos campos y calles.

Que haya ahora mismo una revolución
por un pueblo que no vive de injusticias
por un pueblo cansado de sufrimiento.

Que haya ahora mismo una revolución
que no sea una revolución del poder
aquel que podrá será derrocado.

PELA REVOLUÇÃO

Que haja agora mesmo uma revolução
que ela seja unanimidade entre todos
e juntos conquistemos campos e ruas.

Que haja agora mesmo uma revolução
por um povo que não vive de injustiças
por um povo cansado do sofrimento.

Que haja agora mesmo uma revolução
que não seja uma revolução do poder
aquele que poderá ser derrubado.

Que haya ahora mismo una revolución sin armas o balas, sin muertos o heridos sin mentiras, promesas o palabras engañosas.	*Que haja agora mesmo uma revolução* *sem armas ou balas, sem mortos ou feridos* *sem mentiras, promessas ou palavras vãs.*
Que haya ahora mismo una revolución que sea la revolución de los pensamientos de nuestras actitudes y sentimientos.	*Que haja agora mesmo uma revolução* *que seja a revolução dos pensamentos* *das nossas atitudes e sentimentos.*
Que haya ahora mismo una revolución dentro de cada hombre y de cada mujer y solo entonces la revolución será eterna.	*Que haja agora mesmo uma revolução* *dentro de cada homem e de cada mulher* *e só então a revolução será eterna.*

AGRADECIMENTOS DA AUTORA

Eu não existiria sem Marisa Fonte, minha mãe, a quem agradeço pelas tantas manhãs, tardes e noites que dividimos entre discos, livros e conversas sem fim. Agradeço também por toda a sua generosidade em compartilhar pensamentos e histórias comigo e, principalmente, por ter permitido que eu publicasse passagens tão sensíveis de sua vida e de nossa família.

Este projeto não existiria sem a amizade e a generosidade de Tita Parra, que me recebeu de braços abertos em sua vida, abrindo para mim as portas de sua casa, de sua arte e da América Latina. Agradeço especialmente pelas belíssimas palavras que escreveu em forma de prefácio, e que são o verdadeiro testemunho de uma amizade cultivada no jardim da reciprocidade e do amor.

Este livro não existiria sem Jiro Takahashi — editor original deste projeto quando a ideia surgiu em 2012, que respeitou meu processo, acreditou em minha voz e na relevância das histórias que eu tinha para contar —, nem sem Ana Lima — minha atual editora, que, uma década depois do surgimento da ideia original, ofereceu todas as possibilidades para que este projeto, gestado ao longo desse tempo, pudesse enfim nascer.

Agradecimentos especiais aos amigos, familiares, compositores, jornalistas e instituições que colaboraram com minha pesquisa ou caminharam comigo nessa jornada: Aleida Guevara, Alejandro Reyes,

Altamiro Carrilho *(In memoriam)*, Amandette, Anabella Casales, André Midani *(In memoriam)*, André Ramiro, André Vac (Grand Bazaar), Artur da Távola *(In memoriam)*, Arturo Espinosa *(In memoriam)*, Bruno Caliman, Bruno Danton (El Efecto), Carolina Delboni e Alvaro Ramos, Casa de las Américas, Danay Napoles, Daniel Drexler, Danilo Cymrot (CPF-SESC), Dennis Monteiro, Dino Moura *(In memoriam)*, Eliana Tunes, Embaixada do Brasil em Havana, Emilio García, Evaldo Novelini (DGABC), Fabián Matus *(In memoriam)*, Federico Stelkic, Fundación Pablo Neruda, Glauce e Fernando Vitale, Henrique Ribeiro, Isabel Parra, Ivete Garcia, Ivo Herzog, João Carlos Pecci, Jorge Perez, José Duarte Valim Parajara, Luiz Abreu, Luiz Ayrão, Manuel Marcondes Neto, Maralice Rodrigues e Marcelo Fonte, Maria Amalia Baraona, Maria Isabel e Airton Tonon, Mario Magalhães, Mauricio Trindade da Silva (CPF-SESC), Mauro Wilton de Sousa, Míriam Miràh *(In memoriam)*, Nora Preperski e Antonio Skármeta, Paulo Moreira, Pedro Luís, Pery Ribeiro *(In memoriam)*, Prisca Martínez e família, Raúl Aliaga (Congreso), Renato Barreiros, Ricardo Cravo Albin, Roberto Menescal, Rosa Predes e Gustavo Gomes, Rubén Rodríguez, Sergio Jorge *(In memoriam)*, Sergio Martins, Silvio Rodríguez, Tadeu Passarelli, Talita Cardoso de Lima, Thiago de Mello *(In memoriam)*, Werner Amadeo.

FONTES CONSULTADAS E REFERÊNCIAS BIBLIOGRÁFICAS

LIVROS

ADORNO, Theodor W. *Aspectos do novo radicalismo de direita*. São Paulo: Editora UNESP, 2020.
ALBIN, Ricardo Cravo. *Driblando a censura*: de como o cutelo vil incidiu na cultura. Rio de Janeiro: Gryphus, 2002.
ANDERSON, Jon Lee. *Che Guevara*: uma biografia. Rio de Janeiro: Objetiva, 1997.
ARAÚJO, Paulo Cesar de. *Eu não sou cachorro, não*: música popular cafona e ditadura militar. São Paulo: Record, 2002.
BACHA, Edmar (org.). *130 anos*: em busca da República. Rio de Janeiro: Intrínseca, 2019.
BAUMAN, Zygmunt. *Modernidade líquida*. Rio de Janeiro: Zahar, 2021.
BAUMAN, Zygmunt. *Nascidos em tempos líquidos*: transformações no terceiro milênio. Rio de Janeiro: Zahar, 2018.
BAUMAN, Zygmunt. *Tempos líquidos*. Rio de Janeiro: Zahar, 2021.
BLAINEY, Geoffrey. *Uma breve história do mundo*. São Paulo: Editora Fundamento Educacional Ltda., 2015.
BLAINEY, Geoffrey. *Uma breve história do século XX*. São Paulo: Editora Fundamento Educacional Ltda., 2015.
BOLLE, Monica Baumgarten de. *Como matar a borboleta azul*: uma crônica da era Dilma. Rio de Janeiro: Intrínseca, 2016.
CALADO, Carlos. *A divina comédia dos Mutantes*. São Paulo: Editora 34, 2012.
CALDEIRA, Jorge. *100 brasileiros que fizeram história*. Rio de Janeiro: Estação Brasil, 2016.
CALDERÓN, Fernando. *A nova América Latina*. Rio de Janeiro: Zahar, 2021.
CARDOSO, Fernando Henrique. *Cartas a um jovem político*. Rio de Janeiro: Civilização Brasileira, 2017.
CARDOSO, Fernando Henrique. *Crise e reinvenção da política no Brasil*. São Paulo: Companhia das Letras, 2018.

CARDOSO, Fernando Henrique. *Legado para a juventude brasileira*: reflexões sobre um Brasil do qual se orgulhar. Rio de Janeiro: Record, 2018.

CARDOSO, Fernando Henrique. *O improvável presidente do Brasil*: recordações. Rio de Janeiro: Civilização Brasileira, 2013.

CASTELLS, Manuel. *Ruptura:* a crise da democracia liberal. Rio de Janeiro: Zahar, 2018.

CASTILLO ECHEVERRÍA, Carmen. *Un dia de octubre en Santiago*. Santiago: LOM Ediciones, 2013.

CASTRO, Fidel. *Obama y el imperio*. La Habana: Ocean Sur, 2015.

CLASTRES, Pierre. *A sociedade contra o estado – pesquisas de antropologia política*: Pierre Clastres. São Paulo: Ubu Editora, 2020.

COLOMBO, Sylvia. *O ano da cólera*: protestos, tensão e pandemia em 5 países da América Latina. Rio de Janeiro: Rocco, 2021.

CYMROT, Danilo. *O funk na batida*: baile, rua e parlamento. São Paulo: Edições Sesc, 2021.

DAMATTA, Roberto. *O que faz o brasil, Brasil?* Rio de Janeiro: Rocco: 1986.

DAMATTA, Roberto. *Você sabe com quem está falando?*: estudos sobre o autoritarismo brasileiro. Rio de Janeiro: Rocco, 2020.

DEL PRIORE, Mary. *O livro de ouro da História do Brasil*. Rio de Janeiro: Ediouro, 2001.

DESMURGET, Michel. *A fábrica de cretinos digitais*: os perigos das telas para nossas crianças. São Paulo: Vestígio, 2023.

DINGES, John. *Os anos do Condor*: uma década de terrorismo internacional no Cone Sul. São Paulo: Companhia das Letras, 2005.

ECO, Humberto. *Migração e intolerância*. Rio de Janeiro: Record, 2020.

ECO, Humberto. *O fascismo eterno*. Rio de Janeiro: Record, 2021.

EDWARDS, Jorge. *Adeus poeta*: uma biografia de Pablo Neruda. São Paulo: Siciliano, 1993.

ENGELS, Friedrich. *A origem da família, da propriedade privada e do Estado*. São Paulo: Boitempo, 2019.

ENGLISH, T. J. *Noturno de Havana*: como a máfia conquistou Cuba e a perdeu para a revolução. São Paulo: Seoman, 2011.

FARACO, Sergio. *Lágrimas na chuva*: uma aventura na URSS. Porto Alegre: L&PM, 2011.

FIGUEIREDO, Lucas. *Ministério do Silêncio*. Rio de Janeiro: Record, 2005.

FONTE, Bruna Ramos da. *Essa tal de Bossa Nova*. Rio de Janeiro: Rocco, 2022.

FONTE, Bruna Ramos da. *Sidney Magal: muito mais que um amante latino*. Rio de Janeiro: Irmãos Vitale, 2017.

FONTE, Bruna Ramos da. *Um réquiem para Mozart*. Belo Horizonte, MG: Letramento, 2020.

FOUCAULT, Michel. *Microfísica do poder*. São Paulo: Paz e Terra, 2023.

FRANKL, Viktor E. *Em busca de sentido*: um psicólogo no campo de concentração. São Leopoldo: Sinodal; Petrópolis: Vozes, 2020.

FREIRE, Paulo. *Pedagogia do oprimido*. São Paulo: Paz e Terra, 2020.

GALEANO, Eduardo H. *As veias abertas da América Latina*. Porto Alegre: L&PM, 2023.

GALEANO, Eduardo H. *Dias e noites de amor e guerra*. Porto Alegre: L&PM, 2023.

GELLHORN, Martha. *A face da guerra*. Rio de Janeiro: Objetiva, 2009.

GIL, Gilberto. *Todas as letras*. São Paulo: Companhia das Letras, 2022.

GILBERT, Abel. *Satisfacción en la ESMA: música y sonido durante la dictadura (1976-1983)*. Ciudad Autónoma de Buenos Aires: Gourmet Musical Ediciones, 2021.
GUEVARA, Ernesto Che. *Cartas de despedida*. La Habana: Ocean Sur, 2017.
GUEVARA, Ernesto Che. *Diário de um combatente*. São Paulo: Planeta, 2012.
GUEVARA, Ernesto Che. *De moto pela América do Sul*: diário de viagem. São Paulo: Sá, 2001.
GUEVARA, Ernesto Che. *O diário do Che na Bolívia*. Rio de Janeiro: Record, 2004.
HAN, Byung-Chul. *Sociedade do cansaço*. Petrópolis: Vozes, 2017.
HEMINGWAY, Ernest. *Como chegamos a Paris e outras narrativas*. Rio de Janeiro: Bertrand Brasil, 2023.
HOBSBAWM, Eric. *Viva la revolución*: a era das utopias na América Latina. São Paulo: Companhia das Letras, 2017.
JARA, Joan. *Canção inacabada — A vida e a obra de Victor Jara*. Rio de Janeiro: Record, 1998.
JASPER, James M. *Protesto*: uma introdução aos movimentos sociais. Rio de Janeiro: Zahar, 2016.
KING, Martin Luther. *A dádiva do amor*. São Paulo: Planeta, 2020.
KNAPP, Carlos H. *Minha vida de terrorista*. São Paulo: Prumo, 2013.
KORDA, Alberto. *Cuba by Korda*. La Habana: Ocean Sur, 2006.
LACAN, Jacques. *A lógica do fantasma: seminário 1966-1967*. Recife: Centro de Estudos Freudianos de Recife, 2008.
LANGEWIESCHE, William. *O bazar atômico*: a escalada do pobrerio militar. São Paulo: Companhia das Letras, 2007.
LEITÃO, Matheus. *Em nome dos pais*. Rio de Janeiro: Intrínseca, 2017.
LENNON, John. *A última entrevista do casal John Lennon e Yoko*. Rio de Janeiro: Nova Fronteira, 2012.
LEVI, Primo. *É isto um homem?* Rio de Janeiro: Rocco, 1988.
LEVITSKY, Steven. *Como as democracias morrem*. Rio de Janeiro: Zahar, 2018.
LYOTARD, Jean-François. *A condição pós-moderna*. Rio de Janeiro: José Olympio, 2021.
MACINTYRE, Ben. *O espião e o traidor*. Rio de Janeiro: Sextante, 2021.
MAGALHÃES, Mário. *Marighella*: o guerrilheiro que incendiou o mundo. São Paulo: Companhia das Letras, 2012.
MARKOVITS, Daniel. *A cilada da meritocracia*: como um mito fundamental da sociedade alimenta a desigualdade, destrói a classe média e consome a elite. Rio de Janeiro: Intrínseca, 2021.
MÁRQUEZ, Gabriel García. *Images of Cuba*. La Habana: Ocean Sur, 2017.
MARTÍ, José. *Nossa América*. Brasília: Editora Universidade de Brasília, 2011.
MAYO, Madres de la Plaza de. *Nuestros hijos*. Buenos Aires: Editorial Contrapunto, 1987.
MBEMBE, Achille. *Necropolítica*. São Paulo: n-1 edições, 2018.
MEDEIROS, Jotabê. *Apenas um rapaz latino-americano*. São Paulo: Todavia, 2017.
MELLO, Frederico Pernambucano de. *Apagando o Lampião*: vida e morte do rei do Cangaço. São Paulo: Global, 2018.

MELLO, Thiago de. *Faz escuro mas eu canto*: porque a manhã vai chegar. São Paulo: Global, 2017.

MIDANI, André. *Do vinil ao download*. Rio de Janeiro: Nova Fronteira, 2015.

MORAES, Vinicius de. *História natural de Pablo Neruda*: a elegia que vem de longe. São Paulo: Companhia das Letras, 2006.

MORAIS, Fernando. *Os últimos soldados da Guerra Fria*. São Paulo: Companhia das Letras, 2011.

NAVARRO, Silvio. *Celso Daniel*: política, corrupção e morte no coração do PT. Rio de Janeiro: Record, 2016.

NEGREIROS, Adriana. *Maria Bonita*: sexo, violência e mulheres no cangaço. São Paulo: Objetiva, 2018.

NERUDA, Pablo. *Confesso que vivi*: memórias. Rio de Janeiro: Bertrand Brasil, 2023.

ONO, Yoko. *Grapefruit*: a Book of Instruction and Drawings by Yoko Ono. New York: Simon & Schuster, 2000.

PARRA, Isabel. *El libro mayor de Violeta Parra*: un relato biográfico y testimonial. Editorial Cuarto Propio: Santiago, 2009.

PARRA, Isabel. *Ni toda la tierra entera*. Editorial Cuarto Propio: Santiago, 2012.

PARRA, Violeta. *Obra visual*. Santiago: Ocho Libros Editores, 2012.

PAZ, Carlos Eugênio. *Viagem à luta armada*. Rio de Janeiro: BestBolso, 2008.

PECCI, João Carlos. *Histórias de canções*: Toquinho. São Paulo: Leya, 2010.

PERICÁS, Luiz Bernardo. *Che Guevara e o debate econômico em Cuba*. São Paulo: Boitempo, 2018.

RIBEIRO, Darcy. *América Latina*: a pátria grande. São Paulo: Global, 2017.

RIBEIRO, Darcy. *O povo brasileiro*: a formação e o sentido do Brasil. São Paulo: Global, 2015.

RODRIGUES, João Carlos. *Johnny Alf*: duas ou três coisas que você não sabe. São Paulo: Imprensa Oficial do Estado de São Paulo, 2012.

RODRÍGUEZ, Silvio. *Cancionero Silvio Rodríguez*. La Habana: Ediciones Ojalá, 2008.

SALAMANCA, Ricardo Palma. *El gran rescate*. Santiago: LOM Ediciones, 1998.

SEVERIANO, Jairo; MELLO, Zuza Homem de. *A canção no tempo*: 85 anos de músicas brasileiras, vol. 2: 1958-1985. São Paulo: Editora 34, 1998.

SKÁRMETA, Antonio. *Neruda por Skármeta*. Rio de Janeiro: Record, 2005.

SOUZA, Jessé. *A elite do atraso*. Rio de Janeiro. Estação Brasil, 2019.

SPRINGSTEEN, Bruce; OBAMA, Barack. *Renegados*: Born in the USA. São Paulo: Companhia das Letras, 2021.

SZPILMAN, Władysław. *O pianista*. Rio de Janeiro: BestBolso, 2013.

TARDÁGUILA, Cristina. *Você foi enganado*. Rio de Janeiro: Intrínseca, 2018.

TEIXEIRA, Evandro. *Chile 1973*. São Paulo: IMS, 2023.

UGARTE, Augusto Pinochet. *Geopolítica*: diferentes etapas para el estudio geopolítico de los Estados. Santiago: Instituto Geográfico Militar, 1968.

VELOSO, Caetano. *Verdade Tropical*. São Paulo: Companhia das Letras, 2017.

VICENTINO, Cláudio. *História do Brasil*. São Paulo: Scipione, 1997.

SITES

www.al.sp.gov.br
www.aventurasnahistoria.uol.com.br
www.bbc.com
www.brasil.elpais.com
www.camara.leg.br
www.cartacapital.com.br
www.cidades.ibge.gov.br
www.correio.ims.com.br
www.correiobraziliense.com.br
www.cut.org.br
www.dw.com
www.ecadnet.org.br
www.encyclopedia.ushmm.org
www.ernestonazareth150anos.com.br
www.estadao.com.br
www.folha.uol.com.br
www.forbes.com
www.fundar.org.br
www.jornal.unesp.br
www.jornal.usp.br
www.mca.com.au
www.memoria.ebc.com.br
www.memoriasdaditadura.org.br
www.mst.org.br
www.museudaimigracao.org.br
www.noticias.unb.br
www.nsarchive.gwu.edu
www.nytimes.com
www.oglobo.globo.com
www.parlamento.pt
www.piaui.folha.uol.com.br
www.pixinguinha.com.br
www.portal.mec.gov.br
www.revistatrip.uol.com.br
www.rollingstone.com
www.saopaulo.sp.leg.br
www.super.abril.com.br
www.theguardian.com

Impressão e Acabamento:
LIS GRÁFICA E EDITORA LTDA.